Staat und Religion in
Hegels Rechtsphilosophie
Herausgegeben von Andreas Arndt,
Christian Iber und Günter Kruck

Hegel-Forschungen

Herausgegeben von
Andreas Arndt
Paul Cruysberghs
Andrzej Przylebski

Staat und Religion in Hegels Rechtsphilosphie

Herausgegeben von
Andreas Arndt, Christian Iber
und Günter Kruck

Akademie Verlag

Bibliografische Information der Deutschen Nationalbibliothek
Die Deutsche Nationalbibliothek verzeichnet diese Publikation in der
Deutschen Nationalbibliografie;
detaillierte bibliografische Daten sind im Internet über http://dnb.d-nb.de abrufbar.

ISBN 978-3-05-004637-2

Das eingesetzte Papier ist alterungsbeständig nach DIN/ISO 9706.

Einbandgestaltung: Günter Schorcht, Schildow
Satz: Frank Hermenau, Kassel
Druck: MB Medienhaus Berlin
Bindung: BuchConcept, Calbe

Printed in the Federal Republic of Germany

Inhalt

Vorwort

Betrachtet man die *Grundlinien der Philosophie des Rechts* (1821) von ihrem Ende her (Rph, § 360), so wird das Ziel deutlich, das Hegel in diesem Werk ins Auge fasst. Nach Hegel vollendet sich der Weltgeist, dem er in seiner geschichtlichen Tendenz der Herausbildung des modernen Staates Vernünftigkeit bescheinigt, in seiner eigenen Philosophie. Diese bringe zum Bewusstsein, dass sich der Weltgeist im modernen Staat, der den Gegensatz von weltlichem und religiösem Geist zur Versöhnung zu bringen vermag, selbst erfasse.

Hegel ist der Auffassung, dass der moderne Staat, gerade weil er – auf dem Boden des Christentums stehend – als „absolute Macht auf Erden" (Rph, § 331) die Trennung der Religion von sich vollzieht, weltliche und religiöse Geltungsansprüche in Bezug auf das gesetzlich geltende Recht sowohl voneinander unterscheidet als auch miteinander verbindet.

Im § 270 der *Grundlinien der Philosophie des Rechts* spricht Hegel sich umfassend über das Verhältnis von Staat und Religion aus. Der durch die Konfessionsspaltung zerrissene moderne Staat finde, indem er Religion und Politik trennt, sein Gravitationszentrum in sich selbst. Erst durch die Trennung von einer bestimmten Religion könne der Staat auch weltlichen und religiösen Geist versöhnen, sofern sich die Religion sich dem sittlichen politischen Gemeinwesen einordne. Diese Sittlichkeit werde gleichermaßen vom politischen wie vom religiösen Fanatismus bedroht.

Die angestrebte Versöhnung, die auch darin ihren Ausdruck finden sollte, dass der Staat von seinen Bürgern verlangen konnte, sich zu einer beliebigen Religionsgemeinschaft zu halten, sieht Hegel infolge der europäischen Restaurationsbewegung zunehmend gefährdet. Sowohl in den entsprechenden Paragraphen der *Enzyklopädie der philosophischen Wissenschaften im Grundrisse* (1827: § 563; 1830: § 552) als auch in seinen Vorlesungen zur *Philosophie der Religion* und *Philosophie der Weltgeschichte* revidiert er seine Ansicht dahingehend, dass Staat nur mit einer Religion zu machen sei, die sich der Sittlichkeit des Staates unterordne. Nach Hegels Auffassung war dies mit der katholischen Religion explizit nicht der Fall.

Uneindeutig bleibt Hegel jedoch hinsichtlich der Frage, ob der Staat als Konsequenz ganz auf eine religiöse Bindung der Staatsbürger verzichten könne. Zugleich gibt es Stellen, die es nahe legen können, Hegels Rechtsphilosophie als philosophische Theologie zu verstehen.

Das Verhältnis des modernen Staates zur Religion ist bis heute spannungsreich geblieben. Während christliche und islamische Fundamentalisten das Prinzip der Moderne umfassend revidieren und den Staat der Religion unterordnen wollen, gibt es auch unterhalb solcher Fundamentalismen Versuche, mit religiös motivierten Vorstellungen Einfluss auf den Staat zu nehmen. Umgekehrt garantiert der moderne Staat die Freiheit der Religionsausübung, was es notwendig macht, politische Vorstellungen ungeachtet ihrer Motive rein rechtlich zu bewerten.

Hegels Theorie, dass der Staat nur dadurch, dass er sich von einer bestimmten Religion trenne, Religionen und Staat miteinander versöhnen könne, ist angesichts dieser Konflikte und Konfliktpotentiale von größter Aktualität. Die vorliegende Band stellt es sich zur Aufgabe, Hegels Theorie unter Einbeziehung aller einschlägigen Texte zu rekonstruieren sowie ihre Bedeutung in den damaligen und heutigen Kontexten zu erörtern. Dabei kommen sowohl Philosophen als auch Theologen zu Wort. Die Beiträge dieses Bandes gingen aus Vorträgen zu einer Fachtagung zum Thema im Dezember 2007 im Akademischen Zentrum Rabanus im Haus am Dom in Frankfurt am Main hervor. Den Mitarbeiterinnen und Mitarbeitern sowie dem Direktor des Hauses am Dom sei an dieser Stelle gedankt.

Berlin und Frankfurt/M, im Juli 2009
Andreas Arndt, Christian Iber, Günter Kruck

Walter Jaeschke, Bochum

Es ist *ein* Begriff der Freiheit in Religion und Staat

Niemand hat die Probleme des Verhältnisses von Staat, Religion und Kirche auf einem vergleichbaren gedanklichen Niveau wie auch in vergleichbarer Aktualität und zudem über Jahrzehnte hinweg beobachtet und diskutiert wie Hegel – mit analytischer Schärfe, innovatorischer Kraft und geschichtlichem Blick. Gleichwohl – vielleicht auch eben deshalb – ist sein Beitrag nicht ‚aus einem Guss'; er entfaltet sich in mehreren Phasen in den drei Jahrzehnten der Ausbildung seines Systems, und zwar in Form einer unterschiedlichen Akzentuierung zentraler Einsichten, die sich partiell ergänzen, partiell aber auch korrigieren. Bevor ich im engeren Sinne auf den Satz zu sprechen komme, der mein Thema bildet, muss ich kurz die Denkbewegung skizzieren, die seine Vorgeschichte bildet. Ihren Ertrag möchte ich vorweg zu zwei Thesen zuspitzen, zwischen denen Hegels Konzeption aufgespannt ist. Sie mögen widersprüchlich erscheinen; ob und in welchem Sinne sie es gegebenenfalls sind, wird sich herausstellen:

(I) Eine entscheidende Bedingung moderner Staatlichkeit liegt in der Trennung von Staat und Kirche;

(II) Eine entscheidende Bedingung moderner Staatlichkeit liegt in der Einheit von Staat und Religion.

I. Zur Vorgeschichte

(1) Hegels Einsichten in das spannungsgeladene Verhältnis von Staat, Religion und Kirche stehen in vielfacher Hinsicht der auf die institutionelle Einheit des Religiösen und des Politischen zielenden Gesamttendenz entgegen, die für die Behandlung dieses Problems in der Staatsphilosophie seit der frühen Neuzeit und insbesondere für das Interesse seiner eigenen Zeit charakteristisch ist. Thomas Hobbes hat dem Souverän bekanntlich neben dem Schwert auch den Krummstab in die Hand gegeben, und Rousseau hat ihn dafür gelobt, dass er es „gewagt hat, die beiden Köpfe des Adlers wieder zu vereinigen und alles auf eine politische Einheit zurückzuführen".[1] Diese Ver-

1 Jean-Jacques Rousseau, *Vom Gesellschaftsvertrag oder Grundsätze des Staatsrechts.* In Zusammenarbeit mit E. Pietzcker neu übersetzt und hg. von H. Brockard. Stuttgart 1980, 145 (Buch IV,

einigung aber hat sich nicht in der von Hobbes angestrebten – und von Rousseau begrüßten – Form erzwingen lassen.

Aus der sehr komplexen geschichtlichen Neuordnung des Verhältnisses von Staat und Religion, wie sie sich geschichtlich und gedanklich zwischen Hobbes und Hegel zumindest prinzipiell vollzieht, möchte ich drei Momente hervorheben.

(a) Als erstes nenne ich das Erstarken der politischen Ordnung im Absolutismus – letztlich entlang den auch von Hobbes gezogenen Linien. Wie der Absolutismus die Eigenmacht des Adels beschneidet, so schaltet er auch die Kirche als selbständigen Machtfaktor aus und präsentiert sich als den Garanten der Ordnung und des möglichst störungsfreien Zusammenlebens. Er fungiert aber nicht als bloßer Machtapparat, sondern gemäß seinem Selbstverständnis als Garant von Ordnung weiß er sich auch die nötige Legitimation zu verschaffen. Der Staat ist eine Bildung eigenen Rechts, und auch wenn er sich formell noch auf die göttliche Gnade beruft, so bildet er doch einen in sich geschlossenen Bereich, der sich der unmittelbaren Einflussnahme kirchlicher Gruppierungen entzieht. Vielmehr nimmt er – zumal im protestantischen Bereich – selbst die Religion und die institutionalisierte Religion, die Kirche, in seine Obhut – und dies heißt zugleich: Er unterwirft sie seiner Macht. Seiner Ordnungsstruktur gegenüber sind religiöse Differenzen allenfalls von sekundärem oder gar tertiärem Rang. Die von Hobbes angestrebte machtpolitische Depotenzierung der Kirchen scheint Hegel um 1820, also unmittelbar nach den Napoleonischen Kriegen, bereits so weit fortgeschritten, dass – falsch verstandene – Religiosität zwar einen gesellschaftlichen Störfaktor bildet, die Kirche jedoch nicht mehr einen Machtfaktor darstellt, der die innere oder die äußere Souveränität des Staates gefährdet.

(b) Parallel zu dieser machtpolitischen Depotenzierung der Religion zeichnet sich auch auf anderen Gebieten ein Rückzug der Religion in das Privatleben ab. Wie sie kein dominierender Machtfaktor mehr ist, ist sie auch nicht mehr die verbindliche Instanz der Weltorientierung. Sie beschränkt sich fortan auf den Bereich der individuell-religiösen Interessen – auf Fragen des Lebenssinnes, auf Individualethik, auf Vergebung der Sünden und auf das Leben *nach* dem Tode. Da unter diesen Bedingungen die Bekenntnisinhalte keine unmittelbare politische Bedeutung mehr erhalten und nur noch vom Lampenlicht des Privaten erhellt werden, braucht der moderne Staat im Interesse

Kap. 8): „Von der bürgerlichen Religion". – Nicht zufällig stellt Rousseau sich hier in die Nachfolge von Hobbes: „Unter allen christlichen Autoren ist der Philosoph Hobbes der einzige, der das Übel und sein Heilmittel richtig gesehen und der vorzuschlagen gewagt hat, die beiden Köpfe des Adlers wieder zu vereinigen und alles auf eine politische Einheit zurückzuführen, ohne die weder ein Staat noch eine Regierung jemals gut verfaßt sein werden. Aber er hat sehen müssen, daß die Herrschsucht des Christentums mit seinem System unvereinbar ist und daß das Interesse des Priesters immer stärker sein wird als das des Staates. Es ist weniger das Schreckliche und Falsche in seiner Politik als das Richtige und Wahre, das ihn verhaßt gemacht hat."

seiner Stabilität Kirche und Religion nicht mehr an seine Kette zu legen: Er braucht sie weder zu bekämpfen noch politisch in seinen Dienst zu stellen.

(c) Dieser Rückzug der Religion in das Gebiet der privaten Vorliebe steht jedoch noch unter der einen Bedingung, dass die Religion nicht mehr als alleinige Instanz für den Erlass von Leitlinien sittlichen Handelns und als Garant ihrer Befolgung gilt. Ihre Abwanderung in die Privatsphäre wäre undenkbar, wenn sie – neben dem Rechtszwang des Staates – als die eigentliche und unverzichtbare ethische Leitinstanz angesehen würde. Doch ist der Staat seit der Aufklärung auch insofern nicht mehr auf den Beistand der Kirche angewiesen, als die zwar schon von Pierre Bayle bestrittene, aber noch von Rousseau unbezweifelte Gleichung „Atheismus = Anarchie“ in den Diskussionen um die Ethikotheologie Kants, um das Problem des Atheismus der moralischen Vernunft, ihre Gültigkeit und ihre Schrecken verloren hat. Die Möglichkeit sittlichen Handelns gilt damals und seitdem nicht mehr als gebunden an die Annahme der Existenz eines Gottes, der die Prinzipien solchen Handelns vorgibt – der ihre Befolgung belohnt und ihre Missachtung durch zeitliche oder ewige Strafen sanktioniert.

(2) Im Gegenzug gegen diese übergreifenden geschichtlichen Tendenzen dominiert jedoch in Deutschland um die Wende zum 19. Jahrhundert, in einer Gegenbewegung gegen die Französische Revolution, die romantisierende Sehnsucht nach Restitution der Einheit der Konfessionen und zugleich der Einheit von Kirche und Staat. Hegel allerdings spricht – im schroffen Gegenzug gegen sie – die Einsicht aus, dass das Verhältnis von Kirche und Staat nicht durch den Rückgang hinter die Konfessionsspaltung und eine hierdurch ermöglichte Restitution der Einheit von Kirche und Staat gelöst werden könne. Zwar treffe es zu, dass die Konfessionsspaltung den Staat „vollständig zerrissen“ habe. Aber erst diese Zerreißung des Staates durch die Konfessionskirchen und Sekten habe „auf wunderbare Weise doch zugleich die Ahndung einiger Grundsätze gegeben, worauf ein Staat beruhen kann“. An die Stelle der alten, von der Kirche gestifteten substantiellen Einheit des Staates sei eine ‚äußerliche Verbindung‘ als „Princip der modernen Staaten“ getreten. Die Konfessionsspaltung und in ihrer Folge die Trennung von Kirche und Staat erweisen sich somit als conditio sine qua non für den Begriff des Staates: „Daß nur ein Staat möglich ist, ist die Trennung der Religion und Politik nothwendig; es ist für die höchste Gewalt nicht eine Macht über Religion zu fordern, Gott behüte, sondern gerade keine Macht über dieselbe, keine Rechte in Ansehung derselben; dann ist erst die höchste Gewalt zur Vertheidigung des innern und aüssern möglich.“[2]

Hegel spricht hier das Prinzip des modernen Staates – speziell allerdings des Staates der Aufklärung – bei weitem schärfer und realitätsnäher aus als die ihm vorangehenden Theoretiker oder auch als seine Zeitgenossen – und nicht nur als *seine* Zeitgenossen,

2 Hegel, *Die Verfassung des Deutschen Reiches,* in: Hegel, *Gesammelte Werke.* In Verbindung mit der Deutschen Forschungsgemeinschaft hrsg. von der Nordrhein-Westfälischen Akademie der Wissenschaften. Bd. 5: *Schriften und Entwürfe (1799–1808),* unter Mitarbeit von Th. Ebert hg. von M. Baum und K. R. Meist, Hamburg 1998, 99, 46.

sondern auch als einige Theoretiker des nun vergangenen Jahrhunderts. Noch zu seinem Beginn konnte man in Deutschland die konfessionelle Gespaltenheit als einen Geburtsfehler des deutschen Staates bezeichnen, den wir schwerlich je heilen werden – als ob dies etwas für das staatliche und religiöse Leben Erwünschtes oder gar Notwendiges gewesen wäre.[3] Der Staat also, so kann man Hegels knappe Sätze etwas amplifizieren, wird durch das Faktum der Kirchenspaltung zerrissen – allerdings nur derjenige Staat, als dessen sinnstiftende Mitte die Kirche verstanden wird. Doch obgleich diese Mitte zerrissen wird, wird hierdurch doch nicht der Staat zerrissen – und dies beweist, dass seine präsumtive Mitte nicht seine wirkliche Mitte gewesen ist. Mit dem ihm eigenen produktiven Sarkasmus konstatiert Hegel, das von der Religion gestiftete Band habe früher die Kriege zwischen den Staaten nicht verhindert, und ebensowenig reiße „in unsern Zeiten die Ungleichheit der Religion einen Staat auseinander. Die Staatsgewalt hat als reines Staatsrecht sich von der religiösen Gewalt und ihrem Rechte zu sondern, [...] und sich so einzurichten gewußt, daß er der Kirche nicht bedarf und sie wieder in den Zustand der Trennung von sich gesetzt, den sie in ihrem Ursprunge von dem römischen Staate hatte."[4] Der Staat wird also genötigt, sich auf neue Weise eine Einheit zu geben – nämlich dadurch, dass er sich durch eine ‚äußerliche Verbindung' neu konstituiert. Er verzichtet auf die Macht über die Religion nicht in deren Interesse, sondern um seiner selbst willen, weil nur dieser Verzicht ihn zu seinem Eigenen bringt. Denn das Prinzip des modernen Staates ist die äußerliche Verbindung, und sie ist sorgsam zu bewahren vor den mannigfaltigen Anfechtungen zur religiös-konfessionellen Restituierung oder Resubstantialisierung.

Ich möchte an dieser Stelle eine kleine Zwischenbemerkung im Blick auf gegenwärtige Diskussionen einschalten. Hegel sieht sehr deutlich, dass das Prinzip der Trennung von Staat und Kirche ein modernes Prinzip und nicht ein ‚Axiom' der christlichen Religion ist, auf Grund dessen sie sich ‚wesensmäßig' von anderen Religionen unterschiede, und er sieht weiterhin, dass diese Trennung sich nicht etwa geradewegs von biblischen Sentenzen herleiten lasse, etwa von der bekannten Unterscheidung dessen, was des Kaisers und was Gottes ist. Man *über*schätzt die Potenz neutestamentlicher – oder anderer – Worte, wenn man ihnen eine derartige Wirkungsmacht zuschreibt, und man *unter*schätzt auf der anderen Seite die wirklichkeitsgestaltende Kraft historischer Entwicklungen, zumal diese sich ja stets in einem zugleich begrifflichen Rahmen vollziehen und deshalb eine nicht nur faktische, sondern zugleich normative Kraft entfalten – in einem so hohen Grade, dass das, was sich der geschichtlichen Entwicklung, und das, was sich dem Begriff verdankt, gar nicht so reinlich zu scheiden ist wie der gemeine Menschenverstand es sich träumen lässt.

3 Ernst Troeltsch, *Die Trennung von Staat und Kirche, der staatliche Religionsunterricht und die theologischen Fakultäten.* [...] Heidelberg 1906, 30.

4 Hegel, *Die Verfassung des Deutschen Reiches*, a.a.O. (Anm. 2), 172.

(3) Hegels Einsicht aus den Jahren um 1800, dass das Prinzip des modernen Staates die bloß äußerliche Verbindung sei, greift allerdings dem Urteil nicht nur vieler späterer Staatsphilosophen weit voraus; sie wird auch durch seine eigene begriffliche Entfaltung der Grundlagen des Staates als der Wirklichkeitsgestalt sittlichen Lebens in den 1820er Jahren nicht in vollem Umfang bestätigt: Nun versteht Hegel den Staat als eine Gestalt des objektiven Geistes, als Form der Sittlichkeit, und deshalb geht er hinaus über die aufklärerische Reduktion auf die Äußerlichkeit des Bandes, das den Staat zusammenhält und ihn zu einer bloßen Instanz der Garantie der äußeren und inneren Sicherheit macht. Seine Einsicht hingegen, dass die Trennung von Kirche und Staat die Grundlage des modernen Staates sei, wird von Hegel nicht widerrufen, sondern wiederholt und – gegenüber den Einheitsforderungen seiner Zeit – noch bekräftigt: „Es ist daher so weit gefehlt, daß für den Staat die kirchliche Trennung ein Unglück wäre oder gewesen wäre, daß er *nur durch sie* hat werden können, was seine Bestimmung ist, die selbstbewußte Vernünftigkeit und Sittlichkeit." [5] Insoweit bestätigen die *Grundlinien* die Position der *Verfassungsschrift* – und Hegel fügt noch ausdrücklich an, was dort vorausgesetzt, aber unausgesprochen geblieben ist: „Ebenso ist es das Glücklichste, was der Kirche für ihre eigene und was dem Gedanken für seine Freiheit und Vernünftigkeit hat widerfahren können."

Im Blick auf das zweite Moment , auf die Frage, was dem Staat nun Einheit gibt, ergänzt und korrigiert Hegel jedoch seine frühere Position durch die neue Einsicht, dass das äußere Band allein nicht ausreichend ist, um den Staat zusammenzuhalten. Diese Einsicht verdankt sich wohl weniger der geschichtlichen als der Begriffsentwicklung: Hegel fasst den Staat nun, im Kontext seiner Philosophie des objektiven Geistes, nicht mehr, wie in der *Verfassungsschrift*, als einen bloß äußerlich gegründeten, sondern als einen „sittlichen Staat", und *als* sittlicher kann der Staat seine Einheit nicht nur durch eine äußerliche Verbindung erhalten. Das äußere Band bedarf zu seiner Wirksamkeit eines Komplementes: der „Gesinnung" – und auf diesem Wege kommt zwar nicht die Kirche, aber die Religion erneut ins Spiel, denn das den Staat „für das Tiefste der Gesinnung integrirende Moment" sei eben die Religion. Dies gilt allerdings nicht ohne eine wichtige Einschränkung: Eine gelingende Integration des Staates setzt voraus, dass die Religion sich nicht apart setzt, sondern sich ihrerseits der allgemeinen Sittlichkeit des Staats einfügt. „Von denen, die den *Herrn suchen*, und in ihrer ungebildeten Meinung Alles *unmittelbar* zu haben sich versichern, [...] kann nur Zertrümmerung aller sittlichen Verhältnisse, Albernheit und Abscheulichkeit ausgehen". Es ist „das Wohlfeilste, [...] an der Gottseligkeit bereits alle Erforderniß zu haben, um die Natur der Gesetze und der Staatseinrichtungen zu durchschauen, über sie abzusprechen und wie sie beschaffen seyn sollten und müßten anzugeben, und zwar, weil solches aus einem frommen Herzen komme, auf eine unfehlbare und unantastbare Weise". Hegel erfasst

5 Hegel, *Grundlinien der Philosophie des Rechts*, Berlin 1821, § 270 Anm. – Hier finden sich auch die im Text folgenden Zitate.

hier sehr genau die potentiell ambivalente Wirkung der Religion: Potentiell ist sie das den Staat „für das Tiefste der Gesinnung integrirende Moment“, aber sie ist ebensosehr das den Staat potentiell am tiefsten bedrohende, ihn desintegrierende Moment. Nicht die Kirche ist durch den Staat bedroht, sondern der Staat als die wirkliche Sittlichkeit ist vor einer Religiosität zu schützen, die sich im Besitze eines eigenen, transzendent begründeten Prinzips der Sittlichkeit wähnt. Diese schwer überhörbare Warnung Hegels richtet sich aber nicht an die Kirchen seiner Zeit, sondern gegen fehlgeleitete Aktionen aus ihrem Umkreis oder mit nachträglicher theologischer Billigung, die sich gegen die wirkliche Vernunft des Staates auf ein höheres Recht berufen zu können glauben – bis hin zur Rechtfertigung des politischen Mordes – wenn er nur mit ‚reinem Herzen‘ begangen worden ist.

Trotz solcher damals sehr aktueller Bedenken wird im frühen 19. Jahrhundert das Integrationspotential des religiösen Bekenntnisses noch weithin geschätzt, ja für unverzichtbar gehalten. Auch Hegel spricht deshalb dem Staate noch das Recht zu, „von allen seinen Angehörigen zu fordern, daß sie sich zu einer Kirchengemeinde halten“, aber er fährt fort: „übrigens zu irgend einer, denn auf den Inhalt [...] kann sich der Staat nicht einlassen.“ Dies können sogar Religionsgemeinschaften sein, die keine Pflichten gegen den Staat anerkennen. Die schon in der *Verfassungsschrift* verworfene Einheit von Staat und Kirche bleibt somit auch hier aufgelöst – doch tritt an ihre Stelle die Forderung einer – wenn auch recht verdünnten, fast ins Beliebige hinübergleitenden – Einheit von Staat und Religion. Mit – wiederum – produktivem Sarkasmus wendet Hegel sich deshalb gegen die in der damaligen Bundesakte verankerte Bindung der Staatsbürgerrechte an die Zugehörigkeit zu einer der drei damals in Deutschland privilegierten Konfessionskirchen. Das gegen die Verleihung von Bürgerrechten an Juden „erhobene Geschrei“ übersehe, dass die Juden „zu allererst *Menschen* sind und daß dieß nicht nur eine flache, abstrakte Qualität ist“. Und auch wenn die Einsicht in die Notwendigkeit einer säkularen Begründung von Recht und Institutionen in der jüngsten Zeit gern ignoriert wird: Wir wissen heute recht gut, wie verheerend sich die traditionelle, wohl auch gut gemeinte, politisch aber gründlich verfehlte Absicht ausgewirkt hat, den Staat durch seine Begründung auf ein christlich-religiöses Fundament, durch die Bindung der Staatsbürgerrechte an die Zugehörigkeit zu bestimmten religiösen Gemeinschaften politisch zu stabilisieren, statt ihn als ein Gebilde eigenen Rechtes und eines eigenen Ethos zu verstehen.

(4) Die religionspolitische Zuspitzung im Laufe der 1820er Jahre – im Kontext der europäischen Restaurationsbewegung – nötigt Hegel an ihrem Ende jedoch in einem wichtigen Punkt zu einer Selbstrevision. Als „sittlicher“ hebt der Staat die frühere Entzweiung von Weltlichkeit und Heiligkeit in sich auf; die „Göttlichkeit“ steht ihm nicht gegenüber, sondern er hat sie in sich selbst. Seine Stabilität wird deshalb nicht so sehr durch unbesonnene Aktionen einzelner und ihre ebenso unbesonnene theologische Rechtfertigung gefährdet. Sie wird durch diejenige Kirche bedroht, die sich dieser Sittlichkeit des Staates nicht unterstellt, sondern ihn unter ihre Herrschaft zu bringen

sucht – gestützt auf die Behauptung, dass die weltliche Macht nicht unmittelbar von Gott verliehen sei, sondern durch seinen Stellvertreter auf Erden. Doch jeder Versuch, den Staat Forderungen im Namen eines außer ihm stehenden Heiligen zu unterwerfen, zerstört sein sittliches Leben.

In diesen letzten Jahren seines Lebens aber muss Hegel zur Kenntnis nehmen, dass der Prozess der Neutralisierung der religiösen Geltungsansprüche und der Depotenzierung des Herrschaftsanspruchs der Kirchen keineswegs so weit fortgeschritten ist, wie er – mit dem Neuprotestantismus seiner Zeit – noch zu Beginn der 1820er Jahre angenommen hat. Er sieht jetzt ein breites Spektrum sehr unterschiedlicher Optionen mit ebenso unterschiedlichen politischen Auswirkungen, mit stark divergierenden Haltungen der Konfessionen gegenüber dem Prinzip des „modernen Staates". Nach heutigen Usancen hätte er um 1830 von einer „postsäkularen Gesellschaft" sprechen müssen – doch vor solchen Träumereien hat ihn sein Realitätssinn glücklicher Weise bewahrt. Weil Hegel aber nun sowohl diese Differenz der religiös-politischen Optionen sieht als auch zugleich daran festhält, dass die Religion das den Staat „für das Tiefste der Gesinnung integrirende Moment" sei, hält er es nun nicht mehr für beliebig, welcher kirchlichen Gemeinschaft der einzelne zugehöre. Deshalb revidiert er jetzt seine frühere Indifferenz gegenüber dem Konfessionsunterschied: Sittliches Leben und freie Verfassungen können sich nur in Verbindung mit einer Konfession entfalten, die sich auch selber als Trägerin dieses Freiheitsgedankens versteht und die Autarkie und Autonomie der Weltlichkeit anerkennt – und dies ist für Hegel, nach den Erfahrungen der späten 1820er Jahre, allein die protestantische.

(5) Dieser „politische Protestantismus" Hegels wird leicht missverstanden – als wolle Hegel nun den Protestantismus als Staatsreligion inthronisieren und den Glauben zumindest protestantischer Provenienz zum Hüter der individuellen Freiheit und der Sittlichkeit des Staates berufen. Doch dies ist gerade nicht der Fall. Seine Auszeichnung des Protestantismus beruht nicht auf irgend welchen dogmatischen Prinzipien der Reformation oder auf der engeren Staatsverbundenheit der protestantischen landeskirchlichen Organisation oder darauf, dass der Protestantismus dem sittlichen Leben eine protestantisch-konfessionelle Fundierung zu geben geeignet wäre, sondern das „protestantische Prinzip" besteht vielmehr darin, dass der Protestantismus in der Form, die sich damals geschichtlich herausgebildet hat, die Sittlichkeit des Staates als in diesem selbst gegründet anerkennt, als unabhängig von religiös motivierten Forderungen.

Der Protestantismus ist somit nicht die positive, sondern nur die negative Bedingung solcher Freiheit – und zwar deshalb, weil er die Sittlichkeit des Staates anerkennt als in diesem selbst gegründet, als unabhängig von einer spezifisch religiösen Fundierung und Steuerung bestehend. Paradox, aber der Sache angemessen formuliert: Für den Hegel der späten 1820er Jahre ist ein freier Staat ein protestantischer Staat, und zwar nicht, weil der Protestantismus geeignet wäre, den Staat zu fundieren, sondern umgekehrt: weil der protestantische Staat kein religiös fundierter Staat ist, sondern die Sittlichkeit des Staates als eine Gestalt eigenen Rechtes anerkennt – also weil er anerkennt, dass der

Staat keiner Fundierung durch eine explizite Religion bedarf, sondern sein Fundament in sich selber hat. Auch in seinen „Vorlesungen über die Philosophie der Weltgeschichte" (1830/31) polemisiert Hegel nun gegen die (von ihm noch wenige Jahre zuvor geteilte) „Thorheit unserer Zeiten, Staatsverfassungen unabhängig von der Religion erfinden und ausführen zu wollen; die katholische Religion obgleich mit der protestantischen gemeinschaftlich innerhalb der christlichen Religion läßt die innere Gerechtigkeit und Sittlichkeit des Staates nicht zu, die in der Innigkeit des protestantischen Princips liegt".[6]

Und dennoch findet Hegel hier aus einem Schwanken und Zweifeln hinsichtlich der Tragfähigkeit derjenigen Gestaltung, die das Verhältnis von Staat und Religion zu seiner zeit gefunden hat, zunächst nicht hinaus: An anderer Stelle sieht er die Ablösung der Religion vom Staate zwar als notwendig an, aber dennoch als eine letztlich ebenfalls nicht glückliche Lösung: „jenes Losreissen des Staatsrechtlichen, der Verfassung [ist] um der Eigenthümlichkeit jener Religion willen, die das Recht und die Sittlichkeit nicht als *an sich* seyend, als substantiell anerkennt, nothwendig; aber so losgerissen von der Innerlichkeit, von dem letzten Heiligthume des Gewissens, dem stillen Orte wo die Religion ihren Sitz hat, kommen die staatsrechtlichen Principien und Einrichtungen ebensowohl nicht zu einem wirklichen Mittelpunkte, als sie in der Abstraction und Unbestimmtheit bleiben."[7] Damit scheint Hegel hier – wie so oft in seinen politischen Positionen – aporetisch zu enden – zumindest so lange, als sich kein Weg zeigt, sowohl an der notwendigen Trennung festzuhalten als auch den „wirklichen Mittelpunkt" zu finden. Doch schon wenige Monate später prägt Hegel eine Formel, die eben dies zu leisten verspricht: „Es ist Ein Begriff der Freiheit in Religion und Staat."

II. Der Eine Begriff der Freiheit

(1) „Es ist Ein Begriff der Freiheit in Religion und Staat":[8] Dieser Satz Hegels, den ich hier aus der dritten Phase der Entfaltung des Problems herausgehoben habe, ist ohne die

6 Hegel, *Philosophie der Weltgeschichte. Einleitung 1830/31*, in: Hegel, *Gesammelte Werke.* Bd. 18: *Vorlesungsmanuskripte II (1816–1831),* hg. von W. Jaeschke, Hamburg 1995, 173.

7 Ebd.

8 Hegel, *Vorlesungen über die Philosophie der Religion,* hg. von W. Jaeschke. Teil 1: *Einleitung. Der Begriff der Religion.* Hamburg 1983, 340. – Vgl. zum Folgenden den gesamten Abschnitt, ebd. 339-347: „Das Verhältnis der Religion zum Staat". – Die anderen, hier nicht herangezogenen repräsentativen Texte dieser Phase bilden die Anmerkung zu § 552 der *Enzyklopädie der philosophischen Wissenschaften im Grundrisse* (1830) und Hegels Rede zur Säkularfeier der Confessio Augustana; siehe *In sacris saecularibus tertiis traditae confessionis Augustanae [...] habita a Georgio Guilelmo Friderico Hegel*, Berolini et Stettini 1830. In: Hegel, *Gesammelte Werke.* Bd. 16: *Schriften und Entwürfe II (1826–1831),* unter Mitarbeit von Christoph Jamme hg. von Friedrich Hogemann, Hamburg 2001, 311-322, bzw. Hegel, *Rede zur dritten Säkularfeier der Augsburgi-*

in sich spannungsreiche Vorgeschichte, aus der er hervorgeht, nicht wirklich verständlich. Er gehört übrigens nicht der „Rechtsphilosophie" im engeren Sinne an, sondern Hegels „Vorlesungen über Religionsphilosophie" aus dem Sommersemester 1831 – dem spätesten Text zum Verhältnis von Religion und Staat. Dem eigentlichen Corpus dessen, was sich im Verlaufe eines Jahrzehnts in diesen Vorlesungen bei der Suche nach der Systemform der Religionsphilosophie als „Begriff der Religion" herauskristallisiert hat, fügt Hegel hier aus dem aktuellen Anlass der französischen Juli-Revolution des Vorjahres sowie einiger anderer religionspolitischer Implikationen der Unruhen dieser Jahre einen zusätzlichen Abschnitt zum Thema „Staat und Religion" an, das er sonst im Kontext nicht der Religionsphilosophie, sondern der Rechtsphilosophie behandelt.

Schon der Umstand, dass dieser Satz im genannten, durch Revolutionswirren veranlassten Kontext beheimatet ist, lässt erahnen, dass er keineswegs als unproblematische Deskription einer harmonischen Vereinigung von Religion und Staat im Begriff der Freiheit verstanden werden darf. Es gibt allerdings einige Argumente, die eine solche Harmonie erwarten lassen – zunächst schon das Argument, das die analoge Gestaltung von Staat und Religion aus der Einheit des sie hervorbringenden bewusstseinsgeschichtlichen Prozesses herleitet. Mit Hegel könnte man diesen Gedanken so ausdrücken, dass es *ein* Geist sei, der durch alle Gestaltungen – Staat, Kunst, Religion und Philosophie – hindurchgehe. Dies trifft auch sicherlich zu – doch hat Hegel mit seinem Satz vom *einen* Begriff der Freiheit noch etwas Spezifischeres im Sinn.

Der Satz, dass *ein* Begriff der Freiheit in Religion und Staat sei, ist – wie so häufig bei Hegel – weder rein deskriptiv noch rein normativ zu verstehen. Er spricht einen – faktischen – Zusammenhang aus, der nicht bloß auf dem Zufall einer historischen Entwicklung beruht, sondern auf Begriffsverhältnissen, die jedoch nicht in dem Sinne schlechthin bestimmend sind, dass stets die vollendete Übereinstimmung von Religion und Staat im Begriff der Freiheit aus ihnen folgte. Zudem kann diese Übereinstimmung in sehr verschiedenartigen Formen ausgestaltet und auf sehr unterschiedlichen Niveaus der Begriffsentwicklung angesiedelt sein, auf dem höchsten wie auf dem untersten: „Das Volk, das einen schlechten Begriff von Gott hat, hat auch einen schlechten Staat".[9] Der Satz spricht aber keinen Kausalzusammenhang aus, weder in die eine noch in die andere Richtung: Er behauptet nicht, dass ein schlechter Begriff von Gott Ursache eines schlechten Begriffs vom Staat sei – oder umgekehrt –, sondern er spricht lediglich den Zusammenhang beider Seiten aus, ohne logische oder kausale Prioritäten zu setzen. Entscheidend aber ist Folgendes: Staat und Religion sind hier nicht als etwas der Art nach Gleiches angesehen, sondern sie verhalten sich wie Äußeres und Inneres – und diese Zuordnung wird nicht schon dadurch aufgehoben, dass natürlich auch der Staat eine ‚Innenseite' wie auch die Religion eine ‚Außenseite' hat. Die gesellschaftliche

schen Konfession (den 25. Juni 1830), in: Hegel, *Berliner Schriften (1818–1831). Voran gehen Heidelberger Schriften (1816–1818),* hg. von W. Jaeschke. Hamburg 1997, 429-442.

9 Hegel, *Vorlesungen über die Philosophie der Religion,* a.a.O. (Anm. 8), 340.

Wirklichkeit und die innere Gesinnung, oder das Reale und das Ideale – wie man vor allem mit dem Schelling der Identitätsphilosophie sagen könnte – stehen in begrifflicher Einheit und werden sich deshalb auch historisch-gesellschaftlich in Übereinstimmung setzen. Das Äußere bedarf des Inneren, und nicht irgendeines Inneren, sondern des ihm angemessenen Inneren, wie auch umgekehrt das Innere der ihm angemessenen äußeren Gestaltung bedarf – wenn die geistige Welt nicht durch eine Entzweiung zerrissen werden soll. Zugespitzt ausgedrückt: Beide Seiten sind unzertrennlich und doch oft genug von einander getrennt. – In dieser Perspektive liegt übrigens der Mangel von Hegels früher Einsicht in die notwendige Trennung von Kirche und Staat darin, dass er damals darauf vertraut hat, den Staat als eine nur äußerliche, durch ein äußeres Band garantierte Verbindung zum Schutz der äußeren und inneren Sicherheit begreifen zu können, unter Absehen vom Moment der „Gesinnung".

Diesen neuen, für den Gedanken des Staates als eines sittlichen wie auch für das Verhältnis von Staat und Religion konstitutiven Zusammenhang des „Formellen" der Verfassung und der „Gesinnung" hat Hegel nirgends mit größerem Nachdruck herausgehoben als in diesem Abschnitt der religionsphilosophischen Vorlesungen, und insbesondere an seinem Ende, mit ausdrücklichem Bezug auf die Juli-Revolution. Hier verraten Hegels Ausführungen auch sehr deutlich den Charakter einer umfassenden Selbstrevision der beiden früheren Phasen, auch dort, wo er dies durch die Kritik an anderen überdeckt. Es gebe „zwei Systeme: das moderne System, worin die Bestimmungen der Freiheit und der ganze Bau derselben auf formelle Weise aufrechterhalten werden, ohne die Gesinnung zu beachten. Das andere System ist das der Gesinnung – das griechische Prinzip überhaupt". Und Hegel fährt fort: „Beide Seiten, die Gesinnung und jene formelle Konstitution, sind unzertrennlich und können sich gegenseitig nicht entbehren; aber in neuerer Zeit ist die Einseitigkeit zum Vorschein gekommen, dass einerseits die Konstitution sich selbst tragen soll und Gesinnung, Religion, Gewissen andererseits als gleichgültig auf die Seite gestellt sein sollen, indem es die Staatsverfassung nichts angehe, zu welcher Gesinnung und Religion sich die Individuen bekennen."[10] Damit komplementiert Hegel die frühe Position der *Verfassungsschrift*, die ein äußeres Band für ausreichend hält, und er korrigiert zugleich auch noch die Position der *Grundlinien der Philosophie des Rechts*. In der Anmerkung zu § 270 beschränkt Hegel ja ausdrücklich das Recht des Staates auf die formelle Forderung, die Bürger sollten sich „zu irgend einer Kirchengemeinde halten", da der Staat sich auf den „Inhalt", „auf das Innere der Vorstellung [...] nicht einlassen" könne. Im Unterschied zur Jenaer Position berücksichtigt Hegel hier, in den *Grundlinien der Philosophie des Rechts*, zwar die beiden Seiten – Verfassung und Gesinnung –, doch lässt er ihren Zusammenhang unbestimmt – in der Erwartung, dass der „starke Staat" sich hier liberal verhalten und die potentiellen und partikularen Gefährdungen, die ihm von Seiten einer nicht

10 Ebd. 346.

konkordierenden Gesinnung drohen, aushalten und überwinden könne. Die Politik der Restauration in Frankreich – und nicht allein in Frankreich – öffnet ihm jedoch die Augen dafür, dass der Gesinnung erheblich mehr Gewicht beizumessen und die moderne Vernachlässigung der Gesinnung ein – gefährlicher – Irrtum sei. Hegel stellt nun sogar „das moderne System, worin die Bestimmungen der Freiheit und der ganze Bau derselben auf formelle Weise aufrechterhalten werden“, dem „System [...] der Gesinnung“ entgegen, das er „besonders in der Platonischen Republik entwickelt“ findet: Das eine System sei ein ebenso „Einseitiges“ wie das andere – und er fährt fort, in einem längeren Zusammenhang, den ich seiner Wichtigkeit wegen ausführlich zitieren muss: „Ein großes Beispiel dieser Einseitigkeit haben wir in der neuesten Tagesgeschichte erlebt: An der Spitze der französischen Regierung hat man eine religiöse Gesinnung gesehen, die von der Art war, dass ihr der Staat überhaupt für ein Rechtloses galt, und dass sie feindselig gegen die Wirklichkeit, gegen Recht und Sittlichkeit auftrat. Die letzte Revolution war nun die Folge eines religiösen Gewissens, das den Prinzipien der Staatsverfassung widersprochen hat, und doch soll es nun nach derselben Staatsverfassung nicht darauf ankommen, zu welcher Religion sich das Individuum bekenne: Diese Kollision ist noch sehr weit davon, gelöst zu sein“.[11]

Der vorletzte Satz dürfte allzu gedrängt und deshalb leicht missverständlich formulieren; deshalb sei seine Intention hier nochmals verdeutlicht: Das religiöse Gewissen, das den Prinzipien der Staatsverfassung widersprochen hat, findet sich – wie Hegel zuvor ja ausdrücklich betont – „an der Spitze der französischen Regierung“, und nicht etwa auf Seiten der Revolutionäre auf den Barrikaden. Die Revolution wird also nicht von einem religiösen Gewissen ausgelöst, das sich gegen die Staatsverfassung stellt, sondern durch diejenigen, die sich in diesem Konflikt zwischen religiösem Gewissen und Staatsverfassung auf die Seite des Staates stellen. Andererseits stellt aber auch das Formelle der Staatsverfassung keine tragfähige Basis dar. Im folgenden Absatz, am Ende dieses Kapitels, geht Hegel – oder auch nur der aus den Nachschriften redigierte Text? – deshalb nochmals und noch etwas detaillierter auf diesen Konflikt ein: „Nach dem Formellen der Konstitution war der Monarch keiner Verantwortlichkeit ausgesetzt; aber dies Formelle hat nicht standgehalten; die Dynastie ist vom Thron gestürzt worden. So zeigt es sich, daß in der formell ausgebildeten Konstitution der letzte Notanker doch wieder die Gesinnung ist, die in ihr beiseite gestellt war und nun mit Verachtung aller Form sich geltend macht. An diesem Widerspruch und an der herrschenden Bewußtlosigkeit desselben ist es, daß unsere Zeit leidet.“

(2) Über der Schilderung der Probleme, die aus der Einseitigkeit von formeller Verfassung und inhaltsbezogener Gesinnung erwachsen, ist – schon bei Hegel und nun auch bei mir – die Explikation dessen etwas zu kurz gekommen, das die beiden Seiten vereinen soll: die Explikation des *einen* Begriffs der Freiheit in Religion und Staat. Da

11 Ebd. 346f.

er *einer* sein soll, muß er derselbe sein im Formellen der Verfassung eines Staates und in der Gesinnung seiner Bürger – nicht nur in derjenigen Gesinnung, die das Verhältnis der Bürger zum Staat betrifft, sondern in ihrem Wissen von der Freiheit überhaupt. Und Hegel sagt auch sehr bestimmt, was er unter diesem *einen* Begriff der Freiheit versteht: nämlich den umfassenden, ja unendlichen Begriff, „daß der Mensch an und für sich frei sei". An und für sich frei ist der Mensch, weil der ganze Bau der geistigen Welt aus seiner Freiheit emporsteigt[12] – wie Hegel fast gleichzeitig im letzten Satz seiner rechtsphilosophischen Vorlesungen formuliert – und weil dem Menschen deshalb in seiner Geistigkeit keine ursprünglichen Bindungen auferlegt und auch keine späteren Schranken gesetzt sind und dies auch für sein Wissen ist. Dieser Begriff also muss im Formellen der Verfassung verankert sein, und er muss zugleich in der Gesinnung derjenigen verankert sein, die in einem so verfassten Staat leben. So – und nur so! – ist die Einheit von Gesinnung, Religion und Staat zu verstehen.

Die lange und spannungsreiche Geschichte des Verhältnisses von Religion *und* Staat lässt es nicht zweifelhaft sein, dass beide Seiten sich mit einem solchen Begriff des Menschen schwer tun – wenn auch aus unterschiedlichen Gründen und mit anderen Folgen. Vor allem ist zu berücksichtigen, dass es sich hierbei um ein geschichtlich variables Verhältnis handelt, und deshalb verweist Hegel für eine Betrachtung dieses Verhältnisses in der „ausgebildeten Ausführlichkeit" ja auf seine Philosophie der Weltgeschichte. Der Staat ist zwar die Wirklichkeit der Freiheit – doch wird wohl niemand behaupten wollen, dass er jemals die dem Begriff der Freiheit des Menschen an und für sich angemessene Wirklichkeit gewesen sei. Anders steht es mit der Religion: erhebt sie doch – freilich erst in der neueren Zeit und in Konkurrenz zu einem Staat, der sich als die Verwirklichung von Freiheit begreift – mehrfach Anspruch darauf, das Prinzip der Freiheit in die Wirklichkeit eingeführt zu haben. Auch bei Hegel finden sich Wendungen, die diesen Anspruch bestätigen[13] – allerdings auch gegenteilige. In dem hier anvisierten Abschnitt etwa heißt es: „das Wissen, daß der Mensch der Natur, d. h. dem Begriff nach frei ist, gehört der neueren Zeit an"[14] – und diese Version hat den Vorzug, dass sie sich geschichtlich belegen lässt. Aber es geht ja letztlich nicht um einen ursprünglichen Besitz an Prinzipien, um einen Kampf um den Ursprung des Prinzips der Freiheit, analog zum mythologischen Kampf um den Leichnam des Moses. Ohnehin kann die Rede vom ‚religiösen Ursprung' eines Gedankens – zumindest für Hegel – nichts anderes bedeuten, als dass dieser Gedanke zunächst in einer religiösen Form ausgesprochen worden sei, jedoch nicht, dass dieser Gedanke – um nochmals mit Schelling zu sprechen –

12 Hegel, *Vorlesungen über Rechtsphilosophie 1818–1831*. Edition und Kommentar in sechs Bänden von Karl-Heinz Ilting. Bd. 4, Stuttgart 1974, 925.

13 Hegel, *Enzyklopädie der philosophischen Wissenschaften im Grundrisse* (1830), a.a.O. (Anm. 8), § 482; Hegel, *Grundlinien der Philosophie des Rechts*, a.a.O. (Anm. 5), § 62.

14 Hegel, *Vorlesungen über die Philosophie der Religion*, a.a.O. (Anm. 8), 344.

sich einem „Unterricht höherer Naturen"[15] verdankt – denn dieser Unterricht ist bei Hegel stets ausgefallen. Und weiter: „Prinzipien als solche", so Hegel, „sind nur abstrakte Gedanken, die ihre Wahrheit erst in der Entwicklung haben" – nämlich in der Jahrtausende langen Geschichte der Entwicklung des Subjektivitätsbegriffs. Entscheidend ist ohnehin die Frage, ob die Religion einen solchen Begriff der Freiheit des Menschen an und für sich – welchen ‚Ursprungs' er auch sei – in sich aufnehmen könne: ob also die religiöse Gesinnung ihn sich zu eigen machen könne oder ob nicht die historisch-dogmatischen Fixierungen, denen eine Religion wie die christliche unvermeidlich unterliegt, allenfalls eine punktuelle Adäquation mit dem sich entwickelnden Freiheitsbegriff erlaubten. Auch über diese Frage tobt bekanntlich ein Kampf von mythologischem Ausmaß – und ich werde mich nicht erkühnen, ihn hier mit einem Federstrich zu entscheiden. Statt dessen beschränke ich mich auf die Beobachtung, dass Hegel – obschon er der Religion konzediert, dass sie den Freiheitsbegriff früh oder gar erstmals ausgesprochen habe – sie hier wie auch in anderen Passagen seines Werkes primär nicht auf der Seite der Freiheit sieht, und dass die Kollisionen, die er hier diagnostiziert, eben daraus erwachsen. Sie erwachsen nicht etwa daraus, dass die religiöse Gesinnung nicht anzuerkennen bereit wäre, dass der Freiheitsbegriff in Staat und Religion *einer* sein müsse – dies kann ja vielmehr zu Turbulenzen führen; sie erwachsen vielmehr daraus, dass die Religion nicht *den* Freiheitsbegriff teilt, in dem sie ihre Übereinstimmung mit dem Staat finden müsste – ja dass sie ihn gar nicht teilen kann, wenn sie sich nicht selbst aufgeben will. Und wenn ich recht sehe, hat sich in dieser Frage – außer einigen Lippenbekenntnissen – seit Hegels Tagen nicht viel verändert – und manches wohl gar in die falsche Richtung.

(3) Ist damit die Einheit zwischen dem Formellen der Verfassung und der Gesinnung ein für allemal unmöglich gemacht – und damit auch die Verwirklichung des *einen* Begriffs der Freiheit in Religion und Staat? Und könnte es denn eine partielle Verwirklichung des Einen Begriffs der Freiheit im Staat geben, wenn nicht weniger als dessen notwendiges Komplement, nämlich die Gesinnung, dem entgegenstünde? Wäre die Frage in dieser Weise richtig gestellt, so würde Hegel sie ohne Zögern verneinen – eben auf Grund der dramatischen Erfahrungen seiner Zeit. Und doch zeigt er hier einen Ausweg aus der drohenden Aporie: „Die Gesinnung nimmt nicht notwendig die Form der Religion an, sie kann auch mehr beim Unbestimmten stehenbleiben."[16] Demnach ließe sich das – notwendige! – Komplementärverhältnis des Formellen und der Gesinnung auch unter Absehen von einer spezifisch religiösen Gesinnung verwirklichen. Hegel sagt im gleichen Kontext jedoch auch, was diese Option erschwert: „in dem, was man das Volk nennt", sei „die letzte Wahrheit nicht in Form von Gedanken und Prinzipien" vor-

15 Friedrich Wilhelm Joseph Schelling, *Vorlesungen über die Methode des academischen Studiums,* in: Schelling, *Sämtliche Werke,* hg. von K.F.A. Schelling, Abt. I, Bd. 5, Stuttgart und Augsburg 1859, 286.

16 Hegel, *Vorlesungen über die Philosophie der Religion,* a.a.O. (Anm. 8), 347.

handen; was für das Volk gelten soll, habe „seine letzte Bewährung nur in der Form einer vorhandenen Religion, und wenn diese nicht mit den Prinzipien der Freiheit zusammenhängt, so ist immer die Spaltung und eine unaufgelöste Entzweiung vorhanden". Demnach hängen also die Überwindung der Kollision der Wirklichkeit des Staates mit der Gesinnung wie auch die Verwirklichung des *einen* Begriffs der Freiheit in Religion und Staat von der doppelten Frage ab: ob sich die Gesinnung auch in ihrer religiösen Form diesen Begriff der Freiheit des Menschen an und für sich zu eigen machen könne, und ob die Gesinnung in ihrer nicht-religiösen, säkularen Form ihre „beim Unbestimmten" verharrende Form überwinde und sich eine wirkungsmächtige Gestalt gebe, die sie zum Komplement des Formellen der Verfassung geeignet macht. Im letzteren Fall wäre allerdings nicht mehr davon zu sprechen, dass *ein* Begriff der Freiheit in Religion und Staat sei, sondern nur noch davon, dass *ein* Begriff der Freiheit im Staate und in derjenigen Gesinnung sei, die diesen Staat als ihre Objektivität akzeptiert – und sei es auch manches Mal mit vernehmlichem Knirschen ihrer Zähne. In der Zeit seit Hegel dürften auf beiden angedeuteten Wegen signifikante Fortschritte in Richtung auf eine Vermittlung des Formellen des Staates und der Gesinnung erzielt worden sein. Und dennoch: In Anbetracht der Länge der noch zurückzulegenden Wegstücke scheint es mir immer noch ebenso naheliegend wie berechtigt, mit dem vorhin schon zitierten Satz Hegels zu schließen: „Diese Kollision ist noch sehr weit davon, gelöst zu sein."

FRIEDRIKE SCHICK, TÜBINGEN

Der Begriff des Verhältnisses von Staat und Religion nach § 270 der *Grundlinien der Philosophie des Rechts*

Im Rahmen der *Grundlinien der Philosophie des Rechts* kommt Hegel auf das Verhältnis von Staat und Religion im Zuge der Entwicklung des inneren Staatsrechts zu sprechen, näher im Umfeld der Bestimmung des Verhältnisses von *„politischem Organismus"* – den Institutionen und der Verfassung des Staats – und der *Gesinnung* – dem staatstragenden Bewusstsein seiner Bürger. In diesem Kontext wendet sich Hegel in einer ausführlichen Anmerkung zu § 270[1] dem Verhältnis von Staat und Religion zu. Dreh- und Angelpunkt der Anmerkung selbst ist der Satz, *die Religion sei die Grundlage des Staates*. Diesen „in neueren Zeiten so oft wiederholt[en]" (TWA 7, 415) Satz greift Hegel auf, um ihn in zwei Lesarten zurückzuweisen und in einer dritten zu bekräftigen und zu entwickeln. Im folgenden werden zunächst die beiden Lesarten des Satzes vorgestellt, die für Hegel das Verhältnis von Staat und Religion durch Einseitigkeit verfehlen (Teil 1), in einem zweiten Teil wird in Anschluss an Hegel die Kritik beider Lesarten entwickelt, und in einem dritten Teil wird auf dieser Basis Hegels eigene Lesart des Satzes exponiert, unter Einschluss eines Problems, das sich für diese Lesart ergibt und das schließlich auf den – in der Betrachtung bis dahin ausgesparten – Haupttext des § 270 und im weiteren Sinn auf die Hegelsche Staatstheorie zurückverweist, in deren Kontext ein Angebot zur Auflösung des Problems vorgeschlagen wird.

Dieses Problem betrifft das Verhältnis zwischen der Affirmation jener „Grundlagen"-These und ihrer Einschränkung, die Frage, ob beides konsistent vereinbare Seiten ein und desselben Verhältnisses bilden. Wie nämlich gezeigt werden soll, zeichnet sich als Grund der Einschränkung ein von Hegel konstatierter Mangel der Form religiösen Bewusstseins ab, von dem das bewusste politische Leben im Staat gerade dispensiert zu sein scheint – womit sich die Frage stellt, inwiefern Religion als Grundlage nicht überhaupt obsolet geworden und abgelöst oder abzulösen sei durch eine rein säkulare politische Gesinnung, die der vernünftigen Allgemeinheit des Staats (des Staats in seinem Begriff, versteht sich) transzendenzfrei inne wäre.

Die These, auf die der folgende Beitrag zuläuft, lautet: In der internen Verfassung, im Innenleben des Staates selbst zeichnen sich Friktionen zwischen allgemeinem Interesse und dem gleichwohl staatlicherseits geschützten und gewollten privaten Interesse der

1 Wo nicht anders angegeben, sind die Zitate im Folgenden dieser Anmerkung zu § 270 entnommen. Die Seitenzahlen beziehen sich auf TWA 7.

Einzelnen ab, die im „politischen Organismus" weniger zur Versöhnung kommen als ihre Verlaufsform finden und in denen in der Tat ein Grund dafür beschlossen ist, dass die freie Zustimmung des Bürgers zum Staat ein dessen Wirklichkeit transzendierendes Moment behält.

Das damit benannte Klärungsanliegen umfasst mithin nicht Hegels Bestimmungen des Verhältnisses von Staat und Religion in ihrer Gesamtheit, sondern bleibt innerhalb dieses Spektrums auf den grundlegenden Begriff des allgemeinen Verhältnisses von Staat und Religion konzentriert. Das Augenmerk gilt darum nicht allein und nicht in erster Linie der Bestimmung praktischer wie rechtlicher Verkehrsverhältnisse und Kompetenzabgrenzungen zwischen staatlichen und religiösen Institutionen; in Betracht genommen werden im folgenden entsprechend nicht allein Kirchen als öffentliche Institutionen im Unterschied zur subjektiven Religiosität, sondern die Religion im allgemeinen, in dem Sinn also, in dem der Terminus „Religion" institutionalisierte Formen und Formen der privaten Frömmigkeit übergreift.

In einer zweiten Hinsicht bleibt das Klärungsanliegen begrenzt: Die Betrachtung beschränkt sich auf die im genannten Paragraphen entwickelte Position der *Grundlinien* und verzichtet auf die Entfaltung diachroner Entwicklungslinien im Hegelschen Denken.[2] Beide Beschränkungen sind der Preis dafür, dem Doppelsinn des Grundlegungssatzes in seiner einfachen, allgemeinen Form im Kontext der Hegelschen Staatstheorie auf die Spur zu kommen.

1. „Die Religion ist die Grundlage des Staates" – Zwei erste Auslegungen

Für diesen Satz lassen sich zunächst zwei Lesarten voneinander scheiden, die ich im folgenden die *staatsfunktionalistische* und die *staatssubsumierende* Lesart nenne. Im Text der Anmerkung des § 270 spielt die zweite Lesart die weitaus prominentere Rolle, während die erste explizit erst und kurz in dem von Gans aufgenommenen Zusatz auftritt. Dennoch scheint es aus systematischen Gründen sinnvoll, beide vorzustellen, weil sie gerade in ihrer Identität, ihren gemeinsamen Voraussetzungen zu Staat, Religion und beider Verhältnis von Hegels Kritik erfasst werden. Die beiden Lesarten sollen zunächst jeweils kurz vorgestellt und anschließend mit Hegel kritisiert werden.

Die *erste*, staatsfunktionalistische Lesart ist – mit eindeutig pejorativer Konnation – angesprochen, wenn es im Zusatz zu § 270 heißt:

2 Für die Frage nach Kontinuität und/oder Umbruch in Hegels Position – die sich besonders angesichts seiner in den 1820er Jahren vollzogenen Wendung von der Gleichheit der Konfessionen vor dem Staat zur Vorzugsstellung der protestantischen Konfession stellt – ist auf den Beitrag von Walter Jaeschke in diesem Band zu verweisen. Vgl. auch: Walter Jaeschke, *Hegel-Handbuch. Leben – Werk – Schule*, Stuttgart und Weimar 2003, Kap. II 9.5.8 („Staat und Religion"), 395-398.

Der Satz, die Religion sei die Grundlage des Staates, „kann auch so mißverstanden werden, daß die Menschen, deren Geist durch eine unfreie Religion gebunden ist, dadurch zum Gehorsam am geschicktesten seien." (§ 270, Zus.; TWA 7, 430)

Diese Lesart beurteilt das Verhältnis augenscheinlich vom Standpunkt eines bestimmten zugrundegelegten Staatsinteresses her, nämlich vom Interesse eines Staats an der Willfährigkeit seiner Bürger, der Widerstandslosigkeit, mit der sie sich in unfreie Verhältnisse schicken, fasst deren religiösen Glauben als ideelles Untertanentum und diesen darin als nützliches oder unverzichtbares Mittel, mit dem sich der Bürger selbst als Untertan festhält und einer staatlichen Herrschaft – die in diesem Bild in ihren Zwecken durchaus nicht durch den Inhalt der Religion bestimmt zu sein scheint – Stabilität in Dasein und Durchsetzung beschert.

In Bezug auf diese Lesart sind freilich ihre allgemeine funktionalistische Form und der bestimmte Inhalt der genannten Funktion zu unterscheiden. Die funktionalistische Form selbst enthält zunächst nur dies: Religion kommt in den Blick als (mögliche oder wirkliche) faktische Einstellung oder Gesinnung, deren Vorliegen sub specie seiner Nützlichkeit, vielleicht sogar: seiner Unverzichtbarkeit für einen politischen Zweck erwogen wird. Mit dieser Form der Betrachtung ist der Inhalt dieses Zwecks und jener Nützlichkeit noch nicht präjudiziert. Ob die nützliche Religion mit einer Religion der Unfreiheit zusammenfällt, ist mit der Wahl der Betrachtungsweise nicht vorentschieden. Diese Offenheit verschwindet jedoch, wenn der politische terminus ad quem der Funktionalität als vollkommen unabhängig von den intentionalen Gehalten religiöser Einstellung bestimmt gedacht wird. Dann nämlich divergieren die für das beteiligte Subjekt höchsten Gesichtspunkte – und das sind die Gesichtspunkte, die in seiner Religiosität versammelt sind – vollkommen von den im politischen Feld wirklich geltenden Gesichtspunkten, das subjektiv Höchste wird degradiert zum Mittel in Verhältnissen externer Zweckmäßigkeit, in denen das Subjekt dann auch nicht aus freier Einsicht steht, nicht steht, weil es will, sondern weil es muss.

Einem so spezifizierten funktionalistischen Verständnis des Verhältnisses von Staat und Religion genau entgegengesetzt ist die *zweite*, die staatssubsumierende Lesart. Sie ist zunächst einmal dadurch charakterisiert, dass von *Grundlage* primär nicht im Sinn der günstigen bis unverzichtbaren *Existenz- und Erhaltungsbedingung* des Staats die Rede ist, sondern primär im Sinne der *Begründung*. Wie die erste Lesart erst durch die skizzierte Näherbestimmung der funktionalistischen Betrachtungsweise spezifisch bestimmt war, so erhält auch die zweite Lesart ihr spezifisches Profil erst mit der Näherbestimmung des hier gedachten Begründungsverhältnisses; und erst die voll spezifizierten Fassungen treten in Gegensatz zueinander.

Die besondere Fassung der Begründung des Staats in der Religion, die für die zweite – von Hegel kritisierte – Lesart des Grundlagen-Theorems charakteristisch ist, ist wie folgt beschaffen: Ihr zufolge fällt der letzte und eigentliche Rechtsgrund der Geltung staatlicher Institutionen und staatlichen Handelns, der Grund der Geltung des Staates als eines – nicht nur kraft konkurrenzlos überlegener Gewalt – unwidersprechlichen Willens über allen konkurrierenden gesellschaftlichen Einzel- und Gruppeninteressen, in ein besonderes, direktes Verhältnis zum Willen des oder eines göttlichen Subjekts: Als dessen Ausdruck und ausführendes Organ verdient der Staat oder verdienen Staaten die unbedingte Anerkennung, die sie ihren Bürgern de facto abverlangen. Die Besonderheit dieser Lesart liegt nun *erstens* darin, dass die raison d'être des Staates exklusiv in das Ressort der Religion – und dann konsequenterweise auch gleich: einer bestimmten Religion – gelegt wird. Die berufenen Vertreter der – wahren – Religion im Unterschied zum weltlichen Staatswissenschaftler wissen demzufolge um diesen Inhalt, und umgekehrt hat dieser Inhalt seine abschließende, gültige, verbindliche Fassung in eben der Form, die er in der Religion – und näher: dieser, der jeweiligen wahren Religion – erhalten hat. *Zweitens* zeichnet sich die in Rede stehende Lesart durch die Konsequenz aus, die aus der eben skizzierten Inhaltsfixierung in spezifisch religiöser Form gezogen wird: Wenn der Geltungsgrund des Staates religiös verfasst ist, dann sollte in diesem religiösen Inhalt auch das Prinzip – mindestens der Beurteilung, konsequenterweise aber auch gleich – der realen Bestimmung staatlicher Institutionen und staatlichen Handelns gefunden sein. Aus dieser Konsequenz fließen dann bestimmte Forderungen hinsichtlich der institutionellen Gestaltung des Verhältnisses von Staat und Religion: Ist die religiöse Begründung des Staats in der beschriebenen Weise gefasst, in Gedanken nämlich erhoben zum praktisch leitenden Prinzip des Politischen, dann scheint in der Tat die beste Gewähr der Identität von staatlichem Handeln und zugrundegelegtem göttlichem Willen in der institutionalisierten Personalunion des wirklichen Gesetzgebers mit der religiösen Elite oder in der Kontrolle jenes durch diese zu liegen. Angesichts der historischen Verselbständigung des wirklichen Gesetzgebers gegen solche einfache Einheit von Staat und Religion liegt es dann auch nahe, zum einen die Einheit zurückzufordern und wiederherzustellen, zum anderen das religiöse Gewissen des Staatsbürgers über und gegen dessen säkular definierte Pflichten zu stellen.

Aus dem Text der Anmerkung zu § 270 geht nun klar hervor, dass Hegel weder für die staatsfunktionalistische noch für die staatssubsumierende Position votiert. Gibt er und gibt es triftige Gründe für diese zweiseitige Ablehnung?

2. Die Kritik der ersten beiden Lesarten

Hier könnte man zunächst vermuten, solche Gründe müssten ganz verschiedener Art sein, sind doch die beiden Positionen verschieden voneinander, ja sogar einander entgegengesetzt: Was die staatsfunktionalistische Position nur als staatsnützlichen Irrtum über den Staat kennen will, nimmt die staatssubsumierende Position als höchste Wahrheit über den Staat in Anspruch. In ihrer Entgegensetzung jedoch lassen sich in beiden Positionen Variationen ein und desselben Widerspruchs erkennen, wie in den folgenden zwei Durchgängen gezeigt werden soll:

Die staatsfunktionalistische Lesart des Grundlagen-Theorems unterschied zwischen den wirklichen Zwecken oder Gründen staatlichen Handelns einerseits und den ideellen Zwecken oder Gründen, um derentwillen der religiös gesinnte Bürger und Betrachter dem staatlichen Handeln willfährt, andererseits. Diese Fassung des Verhältnisses von Staat und Religion unterscheidet selbst also eindeutig zwischen dem Wesen, das die Wirklichkeit für das religiöse Bewusstsein bestimmen soll, und deren wirklich bestimmendem Wesen: de facto herrschenden Interessen, von deren Standpunkt aus das Verhältnis überhaupt nur gewürdigt wird. Diese Scheidung zwischen einem wirklichen und einem scheinbaren Wesen staatlichen Handelns hat ein epistemisches Seitenstück: Die nützliche, weil staatstragende Gesinnung ist darin zugleich als ein Nicht-Wissen, als ein bornierter, befangener, unaufgeklärter Standpunkt unterstellt. Ein von diesem Standpunkt aus artikuliertes funktionalistisches Lob des religiösen Bewusstseins hebt sich selbst auf: nicht nur, weil eine Religion, die nichts wäre als das funktionale Äquivalent von Gewalt, es nicht wert wäre, geglaubt zu werden, sondern auch, weil ein Staat, der eine solche Legitimation braucht, offenbar keine hat. Der Standpunkt der herrschenden Interessen, von dem aus religiöse Gesinnung als nützliche Bedingung affirmiert wird, entdeckt sich in dieser Affirmation als kritikwürdiger Standpunkt, als ein Standpunkt, dem die fraglose Geltung gerade nicht zukommt, die ihm die beschriebene funktionalistische Lesart vindiziert.

Als widersprüchlich erweist sich, zusammengefasst, die Kombination der folgenden drei Thesen:

These 1: Die – für den Staatsbestand beste – Weise, wie Staatsbürger sich ideell mit ihrem Staat zusammenschließen können, ist die religiöse Gesinnung.
These 2: Die religiöse Gesinnung enthält nicht die Wahrheit über die wirklichen Zwecke und Gründe des Staats.
These 3: Der solcherart zu stützende Staat verdient unseren Respekt.

Die staatssubsumierende Lesart scheint nun auf den ersten Blick die Scheidung zwischen einem wirklichen und einem scheinbaren Wesen des Staates geradewegs zu negieren: setzt sie doch den Inhalt der Religion als den wirklichen Geltungsgrund und das – wenigstens im Idealfall – wirklich bestimmende Prinzip des Staats. Gleichwohl ist ihr eine Trennung von Wesen und Wirklichkeit ebenso einbeschrieben wie deren epistemisches Seitenstück, die Behauptung des Wesens als eines Nicht-Gewussten und Nicht-Wissbaren. Hegel formuliert diese Diagnose so:

„Diejenigen, die bei der Form der Religion gegen den Staat stehen bleiben wollen, verhalten sich wie die, welche in der Erkenntnis das Rechte zu haben meinen, wenn sie nur immer beim *Wesen* bleiben und von diesem Abstraktum nicht zum Dasein fortgehen, oder wie die [...], welche nur das *abstrakte Gute* wollen und der Willkür das, *was* gut ist zu bestimmen vorbehalten.“ (TWA 7, 418)

Aber warum, so könnte man einwenden, trifft diese Diagnose ausgerechnet eine Position, die doch gerade die Bestimmung der wirklichen politischen Praxis durch deren angenommenes höheres, göttliches Wesen fordert? Die Antwort darauf hat mit dem zu tun, was Hegel die „Form der Religion" nennt. Um zu verstehen, was damit gemeint ist und welche argumentative Rolle es an dieser Stelle spielt, können wir uns zunächst an einen Beschreibungszug der zweiten Lesart erinnern: Zu deren Eingangscharakteristik gehörte, dass sie selbst verschiedene prima facie mögliche Fassungen des letzten Rechtsgrundes des Staates unterschied, alternative Fassungen ausschied und die religiöse Fassung als die wahre Fassung dieses Grundes auszeichnete. Als ein passendes Beispiel einer solchen wahren, bestimmten religiösen Fassung lässt sich der Rekurs auf einen göttlichen Willen heranziehen. Nehmen wir also an, die Frage, worin die – letzte – Vernunft der wirklichen Verhältnisse liege, sei beantwortet mit dem Verweis auf den Willen Gottes. *Beantwortet* ist sie damit freilich auch wiederum nicht: Genannt ist vielmehr das Subjekt, dem man zutraut, für diese Vernunft zu bürgen – die dann offenbar an den Verhältnissen selber nicht abzulesen war.

Soll nun umgekehrt der göttliche Wille die politische Praxis anleiten, so kann er dies aus ebendiesem Grund mangels Bestimmtheit nicht:

„Gott ist die allgemeine Idee und in diesem Gefühl das Unbestimmte, das nicht dahin gereift ist, das zu bestimmen, was im Staate als entwickelt da ist." (Zus., TWA 7, 431)

Soll der göttliche Wille nun gleichwohl in die gedachte Bestimmungsfunktion eingesetzt werden, so braucht er gleichsam Übersetzer, die ihm einen Inhalt geben. Damit ist aber, was als Übersetzung gemeint war, von der bloßen Setzung nicht zu unterscheiden. Diese Äußerlichkeit zwischen gegebenem Inhalt und göttlicher Form verschwindet auch nicht dadurch, dass der Übersetzer ein persönliches Sonderverhältnis zum göttlichen Willen geltend macht. Wenn das Recht seines Spruchs sich nicht an dessen Inhalt zeigt, so ist er auch nicht als Äußerung eines solchen Sonderverhältnisses gezeigt.

„Dieses Gefühl [d. i. das religiöse Gewissen] kann bloße Willkür sein, und ob dies sei, muss lediglich aus den Handlungen erkannt werden; aber insofern sie Handlungen, Gebote werden, nehmen sie die Gestalt von Gesetzen an, was gerade jenem subjektiven Gefühl widerspricht." (Zus., TWA 7, 431)

Die Einbruchstelle von Willkür – im Gegensatz zur erklärten Intention des Rekurses auf einen göttlichen Willen als Prinzip politischer Praxis – liegt also in der Unbestimmtheit, die das Prinzip politischer Praxis hat, wenn es in spezifisch religiöser Form sein und bleiben soll. Es hat dann nicht die Form eines Ableitungsgrundes bestimmter institutioneller Formen oder bestimmter Gesetze – was aus ihm dann abgeleitet wird, verdankt sich jenseits gelegenen Gründen. In dieser Hinsicht ist die zweite Lesart von Willkür nicht weiter entfernt als die erste, die sie relativ offen im Schilde führt.

Darin liegt der Widerspruch der staatssubsumierenden Lesart: Das Grundlegungs-Verhältnis wird darin offenbar so verstanden, dass ihm nur dann wahrhaft entsprochen ist, wenn das wirkliche Staatshandeln selber *religiöse Form* angenommen hat – und diese ist dann eben in ihrer Besonderheit *gegen weltliches Raisonnement* gemeint. Damit ist der Zweck des Politischen zugleich als einer gefasst, der in der Wirklichkeit staatlichen Handelns nicht erkennbar ist. Die Vorstellung, auf seinen letzten, eigentlichen

Zweck sei ein Gemeinwesen dann und erst dann bezogen, wenn besondere Menschen, die durch Offenbarung oder qua religiösem Amt in direkterem Kontakt zu ihm, dem göttlichen Willen stehen, politische Führungsrollen übernehmen, enthält so einen Widerspruch zu ihrer eigenen Voraussetzung: der Scheidung des Religiösen vom Weltlichen, die dem Gedanken ihrer Beziehung innewohnt.

In ihrem Gegensatz haben die staatsfunktionalistische und die staatssubsumierende Lesart damit eine logische und in deren Gefolge eine epistemische Eigenart gemeinsam: Die logische Eigenart besteht darin, die wirkliche Organisation und das wirkliche Handeln des Staates auf ein Wesen desselben zu beziehen, das, von seiner Wirklichkeit getrennt, nicht sein Wesen ist: Die erste Lesart tut dies in der Variante der Entgegensetzung von Dienst und Wahrheitsgehalt religiöser Gesinnung, die zweite in der Variante der Forderung praktischer Bestimmungsmacht religiöser Gesinnung. Die zugehörige epistemische Eigenart besteht darin, dass beide das affirmative und affirmierte Verhältnis der Religion zum Staat an epistemische Formen des Nicht-Wissens knüpfen.

3. Hegels Lesart, ihr Problem und ein Angebot zu seiner Auflösung

Dass im vorigen relativ ausführlich auf zwei Auslegungen des Grundlagen-Theorems eingegangen wurde, die sich von derjenigen Hegels unterscheiden, hat zwei Gründe: Erstens enthalten beide einen gewissen Wiedererkennungswert in Bezug auf auch heute anzutreffende Ansichten zum Verhältnis von Staat und Religion; man trifft auf Standpunkte des ersten Typs in Gestalt von aufgeklärten (?) Meinungen, die der Religion nichts Wahres, aber viel Gutes zusprechen, und auf Standpunkte des zweiten Typs in Gestalt der Standpunkte, die „fundamentalistisch" heißen und eine bessere Kritik verdienen als die schiere Konfrontation mit dem ersten Standpunkt. Zweitens verschafft eine gewisse Anfangsklarheit über diese beiden Alternativen zu Hegels eigener Lesart des Grundlagen-Theorems auch eine solidere Ausgangsbasis für das Verständnis der Hegelschen Lesart und des eingangs angedeuteten Problems, das mit ihr verbunden zu sein scheint.

Worin also besteht die Hegelsche Lesart? Sie ist, in Abgrenzung zu den beiden vorigen Lesarten, zweigliedrig:

„Wenn nun die Religion [...] die *Grundlage* ausmacht, welche das Sittliche überhaupt und näher die Natur des Staats als den göttlichen Willen enthält, so ist es zugleich nur *Grundlage*, was sie ist, und hier ist es, worin beide auseinandergehen." (TWA 7, 417)

Die Religion *ist* die Grundlage, aber auch *nur* die Grundlage des Staats: Nach dem ersten Teil wird der These vom Legitimitätszusammenhang zwischen Staat und Religion recht gegeben, den die erste Lesart negiert, die zweite affirmiert hatte, während im zweiten Teil dieser Zusammenhang von der Identitätsvorstellung geschieden wird, die die zweite Lesart affirmiert und die erste negiert hatte.

Von dieser zweigliedrigen Fassung des Grundlegungsverhältnisses her gesprochen, stellt sich der Mangel beider Lesarten so dar: Die erste gibt preis, dass der Staat an der Religion seine Grundlage (und nicht nur eine nützliche Existenzbedingung) hat; die zweite vergisst, dass diese Grundlage nur Grundlage ist. Und beide vergessen damit und geben preis den einen identischen Inhalt, um den es in Staat und Religion zu tun ist. Mit anderen Worten: Jede bestreitet auf ihre Weise dem Staate die Sittlichkeit, auf den sie ihn zugleich wesentlich bezogen wissen will.

Folgen wir Hegel zunächst kurz in der Entwicklung des *ersten* Gliedes – dem Grundlagensatz in der Betonung: ‚Die Religion *ist* die Grundlage des Staates'. Die Religion, so lesen wir, „hat die absolute Wahrheit zu ihrem Inhalt, und damit fällt auch das Höchste der Gesinnung in sie." (Ebd.) Dass alles andere in Beziehung auf die uneingeschränkte Grundlage und Ursache – auf Gott – gefasst werde und erst in dieser Beziehung seine Bestätigung erhalte, das gilt auch für den Staat, seine Gesetze, seine Rechten und Pflichten. Denn auch diese („selbst" sie) „sind in ihrer Wirklichkeit ein Bestimmtes, das in eine höhere Sphäre als in seine Grundlage übergeht" (ebd.). In diesem Sinne sei die Religion die *Grundlage*, welche das Sittliche überhaupt und näher die Natur des Staats als den göttlichen Willen enthält.

Aber nach der *zweiten* Betonung ist sie auch *nur* seine Grundlage. In welchem Sinn dies gelten soll, entwickelt Hegel in einer *zweifachen Formdifferenz* von Religion und Staat. Der bleibende Ausgangspunkt soll sein die Identität beider, ihrem wesentlichen Inhalt nach, dem freien Selbstverhältnis der Vernunft. Was sie unterscheiden soll, ist die Form, in der dieser Inhalt jeweils gesetzt ist:

Für die spezifische Form, den er in der *Religion* hat (wenn diese nicht im weiten Sinn des absoluten Geistes genommen wird, sondern im engeren der neben philosophischer Wissenschaft etablierten Form), können wir auf Elemente der Kritik der zweiten Lesart zurückgreifen: Der absolute Inhalt hat darin erstens die Form des wesentlich auf die Wirklichkeit nur bezogenen, darin gegen sie *abstrakten Wesens* und zweitens die epistemische Form des *Gefühlten, Geglaubten und Vorgestellten*. Ein gutes Exempel für die Form der *Vorstellung* im besonderen ist die Annahme eines göttlichen Willens an der Stelle einer inhaltlichen Explikation der Vernunft staatlicher und im weiteren: politischer Praxis überhaupt: Der allgemein zu artikulierende Inhalt wird, wo solche Ersetzung vorliegt, abgelöst durch den Rekurs auf ein, freilich ausgezeichnetes, Einzelnes; die Vernunft der Geschichte liegt nicht in ihr, sondern in einer zweiten Geschichte, in die sie eingebettet ist.

Im *Staat* hingegen hat Hegel zufolge derselbe Inhalt die Form *praktischer Wirksamkeit* und die epistemische Form des *Denkens und Wissens*:

„Der Staat ist göttlicher Wille als gegenwärtiger, sich zur wirklichen Gestalt und *Organisation einer Welt entfaltender* Geist." (TWA 7, 417 f.)

„Es ist die philosophische Einsicht, welche erkennt, dass Kirche und Staat nicht im Gegensatze des *Inhalts* der Wahrheit und Vernünftigkeit, aber im Unterschied der Form stehen. [...] Gegen ihren [der Kirche; d. A.] *Glauben* und ihre *Autorität* über das Sittliche,

Recht, Gesetze, Institutionen, gegen ihre *subjektive Überzeugung* ist der Staat vielmehr das *Wissende*; in seinem Prinzip bleibt wesentlich der Inhalt nicht in der Form des Gefühls und Glaubens stehen, sondern gehört dem bestimmten Gedanken an." (TWA 7, 425)

Nach dem vorigen ist klar, dass sich Hegels Bestimmung des Verhältnisses von Staat und Religion von Konzeptionen der einseitigen Subsumtion der einen unter die andere Sphäre unterscheidet, ohne an deren Stelle die Behauptung gleichgültiger Äußerlichkeit zu setzen. Die Frage ist nun, ob sich seine begriffliche Fassung auch ihrem Inhalte nach als der Begriff des Verhältnisses zeigt. Dem einfachen „Ja" zu dieser Frage scheint jedenfalls auf den ersten Blick ein Widerspruch zwischen den zwei Gliedern der Bestimmung entgegenzustehen, die es noch einmal fraglich macht, ob sich Hegels Lesart in der kritischen Abgrenzung gegen die vorgestellten Alternativen halten kann.

Die Ausführung des Sinns, in dem von der Religion gelten könne, sie *sei* Grundlage des Staats, scheint nämlich mit der Ausführung des Sinns, in dem von ihr *nur* als dessen Grundlage die Rede sein könne, zu kollidieren.

Zur Ausführung der zweiten Seite gehörte die These der Identität des Inhalts bei gleichzeitiger Differenz der Form. Die Fassung der Formdifferenz zwischen Staat und Religion tendiert aber sehr stark dahin, dem Staate für sich schon die adäquate Form zu vindizieren und der Religion nurmehr den Mangel an der rechten Form zu lassen. Wenn ein und dasselbe Wesen einmal als in Verwirklichung begriffen und als in seiner Allgemeinheit gewusstes Wesen auftritt – und das andere Mal in abstrakten Fassungen, die es in seiner Wirklichkeit – in seiner internen Bestimmtheit oder Binnengliederung und in seiner Rolle als wirksames Organisationsprinzip – nicht kenntlich machen können, so ist die Frage, welcher Form der Vorzug zu geben ist, eigentlich keine Frage mehr. Wenn nun die erste Form die des Staates, die des zweiten die der Religion sein soll, so wird unerfindlich, wie die erste an der zweiten noch ihre höhere Bewährung haben soll – wie eine Bewährung dieser Art möglich und wie sie nötig sein sollte.

Es steht, allgemeiner gesagt, dahin, wie der objektive Geist in den absoluten als in seinen Grund zurückgehen können soll, wenn er selbst schon in der skizzierten Weise die Wirklichkeit und Wissen vereinigende Form vernünftiger Freiheit ist.

Für die Aufklärung dieser Schwierigkeit ist der Haupttext von § 270 von Bedeutung, wie ich im folgenden zeigen möchte. Der Haupttext lautet:

> „Daß der Zweck des Staates das allgemeine Interesse als solches und darin als ihrer Substanz die Erhaltung der besonderen Interessen ist, ist 1. seine *abstrakte Wirklichkeit* oder Substantialität; aber sie ist 2. seine *Notwendigkeit*, als sie sich in die Begriffs*unterschiede* seiner Wirksamkeit dirimiert, welche durch jene Substantialität ebenso wirkliche *feste* Bestimmungen, Gewalten sind; 3. eben diese Substantialität ist aber der als *durch die Form der Bildung hindurchgegangene*, sich wissende und wollende Geist. Der Staat weiß daher, was er will, und weiß es in seiner Allgemeinheit, als Gedachtes; er wirkt und handelt deswegen nach gewußten Zwecken, gekannten Grundsätzen und nach Gesetzen, die es nicht nur

an sich, sondern fürs Bewußtsein sind; und ebenso, insofern seine Handlungen sich auf vorhandene Umstände und Verhältnisse beziehen, nach der bestimmten Kenntnis derselben." (TWA 7, 415)

Zunächst einmal lässt sich in der Trias von „abstrakter Wirklichkeit oder Substantialität" – Diremtion derselben in „wirkliche feste Bestimmungen" – „sich wissender und wollender Geist" das Grundmuster wiedererkennen, das für den in der Anmerkung entwickelten Begriff des Verhältnisses von Staat und Religion zentral wird: Hier – wo sichtlich vom Staat, explizit aber nicht von der Religion die Rede ist – wie dort – in der Anmerkung – geht es um die Unterscheidung und Selbstbeziehung des eigentlichen Staatszwecks in seiner Unterscheidung in a) seine abstrakte oder nur substanzielle Fassung, b) die Institutionen, in denen dieser eine allgemeine Zweck seine organisierte, bestimmtere Fassung erhält und c) die Beziehung beider aufeinander im Wissen und Wollen des Subjekts, das diesen ihm substanziellen Zweck selbstbewusst betätigt. Daraus erhellt rückblickend in einer Weise auch schon, weshalb gerade „hier der Ort [sei], das Verhältnis des Staats zur Religion zu berühren" (TWA 7, 415): Wenn der inneren Organisation des Staats nicht nur das erste, sondern auch das zweite und das dritte Moment eigen sind – das Herausgehen in die bestimmte institutionelle Gliederung und die gedachte – in ihrer Allgemeinheit erfasste – Beziehung zwischen der besonderen Institution und dem allgemeinen Zweck, so ist damit für die Seite des Staats der Grund vorgezeichnet, von dem her das Ideal des religiösen Staats (das Ideal der „Einheit von Staat und Religion") sich als dem Begriff des Staats unangemessen erweist. Dem angestrebten politischen Handeln aus direkt göttlichem oder doch aus gottbeseeltem, frommem Geist fehlten gerade diese beiden Momente: Die besonderen Institutionen und Gesetze wären nicht die begrifflich notwendigen Durchführungsbestimmungen des allgemeinen Zwecks und sie wären als diese damit auch nicht begreifbar und begriffen – die Gesetze eines solchen Staats blieben in der Form des blinden Zwangs – ganz gegen die Form des „sich wissenden und wollenden Geistes". Der Haupttext spricht, soweit nachvollzogen, der inneren Organisation des Staates zu, was die Anmerkung dem religiösen Staat abspricht: ein in seiner Wirklichkeit mit seinem Prinzip einiges System zu sein. Ganz in diesem Sinne weist Hegel im Zusatz zu § 270 denn auch das Argument für die Unterordnung des Staats unter die Religion zurück, das mit der *Endlichkeit* des Staats operiert:

„Der Staat ist allerdings weltlich und endlich, hat besondere Zwecke und besondere Gewalten, aber dass der Staat weltlich ist, ist nur die eine Seite, und nur der geistlosen Wahrnehmung ist der Staat bloß endlich. Denn der Staat hat eine belebende Seele, und dies Beseelende ist die Subjektivität, die eben Erschaffen der Unterschiede, aber andererseits das Erhalten in der Einheit ist." (TWA 7, 429)

Auf diesem Boden erneuert sich freilich erst einmal nur die kritische Frage, wie die *positive* These von der Grundlegung des Staats in der Religion hier ihren Ort haben sollte: Ist nicht wiederum die der Religion zugesprochene Form einfach eine, die in die durchlaufene, vergangene Bildungsgeschichte des Geistes gehört, von der im Haupttext die Rede ist?

Sieht man etwas genauer auf die Trias des Haupttextes, wird der Eindruck vollendeter – begrifflicher wie praktischer – Harmonie jedoch konterkariert. Ein solcher Eindruck stellt sich nur ein, wenn man darüber hinwegsieht, *wie* der substanzielle allgemeine Zweck oder *worin* er sich nach b) verwirklicht: in den *Staatsgewalten*. Die „Festigkeit" ihrer Bestimmung ist offenbar nicht nur die logische Festigkeit von Unterschieden, die Unterschiede eines Begriffs sind, sondern geradeso die praktische Geltung von Gewalten als solchen, ihre Geltung über allen besonderen Interessen und im Kollisionsfall gegen diese. Damit ist eine Friktion namhaft gemacht zwischen dieser *Form* der Realisierung und Besonderung auf der einen Seite und dem substanziellen *Zweck*, der in dieser Form realisiert und besondert werden soll: Der Zweck des Staates war ja nicht ein allgemeines Interesse gegen die besonderen, sondern eines, das die Erhaltung der besonderen Interessen, ihrer Substanz nach – nicht nur auch noch manchmal berücksichtigt, sondern – „ist".

Was hier am Thema innerer staatlicher Organisation begegnet, ist die in den vorangehenden Paragraphen der *Grundlinien* schon explizit gemachte Doppelbestimmung des Verhältnisses von besonderem Interesse und Staat:

„Gegen die Sphären des Privatrechts und Privatwohls, der Familie und der bürgerlichen Gesellschaft ist der Staat einerseits eine *äußerliche* Notwendigkeit und ihre höhere Macht, deren Natur ihre Gesetze sowie ihre Interessen untergeordnet und davon abhängig sind; aber andererseits ist er ihr *immanenter* Zweck und hat seine Stärke in der Einheit seines allgemeinen Endzwecks und des besonderen Interesses der Individuen" (§ 261, TWA 7, 407f.).

Auf der einen Seite tritt der Staat nach dieser Diagnose den in der Gesellschaft verfolgten Interessen als die Instanz gegenüber, an der sie sich in praktischer Unterordnung relativieren und im Kollisionsfall brechen – als äußere Schranke ihrer Geltung; auf der anderen Seite ist das Staatsinteresse ausgesprochen als immanenter Zweck der beschränkten Interessen. Fasst man das Verhältnis von Staat und Bürger nach dieser zweiten Seite, stellt sich die Frage, weshalb ebendas, worum es in den besonderen Interessen ohnehin geht, ihnen in der Form der äußeren Macht, der äußeren Schranke gegenübertreten sollte.

Freilich hat diese elementare Frage – noch ganz ohne Rekurs auf Religion – eine ebenso elementare Antwort gefunden; sie lautet: Indem die besonderen Interessen zugleich aufeinander verwiesen und einander entgegengesetzt sind, sind sie für ihre Existenz, für ihre Erhaltung angewiesen auf die Sicherung dieses Verhältnisses der Interessen gegen deren Betätigung. Die Abhängigkeit, von der in § 261 die Rede ist, ist nicht nur eine des Untertanen von einem übermächtigen herrschenden fremden Interesse, sondern auch die interne Abhängigkeit von einer Bestandsbedingung. An dieser Antwort haben wir, wie es scheint, eine handfeste Alternative zu der Ansicht, in der Hegel mit der zweiten Lesart übereinkam: Nicht die Religion, sondern das aufgeklärte Eigeninteresse wäre die Grundlage des Staates. In dieser Antwort wiederum lässt sich unschwer der Not- und Verstandesstaat erkennen, der in die *Grundlinien* ebenso integriert ist wie er als zusammenfassender Begriff des Staates abgelehnt wird. Der Grund dafür ist einfach: Rein funktional als Erhaltungsbedingung einander entgegengesetzter Privatinteressen bestimmt, ist der Staat begründungslogisch dem Privatinteresse nachgeordnet; und es ist nicht ganz widerspruchsfrei, ein Interesse an die Spitze politischer Philosophie zu setzen, welches so wenig Vernunft aufweist, dass es zu seiner Erhaltung der perennierenden äußeren Gewalt bedarf.

Lesen wir § 270 probeweise aus der Perspektive des Standpunkts, der den Staat schlechthin mit dem Not- und Verstandesstaat identifiziert, so erhalten wir die folgende Aussagenreihe:

1. Das allgemeine oder Staatsinteresse besteht in der Erhaltung der Substanz der besonderen Interessen gegen diese.
2. Seine Wirklichkeit, seine Wirksamkeit hat dieses allgemeine Interesse in der Einrichtung und im Handeln staatlicher Gewalten, die ihrerseits rein durch zweckmäßige Funktionsteilung im Dienst der Verwirklichung jenes allgemeinen Interesses bestimmt sind.
3. Dieses allgemeine Interesse hat die Form des allgemein gewussten und gebilligten Zwecks. Das wiederum schließt Konsequenzen für die nähere Form staatlichen Handelns ein und für die Form, in der es von den Bürgern des Staates mitgetragen wird: Das Handeln der Institutionen hat die Form allgemeiner, öffentlicher und systematisch aufeinander bezogener Gesetze; und die Bürger halten sich an diese Gesetze im Wissen darum, dass in ihnen das Ihrige, ihre Sache zur Realisierung komme.

Doch – *inwiefern* es ihre Sache ist, die im Staatshandeln zur Realisierung kommt, ist sub specie des Standpunkts des Not- und Verstandesstaats eine zweischneidige Angelegenheit. Der Einsicht in die nicht nur per Gewalt gesetzte, sondern auch interne Notwendigkeit steht unter diesen Vorzeichen die Erinnerung an das von seiner Bedingung auch unterschiedene Privatinteresse bleibend gegenüber. Die Form der Zweckmäßigkeit der öffentlichen Gewalten und die Form der Allgemeinheit und Öffentlichkeit des Gesetzes *allein* schaffen den Sachverhalt nicht aus der Welt, dass die so verstandene oder verfasste Einheit von besonderem und allgemeinem Interesse zugleich eine Einheit Entgegengesetzter bleibt. Der „*durch die Form der Bildung hindurchgegangene*, sich wissende und wollende Geist" wäre, in Hegelschen Termini gesprochen, schlicht und einfach der Geist der bürgerlichen Gesellschaft.

Wenn wir jedoch nach dem vorigen mit Hegel davon ausgehen, dass dieser Geist nicht die autarke Endform sittlicher Verhältnisse verkörpert – nicht verkörpern kann, weil das aufgeklärte Eigeninteresse in ihm zugleich als letzter Grund und als das zu Relativierende auftritt –, dann ergibt sich ein neuer Blick auf das Theorem von der Religion als der Grundlage des Staates. In einem ersten Schritt lässt sich dann festhalten: Als *letzter* Rechtsgrund lässt sich das zugrundegelegte besondere Interesse weder an sich noch als Inhalt staatsbürgerlicher Gesinnung aufrechterhalten. *Wenn* ein solcher

Grund verlangt ist, dann muss er in einer Einheit von allgemeinem und besonderem Interesse liegen, die sich von der Zweckmäßigkeit der Beschränkung des besonderen Interesses für dasselbe noch einmal unterscheidet. In diesem Sinn verlangt die Begründung die Form der Transzendenz. *Dass* ein solcher Grund verlangt ist, liegt darin, dass der „*durch die Form der Bildung hindurchgegangene*, sich wissende und wollende Geist" sich nicht mit Zwang einig wissen will und kann, den er nicht durch Einsicht in Freiheit verwandeln kann.

Wenn Hegel von der Religion festhält, sie habe „die höchste Wahrheit zu ihrem Inhalt" (TWA 7, 417) und fordere die Rechtfertigung auch des Staates im Bezug auf solche höchste Wahrheit, so lässt sich das in ebendiesem relativ offenen und formalen Sinn verstehen: Ein einsichtiger Grund für die Unterordnung eigener Interessen darf keiner sein, der sich einem Standpunkt verdankt, der selbst als befangener erkennbar ist. In diesem Sinn ist das Grundlagen-Theorem keine atavistische Reminiszenz an im Prinzip schon überwundene Bildungsstufen des praktischen wie theoretischen Geistes: Es erinnert daran, dass ein Staat, der seinem Begriff nach die wissende Organisation freier Verhältnisse zu sein beansprucht und diese Organisation in der Form von Staatsgewalten realisiert, sich anders als instrumentell begründen können muss, wenn er begründet sein soll.

Freilich unterscheidet dieser Gedanke die Religion nicht mehr von der Philosophie, zumal nicht von derjenigen Hegels; er unterscheidet nur beide gemeinsam von Formen der Staatsbegründung, die ihr Prinzip in partikularen Interessen im Staat suchen. Für die begrifflich engste Fassung von Religion, für die der Anmerkungstext das Grundlagen-Theorem durchspielt, reicht diese Lesart nicht hin. Religion in engstem Verstande war charakterisiert nicht nur durch den – mit der Philosophie geteilten – Inhalt, sondern durch die spezifische Form: der abstrakten Fassung des Inhalts in den Formen von Vorstellung, Glaube und Gefühl. Gegen die These, dass die höchste Wahrheit des Staates gerade und nur in dieser Form zu haben sei, bleibt der Hegelsche Einwand der Unbestimmtheit, die diese Wahrheit in dieser Form hat, in Geltung. In diesem Sinn ist Religion *nur* die Grundlage des Staates.

Worin besteht, zusammenfassend betrachtet, der vorgeschlagene Weg zur Auflösung des Problems der Hegelschen Fassung des Grundlagen-Theorems? Inwiefern wird seine positive Seite nicht durch die Einschränkung kassiert? Die vorgeschlagene Lösung besteht darin, Religion in einem doppelten – einem weiteren und einem engen – Sinn zu verstehen. Dass Religion die Grundlage des Staates *ist*, knüpft dann an den weiteren Sinn an und beharrt für die theoretische Verwandlung von Zwang in Freiheit auf anspruchsvollen Begründungsbedingungen – Bedingungen, die nicht durch den Rückbezug auf den Dienst am beschränkten Interesse und auch nicht durch den Verweis auf Formeigenschaften des Staatshandelns wie Gesetzesform und Gewaltenteilung allein einlösbar sind. Dass Religion *nur* die Grundlage des Staates ist, knüpft hingegen an den engen Sinn an und beharrt gegen die spezifische epistemische Form der Religion auf dem Desiderat der Entwicklung des in dieser Form abstrakt, d. h. getrennt von seiner Wirklichkeit, gedachten Inhalts.

Dieser Lösungsvorschlag hat allerdings eine offene Stelle – und einen Preis:

Der Preis besteht ebendarin, dass, sehr wahrscheinlich gegen Hegels Intention in der betrachteten Anmerkung, der Terminus „Religion“ analog, nicht eindeutig, verwendet wird. Die Vereindeutigung zugunsten des engen Sinnes jedoch lässt das Problem unaufgelöst: Ein Staat, dem nur die Begründung in der Form der Vorstellung eines von ihm getrennten Wesens angemessen ist, verträgt sich offenbar schlecht mit Wissen über ihn; und ein Staat, der ohne diese spezifische Begründungsform auskommt, hat in ihr nicht seine Grundlage.

Die offene Stelle besteht in der Anschlussfrage, wie sich die aus ihrer abstrakten Grundlage zum gewussten Begriff entwickelte Begründung – dem Anspruch nach: Hegels eigene Rechtsphilosophie – selbst zu ihrem Gegenstand verhält. Ob sie die skizzierten Begründungsbedingungen erfüllt und ob diese erfüllbar sind, ist mit der vorgeschlagenen Lösung sicher nicht schon positiv entschieden. In diesem Punkt war das Ziel bescheidener: Die Überlegungen, die zu ihr geführt haben, sollten eher dazu beitragen, die Bedingungen selbst ins Licht zu rücken, die für dieses Programm und mit ihm gesetzt sind.

Lu De Vos, Leuven

Religion – Staat – Geschichte bei Hegel (1827–1831)

Obwohl sich Hegels Denken vom Anfang an auch um die Gemeinschaft konstituierende Bedeutung einer Volksreligion dreht, sind die damit verwendeten begrifflichen Momente, Volk, Religion, Staat und Geist, nicht immer genau ausgeprägt. Das Verhältnis von Religion und Staat um 1817 scheint von keinerlei Interesse mehr zu sein und auch kein begriffliches oder sachliches Problem mehr aufzugeben, sofern die *Enzyklopädie* (1817) dieses Thema nirgendwo erwähnt.[1] Gleich nach dem Erscheinen dieses Buches aber, bei der Ausführung einer gesonderten Rechtsphilosophie in den *Vorlesungen über Naturrecht und Staatswissenschaft* (1817/18), ändert sich die Lage wieder.[2] Weil das Problem auch in der öfters zu Rate gezogenen „Anmerkung" zu § 270 der *Grundlinien* noch nicht endgültig gelöst wird, betrachte ich in diesem Beitrag Hegels letzte Periode ab 1827; in diesem Zeitraum sind ausführliche, aber weniger beachtete Texte der Thematik des Verhältnisses von Religion oder Kirche und Staat gewidmet. Mein Beitrag versucht, nach der Darstellung einiger grundlegenden Auffassungen über den begrifflichen Rahmen des Geistes, den philosophischen Gehalt der spezifischen Anmerkungen der *Enzyklopädie* (1827 und 1830) zu erläutern, in denen Religion und Staat in ihrem Verhältnis zueinander differenziert betrachtet werden. Dabei integriere ich die *Oratio in Sacris Saecularibus tertiis Traditae Confessionis Augustanae (1830)* und die neuerdings gesondert zugänglich gemachten *Vorlesungen über die Philosophie der Weltgeschichte* (1830/31) und die *Vorlesungen über die Philosophie der Religion* (1831) in die Entfaltung der genannten Problematik. Ich betrachte die Hegelsche Konzeption des Geistes (1), dann die Lage des Verhältnisses von Religion und Staat in der *Enzyklopädie²* (1827) (2), den Beitrag der *Oratio* (3), danach die Änderungen der *Enzyklopädie³* (1830) (4) und zuletzt die sich auf einander beziehenden Vorlesungen der Weltgeschichte und der Religion (5).

1 Hegel wird grundsätzlich zitiert nur mit Bandnummer und Seitenangabe nach den *Gesammelten Werken* (GW); die Enzyklopädie mit E, E^2 und E^3, seine *Vorlesungen* werden zitiert mit V Band: Seite; die Vorlesung *Die Philosophie der Geschichte* (1830/31), hg. Kl. Vieweg, München-Paderborn 2005, wird zitiert mit Vie und Seite (bei Vie werden die Kursivierungen aus der Edition ausgelassen).

2 Vgl. dazu meinen Beitrag, „Die Grenze der Politik: Religion oder Philosophie?" in: *Hegel-Jahrbuch 2008. Hegels politische Philosophie. Erster Teil*, hg. von A. Arndt, P. Cruysberghs und A. Przylebski, Berlin 2008, 236-245.

Die Hauptthesen werden folgende sein: das Verhältnis von Religion und Staat wird von der *philosophischen* Betrachtung der *Weltgeschichte* entzaubert; die Religion erhält ihre wirkliche Bedeutung innerhalb des objektiv genannten Gesamtgeistes, sie hat aber als christliche Religion keine *direkte* normative Bedeutung in Beziehung auf die Verfassung des Staat selbst, wie dies von der traditionellen theologischen und von der restaurativen politischen Deutung behauptet wird; die Germanischen Völker bilden auf Grund *gleichberechtigter Freiheit* vernünftige Staaten aus christlichem Prinzip, kein einziger aber ist noch rechtstheoretisch oder religiös als protestantisch-christlicher Staat zu verstehen, geschweige denn philosophisch zu begreifen.[3]

1. Geist?

Grundlegend bestimmt Hegel den Geist in seiner Form oder Gestaltung vom philosophischen Begriff des Geistes aus. Seinem philosophischem Begriff nach ist der Geist nur, wenn er sich im Gegensatz zur Natur, zu der er sich dabei verhält, als sich wissend herausstellt (E § 300, E^2 § 381, vgl. V 6: 285). Damit ist bereits deutlich, wie, wenn überhaupt, nur der ‚Geist' selbst eine durch das aktive Wissen konstituierte Vorstellung seiner selbst bilden kann. Deshalb ist er in jeder seiner verschiedenen Formen wirklicher Selbstvollzug und, genauer gesagt, Selbsterkenntnis als Form; diese Bedeutung ist grundlegend für Alle, weil und sofern Jeder auch schon ohne philosophische Vergegenwärtigung des spekulativen Begriffs die eigene Auffassung des Geistes verwenden kann, die dann zwar nur auf eine Vorstellung hinweist, die die damalige religiöse Vorstellung integriert. Es muß nicht jeder selbst den Geistbegriff verwenden, aber in der Philosophie ist dieser Begriff notwendig, um die verschiedenen Bereiche, die mit ihm gedeutet werden, in ihrem Verhältnis zueinander zu begreifen; und dieser Begriff darf nicht ohne eine mögliche Verwendungsweise, die Allen grundsätzlich (als Vorstellung) zugänglich ist, als objektiv betrachtet werden. Aus dieser grundlegenden Auffassung des Selbstvollzugs des Geistes in jeder seiner Formen ist in diesem philosophischen Verständnis die einfache, abstrakte oder vorstellungsmäßige Fassung des Geistes nicht mehr gültig; in der Durchführung muß gerade (gegen die Vorstellungen) aufgezeigt werden, daß jedem Geist, sofern er als individueller oder subjektiver, als objektiver oder gemeinsamer, und als absoluter oder abgesonderter Geist in dem Alltag und in der positivwissenschaftlichen Deutung verstanden wird, keine verschiedenen Entitäten mehr entsprechen, wie sie etwa philosophisch in der ontologischen Tradition auch noch als Individuum, ‚Welt' oder ‚Gott' (oder selbst als ‚Materie'), und gerade unabhängig vom Selbstvollzug, zu finden sind.

3 Vgl. dazu schon Walter Jaeschke, „Staat aus christlichem Prinzip und christlicher Staat", in: *Der Staat* (18) 1979, 349-374.

Der Geist ist, seinem Begriff gemäß, die sich aus dem Natürlichen wiederherstellende Affirmation und deshalb *Freiheit* (E § 301, E² § 382). Diese sich wiederherstellende Freiheit gibt sich irgend ein eigenes Dasein, das um der Freiheit willen da ist, wodurch der Geist gerade sich manifestiert. Diese Freiheit ist zudem das Spezifikum des vorerst einfachen Wissens des Geistes, der sich so unmittelbar als *‚subjektiver'* Geist weiß, der in seinem Körper sich mit ‚Ich' bezeichnet. Solche Freiheit betrifft dabei im negativen Sinn eine denkende Selbständigkeit gegen fremde Willkür; im affirmativen Sinn gilt die subjektive Freiheit für sich selbst als das, was der Geist um seinetwillen tut. Die Sicherung der eigenen Behauptung ist eine eigene, dem Geiste von ihm selbst abgerungene Tat; durch diese Tat führt sich der Geist Allen, die sich selbst auch vorstellungsmässig als Geist wissen, als lebendig und in Freiheit handelnd vor.

Dieser Geist heißt erst dann *‚objektiv'* (E §§ 400f., E² §§482-85), wenn die Selbstproduktion als Geist in dieser bewirkten Realisierung thematisch ist, und er ist objektiv, weil die Produktion dann die eigene Kennzeichnung als für Alle gemeinsam und als gemeinsames Werk herausstellt und auf diese Weise verwirklicht, ohne jedoch die Selbstbeziehung als freies Erkennen eigens zum Gegenstand zu haben (vgl. 18: 37). Insofern zeigt der Geist als objektiver prinzipiell – und dies bedeutet zugleich ‚nur' und dennoch ‚schon' – den „Begriff des absoluten Geistes“, wie es E § 401und E² § 483 heißt.[4] *Es gibt* damit aber, wie aus der vom Wissen konstitutierte Selbstgestaltung hervorgeht, keinen objektiven, unabhängig vom Wissen – sowohl Vorstellen wie Denken – bestehenden, bloß seienden Geist, wie es später ebensowenig noch einen solchen abgelösten, absoluten Geist geben wird, denn nur im Vollzug versteht und begreift sich einer als geistige, wenigstens sich bezeichnende Aktivität. Beide vom subjektiven Geist oder von den Individuen nicht in ihrer individuellen Macht gehaltenen Bereiche (oder die drei Formen oder Gestaltungen des Geistes überhaupt (denn ‚es gibt' ebensowenig abgesonderte, einzelne, subjektive Geister) benennen und bezeichnen philosophische Bereiche; diese leisten und beinhalten gültige Spezifikationen vom je besonders gestalteten *Wissen* des Geistes, der nur darin unterschiedner, wissender Selbstvollzug ist. Damit entstehen also die sich in der Philosophie als ‚objektiv' ausweisenden, von Allen anerkennbaren Begriffe.

Die *Sittlichkeit* ist die Vollendung des objektiven Geistes, sofern die Freiheit des Geistes die allgemeine Wirklichkeit und Substanz, das gemeinsam Vollzogene der Einzelnen ist, die sich durch diesen gemeinsamen Vollzug und gerade in ihm auf ein aus-

4 Die Stelle, wo dieser Begriff erwähnt wird, verschiebt dann E³ zum ‚freien Geist' (E³ § 482). Dieser neu eingeführte ‚freie Geist' bildet dann die Grundlage, oder genauer: den Grund der beiden ‚objektiven' und ‚absoluten' Ausprägungen des Geiste. Deshalb wiederholt Hegel ab 1830, dass der objektive Geist auch eine Ausprägung der absoluten Idee, aber nur an sich ist (E³ § 483).

drücklich gemeinsam Vollzogenes beziehen (E § 430f.; E^2 § 513f.).[5] Solche Substanz ist als das Beharrende des Volkes, in dem einzelne Individuen leben, zugleich das Werk der von dieser Substanz abhängigen Einzelnen, die ihre substantielle Gesinnung als Vertrauen in diesem ihnen auch vorgegebenen Ganzen erleben. Die damit schon angedeutete komplexeste Ausprägung der Sittlichkeit, nämlich der Staat, gliedert sich dann als Substanz oder als lebendige Gattung der einzelnen Individuen; als ein solches politisches Gebilde ist die Aufgabe des Staates nicht darauf beschränkt, die Wirtschaft zu regulieren, sondern er stellt sich selbst die Aufgabe, die genuine und gemeinsame Freiheit seiner handelnden Bürger in spezifischen Prozeduren, besonders in den freiheitlichen Institutionen, zu gewährleisten.[6] Der Staat ist somit eine letzte, praktisch nicht mehr transzendierbare Wirklichkeit, er bleibt dennoch aber noch immer eine besondere Wirklichkeit, weil und sofern er doch noch auf Äußeres und Positives Rücksicht nimmt, und auf ein Natürliches der Erde, auf ein Territorium, das nicht schon Geistiges oder Begriffliches ist, bezogen bleibt.

An der *Verfassung* (E^2 § 539), die weder gemacht noch gegeben wird, zeigt sich eine geschichtlich vollzogene und in der Geschichte entwickelte Bestimmtheit, sofern sich nämlich der Staat selbständig aus der ihm wesentlichen Bestimmung des Volksgeistes heraus erfasst. Die politische Freiheit ist die geeignete Organisation der Verwirklichung seiner eigenen Freiheit, die der Staat als die eigenen freien Zwecke in einem gemeinsamen Werk ausführt. Die Verfassung zeigt die wahrhafte Freiheit oder sie gibt jedem seine wirkliche Freiheit, weil und sofern sie zusammen mit der weiteren Ausarbeitung in Gesetzen nur die allgemeine, geschichtlich-spezifisch entfaltete Bestimmtheit der Vernunft des Willens ausdrückt; sie ist die Gliederung „der Staatsmacht, welche das Allgemeine zum Zwecke hat" (E^2 § 539). Diese Allgemeinheit zeigt sich daran, dass die Verfassung nur solche Bestimmtheit vernünftig realisiert, die die Verhältnisse solchen praktischen Denkens ausprägt, das sich nicht nur auf eine spezifisch-besondere Bestimmung, sondern auf die eigene einlässt. In ihr findet die allgemeine Freiheit wesentlich und wirklich einen Ort, weil dadurch jede gesetzlose Behandlung der Einzelnen ausgeschlossen wird, und diese ihre eigene Einsicht in ihr als für Alle gültig vorfinden.

Nicht von der Natur stammen die vorhandene Freiheit und die aus ihr folgende, wesentliche Gleichheit (vor dem Gesetz), sondern sie entspringen aus dem von jedem vollzogenen Begriff des eigenen freien Willens. Dass alle frei sind und deshalb oder sofern als Bürger gleich vor dem Gesetz sind, ist deshalb das Produkt oder das Resultat „von dem Bewußtseyn des tiefsten Princips des Geistes und von der Allgemeinheit und

5 Die Welt der Natur ist zwar auch ein gemeinsam Erkanntes (in der Anschauung bis zum Denken), aber nur die praktische Welt ist eine solche, die im Vollzug, d. h. mit der Tat, als gemeinsame und anerkannte entstanden ist oder als solche konstituiert wird.

6 Das gemeinsame Gebilde heißt zwar die Substanz, aber im Gegensatz zu den *Grundlinien* werden in jeder *Enzyklopädie* die Individuen nicht mehr als Akzidentien verstanden, obwohl sie ihre eigene Substantialität an der Sittlichkeit erfahren.

Ausbildung dieses Bewußtseyns“ (E^2 § 539 A). Die Verfassung setzt jenes tiefe, in sich seiende, prinzipielle Bewusstsein des Geistes voraus, und umgekehrt, der Geist setzt objektiv die Verfassung, denn der wirkliche Geist hat nur das bestimmte Bewusstsein seiner Prinzipien, insofern dieselben für ihn existierend vorhanden sind. Was dieses tiefste und allgemeinste Prinzip sein mag und woher es kommt, wird an dieser Stelle nicht erwähnt; dieses Prinzip wird als geschichtlich bestimmt, es ist im Geist des Volkes oder mit ihm zustande gebracht. Es wird geistig (oder von der Kultur) auf bestimmte Weise geprägt, wobei die genaue Spezifizierung dieser Prägung nicht genannt wird. Gerade auch die Garantie der Verfassung, dass sie vernünftig ausgeführt wird, und dass ihre Verwirklichung gesichert wird, liegt nicht so sehr in der Betätigung der Einzelnen, sondern vielmehr oder zugleich im sich in den und durch die Einzelnen bestimmenden Geist des gesamten Volkes. Eine neue Verfassung (und Hegel bezieht sich dabei nicht nur auf die schriftlichen Festlegungen der Verfassung, denn sonst hätten weder England bis heute noch Preußen damals eine Verfassung) entspricht nämlich der Bestimmtheit, nach welcher das Volk, die Einzelnen in ihrem von ihnen vollzogenen geistigen Zusammenhang, das Selbstbewusstsein seiner Vernunft hat. Mit dieser Bezeichnung erscheint in einem eingeklammerten Nebensatz die ganz schlichte Andeutung, dass das tiefe Prinzip, das geschichtlich ausgeprägt worden ist, auch noch in einer anderen Bedeutung vorhanden sein könnte: es heißt dort: „die Religion ist dies Bewußtseyn in seiner Substantialität“ (E^2 § 540).[7]

Wie gestaltet sich nun aber das Verhältnis zwischen dem Staat, der Geschichte und der Religion, wenn es ein solches Verhältnis gibt? Der Staat führt ja sein tiefstes Prinzip als Bestimmtheit des Volksgeistes aus; die Geschichte entwickelt, wie klar gemacht wird, die vernünftige Bestimmtheit desselben, und die Religion fasst, so wird bis jetzt nur behauptet, das Bewusstsein der Freiheit in seiner Substantialität. Auf die Frage nach dem ‚Wie‘ kommt an dieser Stelle *keine* Antwort. Von der Hegelschen Philosophie wird nur genauer ausgesagt, dass es je der einwohnende Geist (des Volkes) ist, der in der Geschichte die Verfassungen gemacht hat und macht (E^2 § 540 A) – und die Geschichte ist nur die Geschichte des Volksgeistes, sie ist nur seine herausgestellte Tat. Die Staaten als immer gelebte, geistige Einheiten von Einzelnen bezwecken in ihr ja die für Alle einsehbare oder einsehbar gemachte Allgemeinheit und Verwirklichung des Staatszwecks, der eigenen gesicherten Selbständigkeit oder Autonomie, die unter vernünftigen Bedingungen als wesentliche Freiheit betrachtet wird. Mehr noch, zugleich müssen oder werden alle Staaten ihrer notwendigen Besonderung wegen in deren besonderer Realisierung allerdings *auch* notwendig scheitern, wonach andere in die Unendlichkeit der Zeit werden fortgehen können. Die Reihe der besonderen Geschichten in der Weltgeschichte zeigt dann die Prägungen des *Weltgeistes*; dieser aber ist keine über die Staaten schwebende Macht, sondern der praktische Anspruch der Staaten auf ihre vorschwebende,

7 Iin E^3 wird im Satz die ‚absolute‘ Substantialität betont.

vollzogene und – wie später herausgestellt wird – ebenso vorgestellte Freiheit. Solcher Geist ist der Name für das allgemeine Einheits- oder Affirmationsgebilde, an dem von der philosophischen Betrachtung der Geschichte die Erkenntnis der Vernunft in der Geschichte aufzeigt. Denn die Politik bietet keine Selbstdeutung, die sie in Allgemeinheit vorführen kann; sie ist jedenfalls keine solche Selbstdeutung mehr, weil diese sich seit dem geschichtlichen Auftreten des Christentums nicht mehr auf damals historisch gegebene politische Staatsgrenzen beschränken kann. Selbst die prozedural und institutionell vollzogene Legitimierung des Staates ist nie eine solche Rechtfertigung, die in bezug auf die gesetzte raumzeitliche Verfassung zugleich mit dem Begriff der beanspruchten ‚Wahrheit' des Politischen vollzogen werden kann, sofern weder Begriff oder Wahrheit in solcher Legitimierung zur Sache selbst gehören. Die politisch erreichte Allgemeinheit wäre dadurch als erfassbare und auffassbare, distributive Allgemeinheit bestimmbar, die als kollektive in der philosophischen Deutung einer neuen Region anschaubar bis denkbar werden kann. Erst bei der Vorführung eines solchen Unterschieds kann man deshalb eine letzte oder endgültige, ‚geistige', wenn auch nicht mehr ‚rechtliche' Differenz des Staates bezüglich seiner gegebenenfalls religiösen Rechtfertigung vermuten. Somit wird gerade an dem Begriff der Weltgeschichte die Grenze der politischen Tätigkeit feststellbar, denn die Einsicht, daß und wie der sittliche Geist im politischen Staat praktisch sein allgemein-substantielles Wesen und seine Gliederung verfasst, und wie er dabei zur Wahrheit gelangt, gehört nicht zur politischen Betätigung selbst, sondern, wie es 1817 pointiert heißt, zur Wissenschaft (vgl. E § 441) oder zur Dialektik (E^2 § 548), die es beide mit der begriffenen Vernunft zu tun haben.

Die philosophische Betrachtung der Geschichte behauptet auf Grund der in der Geschichte aufzeigbaren oder anerkannten Unterscheidung, dass die Politik weder Kunst noch Religion noch Philosophie ist, eine geistige Differenz, die als die gliederende und betätigte Verfassung der Substanz der Einzelnen einerseits und als das absolut zu nennende Deuten derselben geschichtlichen Verfassung der Substanz andererseits innerhalb der Weltgeschichte ausgesprochen wird. Diese Betrachtung entfaltet damit, wie der allgemeine Geist als Staat sich in der Geschichte unterschieden von seinem Selbstbewusstsein oder vom vernünftigen Denken desselben allgemeinen Geistes zeigt. Denn in „der allgemeinen Geschichte [ist noch mehr] das geistige Leben der Wahrheit und der Freiheit, der allgemeine Geist und das Bewußtseyn desselben ein wahrhafter und wirklicher Gegenstand, Inhalt und Zweck, dem an und für sich alle anderen Erscheinungen dienen". (E^2 § 549 A). Wenn damit schon ein Ende der Geschichte als Realisierung des eigenen Zwecks beansprucht wird, dann ist dieses Ende das Deuten und vielleicht das Begreifen des Geistes und dessen Geschichte. Dies wird gerade beim begrifflichen Übergang der Weltgeschichte ins Werk gesetzt: Das Abstreifen und Aufheben der Gegensätze der Endlichkeit erhebt so das Wissen zum Wissen des absoluten Geistes (E^2 § 552). Diese Erhebung ist die begriffliche Negation, die sich beim wirklichen Einzelnen darauf stützt, das sie „die in der sittlichen Welt wirklich vollbrachte Reinigung seines Wissens von der subjektiven Meinung und Befreiung seines Willens von der Selbstsucht der Begierde“ (E^2 § 552 A) ist. Die wahrhafte Religion und die wahrhafte Religiosität gehen deshalb nur aus der Sittlichkeit hervor, weil dort die wirkliche Beschränkung der besonderen Selbstbeziehung geleistet worden ist. Die Religion, die in der Geschichte auftritt, aber nicht zur politischen Seite derselben gehört, ist „die denkende, d. i. der freien Allgemeinheit ihres concreten Wesens bewußtwerdende Sittlichkeit. Nur aus ihr und von ihr aus wird die Idee von Gott als freier Geist gewußt; ausserhalb des sittlichen Geistes ist es daher vergebens wahrhafte Religion und Religiosität zu suchen“ (E^2 § 552 A). Erst hier ergibt sich ein möglicherweise verständlicher und gesicherter Gedanke der Religion, der dabei aber seinen Ausgangspunkt von der Sittlichkeit und deren freiheitlichen und vernünftigen Konstitution nimmt.

Mit dieser Affirmation erreicht der Geist in seinem Sich-Erfassen *sich selbst* als den *‚absoluten‘* Geist. Dieses Sich-Fassen des Geistes wird also zur eigenen und eigens betätigten Erkenntnisform, die der absolute Geist oder, seit 1827, *Religion* überhaupt heißt (E^2 § 554); damit entsteht kein neuer oder anderer Geist, weil die sittliche Substanz selbst oder der wahrhaft ausgeprägte objektive Geist hier als der sich von ihr als vom objektiv-weltlichen Geist absetzende Geist und somit als das begrifflich Eigene gefasst wird. Dieses Sich-Erfassen geschieht dabei nicht nur von ihr aus, sondern es wird von ihr selbst ausgeführt. Erst hiermit ist das Spezifische des Geistes ausreichend gesichert, denn wenn das Leben des Geistes seine Tat oder Produktion ist, ist mit diesem Leben noch nicht die völlig eigene, wissende Selbsterfassung, die eigene, affirmative Selbstbeziehung in der freien Selbstproduktion herausgestellt. Damit ist nicht die Praxis der Theorie unterworfen, sondern eine spezifische Einheit aktiver Selbstdeutung erreicht, die weder rein theoretisch, noch bloß praktisch heißen kann, und sowohl subjektiv als objektiv ist, weil ohne wissende Deutung Nichts (wesentlich) da ist, und zugleich doch immer etwas – als gemeinsam anerkanntes Hervorgebrachtes, wie eine Skulptur oder eine religiöse Erzählung, zur Deutung da ist. Solche affirmative Selbstbeziehung kann sich erst in den Formen der zureichenden Spezifizierung des Geistes, in der Kunst, der offenbaren Religion und der Philosophie, herausstellen; nur diese spezifisch geistigen Formen legen endgültig dar, dass es in diesen Vollzügen so etwas wie Geist in dessen Spezifizität gibt, weil die Natur, auf die diese negative Abhebung sich bezieht, jetzt nur noch die eigene, sittliche, zweite Natur der realisierten Freiheit ist.

Wenn dieser Selbstvollzug aber der Fall ist, dann ergibt sich die Bedeutung des ‚absoluten‘, d. h. sich als sich selbst erfassenden Geistes ‚rückschauend‘ in jedem Bereich, weil es in allen Bereichen nur um die wissende Darstellung des gleichen begrifflichen Geistes geht. Die Philosophie der Religion beansprucht deshalb programmatisch „die logische Notwendigkeit“ darzulegen , „welchen Bestimmungen [...] die Art des Cultus entspricht, wie ferner das weltliche Selbstbewußtseyn, das Bewußtseyn über das, was die höchste Bestimmung im Menschen sey, und hiemit die Natur der Sittlichkeit eines Volkes, das Princip des Rechts, seiner wirklichen Freiheit und seiner Verfassung, wie seiner Kunst und Wissenschaft, dem Princip entsprechen, welches die Substanz einer

Religion ausmacht. Daß alle diese Momente der Wirklichkeit eines Volkes Eine systematische Totalität ausmachen und Ein Geist sie erschafft und einbildet, diese Einsicht liegt der weitern zum Grunde, daß die Geschichte der Religionen mit der Weltgeschichte zusammenfällt" (E^2 § 562 A).

Mit diesen grundlegenden Bestimmungen, die nicht mehr in der Sphäre des objektiven, sondern des sich erfassenden absoluten Geistes gegeben werden, ist zwar auf eine Lösung des Verhältnisses von Religion, Geschichte und Staat hingewiesen: der Geist ist Geist der religiösen, wie der sittlich-staatlichen, wie auch geschichtlichen Auffassung. In dieser Form der Gleichheitsbehauptung aber ist das in der Alltagswelt vorhandene Problem des Verhältnisses zwischen Religion und Politik, das für Alle als Aufgabe einer Grenzziehung verstanden wird, weder genau verstanden noch in seiner begrifflichen *Gliederung* dargelegt. Gelingt es Hegel dann doch eine solche Gliederung durchzuführen?

2. Religion und Staat 1827

In der *Enzyklopädie*[2] gelingt es Hegel im wesentlichen, den subjektiven und den objektiven Geist bis zum Staat darzustellen, ohne das mögliche Verhältnis von Religion und Staat zu klären. Es wird nicht einmal auf ein solches Problem hingewiesen, sondern nur in einem eingeklammerten Satz eine Identität des Geistes überhaupt behauptet. Weiter hat Hegel die religiöse Auffassung in einer Anmerkung beim Begriff des Geistes erwähnt; nur beim Begriff des Geistes wird der Inhalt der christlichen Religionsvorstellung des Geistes in einer Anmerkung erwähnt (E^2 § 384 A), die – scheinbar – weiter nicht mehr viel zur Sache tut. Es wird also eine eigene, als autonom und vernünftig zu verstehende Staatskonzeption vertreten, weil diese sich selbst aus dem Prinzip der Freiheit ohne Religion oder ohne religiöse Grundlage behaupten kann. Eine letzte Rechtfertigung des Staates (in philosophischer Hinsicht) braucht zudem in einer enzyklopädischen Fassung des Ganzen nicht *eigens* vorgeführt zu werden, (wie es in einer besonderen Darstellung beansprucht werden könnte), weil eine solche philosophische systematische Konzeption das Thema der ganzen Untersuchung ist.

Fast wunderbar mutet es deshalb an, beim Übergang von der Kunst zur offenbaren Religion auf einmal den Staat in einem *expliziten* Verhältnis zur Religion erwähnt zu finden: „Die wahrhafte Religion hat noch eine anderes *Rückwärts* als die Kunst, nämlich in der *Erscheinung* der wissenschaftlichen *Folge*, den Staat"(E^2 § 563 A). Damit scheint auf einmal die Eigenständigkeit des Staates verschwunden zu sein, und die Religion erscheint als Grundlegung der Staatskonstitution, sofern der Staat sich als *wissenschaftliche Folge* der entfalteten Religion ergibt.

Wie ist nun diese Folge zu interpretieren? Aus der Anmerkung ergibt sich zwar, dass Hegel sich bemüht, eine Ordnung der wissenschaftlichen Folge zu rechtfertigen, insofern das zunächst Folgende vielmehr absolutes Prius, mithin die Wahrheit dessen ist, durch das es als vermittelt erscheint. Die spekulative Verantwortung, dass die Religion überhaupt das Prius oder das eigene Selbstbewusstsein der absoluten Wahrheit – auch in Beziehung auf den Staat – ist, und dass die Sittlichkeit als Wahrheit in der Welt des freien Willens den Ausgangspunkt der Religion bildet, ist völlig begreifbar; die Philosophie führt ja nicht nur diese Erhebung vor, sondern der Geist der Welt kann nicht von dem Geist der Religion völlig verschieden sein, denn sonst gäbe es keinen Geist mehr. Damit ist die Religion die endgültige Rechtfertigung des Wesens des Staates, eine religiöse, von der Philosophie einsehbare Rechtfertigung.

Gerade die in diesem Zusammenhang wichtigste Pointe allerdings, dass damit auch die Sittlichkeit eine wissenschaftliche *oder* spekulative Folge der Religion sei, ist an dieser Stelle der *Enzyklopädie* eine *leere* Behauptung, denn sie macht nicht klar, wie gerade die Sittlichkeit als der Ausgangspunkt oder als die Erscheinung eine *Folge* sein kann. Ein solches Folgeverhältnis wäre tatsächlich nur dann möglich, wenn die Religion als Religion selbst die *begriffliche* Basis, die Quelle und der ‚gedachte Grund' der Verfassung des Staates selbst wäre. Denn auch die Aussage, dass, insofern Staat, Religion und Kunst formell seien, es mithin eine ursprüngliche Harmonie dieser verschiedenen Bestimmungen je nach Freiheitsbewusstsein gebe, erläutert gerade das Verhältnis nicht.[8] Damit ist allerdings, philosophisch betrachtet, das Problem als Lösung vorgetragen, denn wie verschiedene Formen zum gleichen Inhalt (und zu welchem denn?) gehören können, ist ebenso wenig klar wie das Folgeproblem.[9] – Zur genaueren Erläuterung des jetzigen Problems kann man sich Folgendes überlegen: obwohl die Familie und der Staat zwar die endgültige Rechtfertigung der freien Einzelnen geben, ergibt sich dieser freie Einzelne begrifflich dennoch schon aus der bloßen Negation der Natürlichkeit; damit hat er zwar nicht definitiv seine inhaltliche Sicherung erhalten; aber zu der Konstitution seines für sich selbst zureichenden objektiven Begriffs als eines denkenden und freien Subjekts braucht er weder Staat noch Religion. In der gleichen Weise könnte und kann der Staat in seiner begrifflichen Konstitution vorgeführt werden, ohne deshalb auf eine weitere Rechtfertigung zu verzichten, die aber den Staat nicht zu einer Folge der Religion macht, ebensowenig wie die Subjekte als Folge des Staates betrachtet werden können.

Der gleiche komplizierte Lösungsvorschlag, den Staat nicht nur aus sich, sondern ebenso seinem Wesen nach als religiösen Kultus zu fassen, findet sich auch in der zur Zeit der Bearbeitung der *Enzyklopädie*^{2} vorgetragenen *Religionsphilosophie* (1827). Letztere betont die Sittlichkeit und den Staat als letzte Konsequenz der religiösen Gesinnung

8 Vgl. Mariano Alvarez-Gomez, „Zu Hegels Theorie des Verhältnisses von Staat und Religion", in: *Hegels enzyklopädisches System der Philosophie*, hg. von H.-Chr. Lucas, B. Tuschling und U. Vogel, Stuttgart-Bad Cannstatt 2004, 415, der das Verhältnis in 1827 als dem aus 1820 entgegengesetzt betrachtet.

9 Diese ganze, im folgenden ausführlicher zu betrachtende Passage wird sich, aus vernünftig einsehbaren Gründen, 1830 zurecht ändern.

oder als die endgültige Ausführung des Geistigen im religiösen Kultus. Ist nämlich im Kultus das Herz und ebenso der Wille ernstlich durch und durch zum allgemeinen Wahren gebildet, dann ist das vorhanden, was als allgemeine Sittlichkeit erscheint. Insofern ist die Sittlichkeit der wahrhafteste Kultus, wenn er zugleich mit dem Bewusstsein des Wahren, als Philosophie, verbunden bleibt. (V 3: 334). Mit einer solchen Aussage, innerhalb der Thematik des Absoluten, scheint doch die eigenständige Konstituierung des areligiösen oder nicht-christlichen Staates, wie er vorgeführt worden ist, durch einen bloßen religiösen, christlichen Kultus bedroht. Denn sofern die Religion die Sittlichkeit nicht als eine in ihr nur die letzte Rechtfertigung erhaltende, sondern als eine wissenschaftliche Folgerung vorführt, scheint das Problem wiederhergestellt, wie dann die Konstitution selbst vernünftigerweise für Alle einsichtig gemacht wird.

Nicht berührt von dieser Schwierigkeit sind freilich zwei weitere Behauptungen Hegels: Einerseits manifestiert das Prinzip oder das einfache Selbstbewusstsein des Geistes sich wesentlich *zeitlich* zuerst in der Religion, wo es den Geist in seiner ganzen Wesenheit erfasst – eine schon in der *Phänomenologie des Geistes* vorhandene These –; damit erscheint der Staat nicht sosehr als wissenschaftliche, als vielmehr als zeitliche Folge der Religion.[10] Mehr noch, Staat und Religion sind verschiedene Bestimmungen einer identischen Grundlage beider, eines Bewusstseins der Freiheit des Geistes. Andererseits stellt sich der Unterschied des Protestantismus und Katholizismus als der von Freiheit und Unfreiheit innerhalb der den an sich seienden absoluten Geist setzenden Religion heraus.[11] Nur im Protestantismus ergibt sich die wirkliche Freiheit im Staat, weil nur im Protestantismus die wirkliche Freiheit der Einzelnen an Geist und Herz, also vernünftig, gebunden ist, und sie keiner fremden, äußeren, katholisch- kirchlichen oder überstaatlichen Religionsautorität unterworfen ist.[12] Im Protestantismus wird also die eigene Sittlichkeit des Staates in ihrer vernünftigen Gesetzmäßigkeit nicht von einer auf abgesonderte Heiligkeit zugespitzten Kirche bedroht.[13] Weil so jeder aus seinem

10 Mit dieser – vermutlich richtigen – Annahme wird die Genese – aber ohne spezifisch autoritative Kraft – des Staates von der Freiheitskonzeption her geschichtlich einsichtig gemacht; diese Freiheitsvorstellung, die die christliche Religion den Subjekten verschafft, imprägniert deshalb auch das Volk oder den Volksgeist: jeder ‚germanische' Staat ist einer, der nicht ohne Christentum da ist oder der in irgendeiner Gestalt das Christentum integriert oder verarbeitet hat: die Weltgeschichte ab 800 zeigt sich gerade in Europa als Geschichte der Auseinandersetzung der katholischer Kirche mit den Staaten, vgl. dazu die später Darstellung der philosophischen Weltgeschichte.

11 Dies erscheint als ‚Zuspitzung' der katholisch-restaurativen Tendenzen gegenüber , worauf Walter Jaeschke verweist, *Hegel-Handbuch*, Stuttgart und Weimar 2003, 396-397. Vgl. auch schon die Diskussionskontexte in W. Jaeschke, „Staat aus christlichem Prinzip und christlicher Staat", a.a.O. (Anm. 3).

12 Vgl. Jörg Dierken, „Hegels ‚Protestantisches Prinzip'", in: *Hegels Vorlesungen über die Philosophie der Weltgeschichte*, hg. von E. Weisser-Lohmann, Bonn 1998, 137.

13 Vgl Jaeschke, *Hegel-Handbuch*, a.a.O. (Anm. 11), 397.

eigenen Gewissen handeln kann, hat das weltliche Gewissen im religiösen Gewissen seinen letzten Bewährungspunkt, der die eigene Vernunft anerkennt.

Zuletzt ist nur die Philosophie ist in der Lage, das genannte Verhältnis zu beleuchten, weil nur sie den absoluten Gehalt des freien Denkens selbst zu ihrem Inhalt haben kann. Sittlichkeit und religiöse Geistigkeit sind sich so philosophisch *gegenseitig* feste Garantien, wobei aber deutlich wird, dass solche Gegenseitigkeit nicht als das Verhältnis einer wissenschaftlichen Folge gedacht wird.

3. Der feierliche Protestantismus in der „Oratio"

Die politisch-historische Differenz der Kirchen in Beziehung auf die gleiche Religion artikuliert Hegel anlässlich eines Festakts in der *Oratio in Sacris Saecularibus tertiis Traditae Confessionis Augustanae* (1830) (16: 313-322).

Die *Oratio* stellt vorerst einige negative Thesen vor: Die Religion ist *keine* Privatsache; dies behauptet Hegel gegen den nicht von der Religion ausgehenden Liberalismus. Gegen den Katholizismus setzt er: So wie der Glaube und die Lehre *keine* Sache einer Gelehrtenkommission und einer geistigen Obrigkeit mehr sind, so bedarf die christliche Religion *keiner* ab*gesonderten* Heiligkeit mehr; solche Heiligkeit ist der Anlass, dass die katholischen Staaten wie Frankreich *keine* Versöhnung in der sittlichen Welt und bei der Staatsverfassung verwirklichen konnten, obwohl Versöhnung doch das ihr eigene gelehrte Thema ist.[14]

Auf positive Weise lehrt die *Oratio* grundsätzlich etwas ganz Wichtiges: die Religion ist der Mutterschoß der Freiheit, des Wesens des Geistes (16: 316).

Der Protestantismus ist darüber hinaus die Abschaffung der in der katholischen Kirche noch verbliebenen Knechtschaft. Die sogenannten Laien haben ihr eigenes Urteil und die Vollmacht über Religion zu sprechen, was durch das Zeugnis des Geistes bestätigt wird. Jeder vollendet sein freies Verhältnis zu Gott im Geiste, der das Bewusstsein der Vernunft oder Gottes selbst ist. – Es bleibt dennoch nach Hegel auch im Protestantismus ein religiöses Lehrbekenntnis nötig, weil nicht nur die eigene liberale, subjektivistische oder individualistische Meinung als gewiss gelten kann, sofern es eine allgemeine Wahrheit gibt, und es zugleich nicht das Wesen der Freiheit ist, nach Belieben von dem, was allgemein gilt, abzuweichen.

Weil die Religion eine grundsätzliche Freiheit lehrt, ist keine Trennung von Religion und Staat möglich. Mit der Religionsform ändert sich der Staat, wie es sich geschichtlich gezeigt hat, wenn die unschätzbare Freiheit in Religion und Staat von Fürsten und Bürgermeistern grundsätzlich für Alle bei der Augsburger Konfession erworben worden

14 Es bliebt wunderbar, dass Hegel immer ‚katholische Religion' sagt, obwohl sie doch Teil oder Variante der christlichen Religion ist, und man fragt sich, wieso er sie nicht ‚katholische Sekte' nennt.

ist.[15] In der evangelischen Lehre soll ja der Staat nach Gottes Willen eins in sich sein, worauf die Regierenden von rechtmäßig geführten Ländern sich gründen,[16] und sowohl das Recht des Gemeinwesens wie die sittliche Pflicht der Bürger werden dort durch Gott anerkannt. Der Mensch kann ja zu keinem Gesetz ein festes Vertrauen gewinnen, wenn er nicht überzeugt ist, dass das Gesetz der Religion nicht nur nicht widerspricht, sondern wirklich von ihr geheiligt wird.[17] In allen katholischen Staaten dagegen ist der Versuch der Erneuerung der bürgerlichen Gesetze gescheitert, wenn er versucht worden ist (Frankreich ist gemeint, und vielleicht auch Spanien). Im Gegensatz zu diesen katholischen Ländern ist, so betont Hegel feierlich, uns „durch Gottes gnädige Vorsehung das Glück zu teil geworden, daß die Grundsätze des Glaubens und die Gesetze des Staates übereinstimmen"(16: 321).[18]

4. Die endgültige Verortung des Verhältnisse von Religion und Politik in der Weltgeschichte in der Enzyklopädie 1830

In der letzte Edition der *Enzyklopädie*³ verschiebt die vorher betrachtete Anmerkung aus der *Enzyklopädie*² von der Stelle der Betrachtung der Kunst zum Übergangsparagraphen von der Weltgeschichte (E³ § 552 A) in den absoluten Geist. Die scheinbar leichte Überarbeitung ändert jedoch die Bedeutung der Aussagen der Anmerkung in wesentlichen Punkten.

Erstens ändert sich der Ort der philosophischen Betrachtung: Das Verhältnis des Staates, der Religion und selbst der Philosophie gehört jetzt zur philosophischen Betrachtung der Weltgeschichte; das Verhältnis wird als ein *welthistorisches* Problem abgehandelt. Damit wird ein fälschlicherweise immer als normative Grundlegung gedeu-

15 Wieso gerade die protestantische Fürsten, die auf diesem Reichstag vielleicht im Namen der Laien gesprochen haben sollen, wirklich die sogenannten Laien in deren Freiheit vertreten haben, bleibt unklar.

16 Die Rechtmäßigkeit der freiheitlichen Führung darf in einer feierlichen Darlegung als gesichert betrachtet werden, in einer alltäglicheren oder philosophischen Perspektive ist gerade sie diskussionswürdig.

17 Diese Heiligung ist aber die letzte philosophische Rechtfertigung, nicht die im normalen Bewusstsein auftretende Legitimierung, wie sie damals bei Verfassungsdiskussionen (und jetzt bei Gesetzesentwürfen, wie Euthanasiediskussionen) bemüht wird, obwohl die Legitimierungsproblematik auf die mögliche Rechtfertigung hinweist.

18 Die Übersetzung ist übernommen aus G. W. F. Hegel, *Berliner Schriften (1818–31)*, hg. von W. Jaeschke, Hamburg 1997, 429-442, 440. Die Übereinstimmung beider Gewissen und der grundlegenden Freiheitskonzeption entzieht den Grund der Kritik seitens bestimmter religiöser (katholischer) Behauptungen über eine mundiale ethische Dimension der Religion (vgl. Adriaan Peperzak, *Modern Freedom*, Dordrecht und Boston 2001, 636f.). Peperzaks Hegel-Kritik leidet zudem unter der unausgewiesenen Voraussetzung, dass Hegel von einem denkenden Staat nur träumt und er zugleich die Religion als pietistische und zugleich autoritäre Religion abwertet (ebd., 630).

tetes Verhältnis von Religion und Staat philosophisch zu einer praktisch-geschichtlichen Beziehung umgedeutet. Damit wird insgesamt das Folge-Verhältnis des Staates in Beziehung auf die Religion präzise gefasst (E^3 § 552 A, 532): Es bedeutet, dass der sittliche Geist selbst der göttliche Geist ist, sofern dieser dem Selbstbewusstsein in dessen wirklicher Gegenwart innewohnt, sowohl als Geist eines Volkes *als auch* als Geist *der Individuen* desselben, die *selbst* auch in ihrer Bedeutung als freie ein geschichtlich entfaltetes Resultat des Weltgeistes sind. So ist die Religion für das Selbstbewusstsein überhaupt die geschichtliche oder geistige Basis der Moralität, der Sittlichkeit und des Staates, wobei die Religion als geschichtliche Vorstellung erscheint und die Selbstbewusstseine aus dem von der Religion ‚inspirierten' Denken heraus wirklich freie Staaten aufbauen, was nur im Protestantismus einsichtig vertretbar ist.

Der oben betrachtete inkonsistente erste Satz der E^2 § 563 A, kann deshalb zweitens in der jetzigen „Anmerkung" (E^3 § 552 A) gestrichen werden; damit beseitigt die spekulative Weiterarbeit die Unverständlichheit einer strukturell-begrifflich vorausgehenden wissenschaftlichen Folge, ohne deswegen eine ‚letzte' Rechtfertigung als begriffene Selbstdeutung des Geistes auszuklammern.

Drittens macht die jetzige Anmerkung ihre Absicht klar; sie bietet eine Kritik der gang und gäbe gewordenen oder einseitigen und falschen Kategorien, die in bezug auf das Verhältnis von Staat und Religion verwendet werden und wobei das als ‚normative' Grundlegung verstandene Verhältnis von (idealer) Religion zum (ausführenden) Staat selbst das Musterbeispiel sein mag. Innerhalb der Weltgeschichte stellt die rechtfertigende ‚Erhebung' zum absoluten Geist dagegen keine Flucht in den religiösen Himmel, sondern eine spezifische Form des deutenden und denkenden Wissens um sich dar, wobei es in der sittlichen Betrachtung der Geschichte doch immer noch um die eigene freie Leistung der Völker und Einzelnen geht. Durch diese vollzogene Selbstdeutung wird auch die fundamentalen Rolle der Philosophie wichtig: das Verhältnis von *Form und Inhalt* der Wahrheit betrifft nicht (mehr) die Beziehung von Staat und Religion, wie es noch in den *Grundlinien* (§ 270 A) versucht und in der *Enzyklopädie*[2] auf mehrfache Weise verwendet worden ist, sondern dieses Verhältnis zeichnet die Beziehung von Religion und Philosophie aus (E^3 § 552 A , 533); die Philosophie bietet zuletzt die eigene Wahrheit des Geistes überhaupt.[19] – Die Kritik, die Hegel in den nachfolgenden Darlegungen noch weiter ausführen wird, ist eine doppelte: Hegel kritisiert einerseits die mögliche und an verschiedenen Kirchen auftretende Spaltung im Inhalt der religiösen Wahrheit und die Implikationen derselben; es gibt also weder zwei verschiedene Geister, noch zwei von einander unabhängige Gewissen, ein weltliches wie ein religiöses, wie Hegel die Spaltung in der katholischen Religion auffasst; er übt deshalb Kritik an der (katholischen) Heiligkeit, die den Geist gerade deswegen zur Äußerlichkeit macht,

19 Vgl. dagegen Alvarez-Gomez, „Zu Hegels Theorie", a.a.O. (Anm. 8), 418-20, der daneben noch vier Pointen vermerkt: die Position der Sittlichkeit, des Volksgeistes, der Weltlichkeit und die von ihm behauptete Differenz von absolutem Geist und Wesentlichkeit des Geistes.

weil sie die Sittlichkeit des objektiven Geistes als ungeistige Form versteht, und er kritisiert darüber hinaus die Möglichkeit einer katholischen Revolution ohne vorhergehende Reformation. Er kritisiert andererseits den atomaren oder von atomaren Subjekten ausgehenden und deshalb unvernünftigen Liberalismus, der die Religion insgesamt als bloße Privatsache betrachtet.

5. Die Ausführungen in den spätesten Vorlesungen

Die genannten Änderungen der *Enzyklopädie*³ finden ihre ausgeführte Bestätigung in den spätesten Vorlesungen.

A. Die Philosophie der Weltgeschichte (1830–31)

Gerade die Philosophie der Weltgeschichte versucht herauszustellen, in welcher Beziehung Religion und Staat ihrem philosophischem Gehalt nach zueinander stehen. Die Philosophie der Weltgeschichte ist nicht die bloße Beschreibung der (empirischen) Tatsachen, sondern die vernünftige Erkenntnis des Wesentlichen der Weltgeschichte, des betätigten *Bewusstseins der Freiheit* in der Entwicklung desselben (vgl. 18: 198).

Hinzu kommt: die *germanischen* Nationen sind vom Christentum dazu gebracht worden, die Freiheit des Geistes anzunehmen, d. h., dass der Mensch als Mensch frei ist; weder gibt es Höheres (18: 153), noch wird Höheres gekannt (Vie 123).[20] Weil sie das Freiheitsprinzip aus dem Christentum angenommen haben, ist es in diesen Völkern wirksam, ohne deshalb schon gleich als staatstragend gefasst zu werden. In der Religion, in der innersten Region des Geistes, ist das Selbstbewusstsein in seinem Wesen aufgegangen, d. h. der Mensch hat seine Freiheit nicht auf eine philosophische Weise, sondern für die unmittelbare Vorstellung (Vie 147). Mit diesen Ausführungen unterstreicht Hegel, dass nicht die Religion das tiefste Bewusstsein des Geistes ist, sondern dass dieses tiefste Prinzip die Freiheit ist, die von der Religion als geistige Selbsterfassung vorgestellt wird.

Mit diesen Auffassungen wird zugleich eine doppelte Beschränkung aufgezeigt. Es gibt eine *Differenz* zwischen der religiös-theologischen Deutung der Religion einerseits und der Religion als geschichtlichem, entwickelbarem Prinzip andererseits, die von der Philosophie vertreten und nicht beseitigt wird (Vie 161). Dadurch wird in der philosophischen Betrachtung unterschieden zwischen christlichem *Prinzip* und christlicher *Religion*. Was sich in der Religion zeigt und theologisch gedeutet wird, ist Gott als Ein-

20 Es gibt zwar auch früher, vor den Germanen, schon Geschichte, und auch diese Geschichte kann von der Freiheit aus interpretiert werden: die patriarchalischen Zeiten, die Griechen und die Römer zeigten schon Freiheit, die aber nicht um ihretwillen für Alle gültig anerkannt wurde.

heit der menschlichen und göttlichen Natur; dies wird gerade in der Religionsphilosophie weiter ausgeführt. Das Prinzip der Versöhnung Gottes mit der Welt aber, oder anders gesagt, dass Gott als Geist in dem Geist gewusst wird, wird in der Geschichte als das Geistige realisiert (vgl. Vie 161).

Weil der entscheidende Faktor in der Geschichte vorerst noch Prinzip ist, obwohl der Gott, der Geist ist, schon im Kultus als Geist verehrt wird, ist damit schon die Forderung der *Entwicklung* durch den freien Geist aufgestellt. Mit der Annahme der christlichen Religion ist weder sogleich in den germanischen Staaten die Freiheit herrschend geworden, noch hat die Sklaverei aufgehört; denn die Tat des Geistes, seine Freiheit darzustellen, muss ausgeführt und bewahrt werden,[21] wodurch der sich entwickelnde Fortschritt (in) der Idee des Geistes begrifflich-notwendig wird (vgl. 18: 201).

Die *eigene Natur* der germanischen Nationen tritt als eine bestimmte Besonderheit auf, die das eigentümliche Prinzip eines Volkes in der Tat und mit der Tat herausstellt (18: 196f.). Das gemeinschaftliche Gepräge von der aufgenommenen Religion her macht dann seine Substanz oder seinen Geist aus (18: 172).[22] Dieser Geist manifestiert sich als eine Individualität in seiner Bildung zur Sittlichkeit, zum Staat, aber auch in der Entfaltung seiner Kunst und Philosophie oder wenigstens seiner Vorstellungen und Gedanken. Er macht die *Grundlage* und den Inhalt in den anderen Formen des Bewusstseins seiner aus.[23] Gerade diese Prägung wird eine freiheitliche Lösung der Staatskonzeption ermöglichen, weil die Mitglieder sich als geschichtlich geprägte Individuen zum gleichen Geist (und zu dessen Wesenheit) verhalten und deshalb aus sich die vernünftige Staatsordnung ohne fremde Autorität erschaffen (können). Wenn es also stimmt, dass die Gestaltungen in unzertrennlicher Einheit mit dem Geiste des Staates gegeben werden, kann nur mit dieser Religion diese Staatsform vorhanden sein.

Es ist das Ziel und das Geschäft der Geschichte, dass die Religion sich als *allgemeine* Vernunft zeigt: Wenn diese Auffassung gültig ist, stellt sich nach Hegel die „Thorheit unserer Zeiten" heraus, „Staatsverfassungen unabhängig von der Religion erfinden und ausführen zu wollen" (18: 173); oder es zeigt sich dann der Irrtum dieser (liberalen) Zeiten, dass man nur Gesetze machen muss, die das Bestimmende ohne Gesinnung aufstellen, denn „die bey ihren vernünftigen Gesetzen und Sitten zugleich äusserliche Existenz des Staats ist eine unvollständige Gegenwart, deren Verstand zu ihrer Integrie-

21 Deshalb scheint die Geschichte des Protestantismus oder des freiheitlichen Geistes ins unendliche perfektibel oder weiter zu verwirklichen zu sein. Nur, wenn das Wissen sich in ihr auf seine Freiheit bezieht, ist die Vollendung, die nicht das bloß geschichtliche Ende der Geschichte ist, da. Pointiert gesagt: *nicht* die sogenannte Demokratie oder die freie Marktwirtschaft ist das vollendete Ende, sondern *nur* die sich in ihr begreifende Vernunft bildet nach Hegel das endgültige Ende, ein Ende im Begriff.

22 Den allgemeinen Gott als Wesen der germanischen Nationen zu deuten, bedeutet auszuführen, dass dies Wesen die versöhnte Freiheit ist.

23 Gerade dass der Volksgeist die Grundlage des Staates ist, wird in den *Grundlinien* zugleich auch von der Religion gesagt: die Religion sei die Grundlage (§ 270 A).

rung des Bewusstseins der Vergangenheit bedarf" (18: 193). Dies mag also heißen, dass ein Staat, der sich nicht (mehr) seiner religiösen Vergangenheit bewusst ist oder diese gerade ablehnt, vielleicht nicht sosehr in seinem Selbstverständnis, obwohl er mit daraus erfolgenden ‚ethischen' Problemen konfrontiert wird, als vielmehr in der philosophischen Darstellung scheitert. Gerade die innere Entsprechung der Religion und des Staates über den Volksgeist und die (individuelle) Vereinzelung desselben ermöglicht es Hegel, das Scheitern gewisser Staatsverfassungen zu erklären; „die katholische Religion obgleich mit der protestantischen gemeinschaftlich innerhalb der christlichen Religion lässt die innere Gerechtigkeit und Sittlichkeit des Staates nicht zu, die in der Innigkeit des protestantischen Princips liegt" (18: 173). Nur sofern jeder Einzelne sich seinem Geist und seiner Freiheit nach im Zeugnis des Geistes rechtfertigt, ergibt sich die höchste Sanktion der Verfassung sowie deren höchste Notwendigkeit, die im Sittlichen der Staat als das Geistige oder die gesetzliche Freiheit darstellt (18: 132).

Erst der *Staat* führt deshalb einen eigenen, allgemeinen Inhalt herbei, der für die Prosa der Geschichte nicht nur geeignet ist, sondern sie selbst mit erzeugt (vgl. 18:193); in diesem Staatsleben liegt die Notwendigkeit der formellen Bildung und damit der Entstehung der Wissenschaften. Auch die Philosophie kommt im Staatsleben zu Vorschein, indem das, wodurch ein Inhalt ein gebildeter ist, die dem Denken angehörige Form ist, und die Philosophie nur das Bewusstsein dieser Form selbst, das Denken des Denkens ist (18: 203).

All diese programmatischen Andeutungen sind nur dann klar, wenn die Ausführung überzeugen kann, dass die Geschichte der germanischen Nationen (der vierten Periode der Weltgeschichte) sich um das *Verhältnis von Religion und Staat* dreht oder auch, wie sich herausstellt, um das Verhältnis von Staat und Kirche, der die christliche Religion als Religion vertretenden besonderen Gemeinschaft.

In der Geschichte stellt sich das Byzantinische Reich als Beispiel heraus, wie die Religion nicht die ganze Organisation des Staates durchdrungen hat, welche die vorhergehende römische Verfassung geblieben ist. Die Geschichte der Entwicklung des germanischen Reichs formiert sich aber in einigen Schritten (Vie 173). Wenn schon die Krönung Karls des Großen vom Papst (als Vertreter der Religion) ein erster Akt war, wodurch der Unterwerfung der Religion (als Kirche) entgegenwirkt wurde, erwirbt durch Gregorius und den Gang nach Canossa definitiv die katholische Religion die Oberhand, wodurch die Kirche selbst eine politische Macht wird (Vie 170). Dies zeigt sich als eine *Perversion*: Das geistige Prinzip wurde geistlich, die Macht geistlich statt geistig (Vgl. Vie 191). Durch den Dienst an der (katholischen) Kirche erlangt der Freie ewige Seeligkeit, womit das Prinzip der christlichen Freiheit zur wahnwitzigen Knechtschaft geworden ist. Der Kreuzzüge mit ihrer religiösen Sehnsucht ungeachtet wird die Hauptaufgabe dennoch verkannt, die darin besteht, Christus lebendig in der Gemeinde zu fassen und so den Geist wirklich zu realisieren,.

Nur die *Reformation* zeigt den ganzen göttlichen oder geistigen Prozess im Menschen; dieser ist freier Mensch, indem er das wahrhaft Sittliche und Rechtliche will und als das

Allgemeine weiss. Das Staatsleben kann sich ab da mit dem Bewusstsein entwickeln, dass dies Leben der Sittlichkeit der bestimmte göttliche Wille ist. Nach dem Westfälischen Frieden ergibt sich, dass das protestantische Prinzip (durch Friedrich II.) von der weltlichen Seite aufgefasst wird. Solcher Protestantismus ist die Wurzel der Staatsverfassung; ohne die christliche Versöhnung in der protestantischen, geistigen Kirche gibt es keine wahrhafte Gesinnung zur Verfassungstreue.

Doch bleibt dieses begrifflich vielleicht ausreichende Ende nicht ohne sachliche Schwierigkeiten, denn auch innerhalb der letzten Vorlesung über Philosophie der Weltgeschichte bleibt die geschichtlich wirksame und Probleme veranlassende Differenz von Katholizismus und Protestantismus in den Teilen Amerikas noch ungelöst. Hinzu kommt für Hegel als ein eigenes Problem die Schwierigkeit, zu begreifen, wie der völlig *atomistisch-liberale* Protestantismus in den Vereinigten Staaten von Amerika zu einem Staat kommt, der zwar funktioniert, aber begrifflich völlig inadäquat ist (Vie 59ff).

B. Die Religionsphilosophie (1831)

Mit dem Appell an die christliche Versöhnung wird auf die andere Seite der Differenz hingewiesen. Was wird also zuletzt theologisch reflektiert? Die *Religionsphilosophie* 1831 bietet eine Sonderleistung: ihr viertes Kapitel gibt *insgesamt* eine eigene Darlegung des Verhältnisses von Religion und Staat. Sie präzisiert, wie die Sittlichkeit den allgemeinen Zweck, der die einzelne Subjektivität von deren nur auf sich bezogenen Partikularität reinigt, darstellt. Der Staat ist die wahrhafte Wirklichkeit, die Religion dagegen das absolute Wissen der Wahrheit. Religionsphilosophisch wird bewährt (V 3: 340), dass es nur „Ein[en] Begriff der Freiheit in Religion und Staat“ gibt (V3: 340),[24] und ebenso,dass der Zusammenhang zwischen beiden Dimensionen „eigentlich der Philosophie der Weltgeschichte“ angehört (V 3: 340).

Jeder gehorcht Gott, wenn man den Gesetzen und Obrigkeit folgt – so weit argumentiert auch jeder, der seine eigene Macht beansprucht –, dies gilt aber nach Hegel nicht auf formelle Weise, sondern die Gesetze müssen als vernünftig und in Harmonie mit dem Göttlichen stehend gelten, denn die Religion hat keine dem Staat widersprechenden Prinzipien. A contrario: Staat und Religion sind entzweit, wenn ein religiöses Ideal der Heiligkeit aufgestellt wird, das die Ehe, den Erwerb und die Gewissenhaftigkeit in Beziehung auf den Staat nicht anerkennt; dadurch wird die eigene Vernünftigkeit der Welt vernichtet. Wenn dies in der katholischen Religion der Fall ist, dann fordert diese Religion, dass der Mensch der Freiheit entsage. Die liberale Gegenposition erklärt die Religion zu Privatsache, aber mit diesem liberalen Formalismus behaftet, werden die Unterschiede zwischen dem modernen Staat und der Religion zu Vorurteilen,

24 Vgl. den Beitrag von W. Jaeschke in diesem Band.

welche die Differenz in einer Spaltung fixieren. Alle müssen aber, nach Hegel, in den vernünftigen, freiheitlichen und (nach der *Oratio*) rechtmäßigen Gesetzen den göttlichen Willen erkennen, denn Gott so zu verehren, ist die letzte Rechtfertigung des Staates für jeden. Wenn es also schon eine Leistung der Vernunft ist, diese freiheitlichen Prinzipien gefunden zu haben, so findet die Vernunft ihre Wahrheit darin, dass sie ihre Prinzipien auf die absolute Wahrheit zurückführt, die in der Tat der ausschließliche Gegenstand der Philosophie ist.

6. Resultat

Die Religion ist die Quelle des Staates aus christlichem (in Wahrheit protestantischem) Prinzip, der das Leben des Geistes selbst in der oder als die Sittlichkeit überhaupt ausführt. Sofern die Religion zum Volksgeist gehört und dieser in Gott sein Wesen anerkennt und verehrt, wird dieser Geist die historisch gewordene geistige und substantielle Grundlage des Staates. Mit dieser Bestimmung ist das Christentum geschichtlich als Ursprung der rechtlichen, moralischen und selbst politischen Freiheit umschrieben oder, etwas provokativer gewendet, es ist die Grundlage der ‚Gleichheit', der subjektiven ‚Freiheit' der eigenen Einsicht und der gemeinschaftlichen ‚Brüderlichkeit' (liberté, égalité & fraternité). Mit diesen Kennzeichnungen wird nun aber keine rechtsphilosophische, noch weniger eine staatsrechtliche oder verfassungsrechtliche Auffassung vertreten, sondern es wird darauf hingewiesen, dass die freiheitlichen, selbst noch die liberalen Grundzüge aus der Entwicklung des Christentums stammen, sofern erst dies den vollzogenen Gedanken eines freien Geistes ermöglicht. Folglich kann die christliche Religion tatsächlich und philosophisch einsehbar als Vorstellung der ausnahmslosen und unbedingten (wesentlichen) Freiheit die welthistorische Grundlage der germanischen (oder europäischen) Staatengemeinschaft bilden. Diese freiheitliche Konzeption umfasst auf philosophisch vernünftige Weise die Verfassung, die eine Entwicklung des Geistes ist, sowie die weitere noch in Gesetzen sich entfaltende Staatskonstitution.

Nicht als Gegenentwurf zum Staat aus dem geschichtlichem Christentum, sondern nur in Gegensatz zu jeder religiös-normativen Staatsauffassung, welcher Provenienz auch immer, kann der vernünftige und freie, rechtlich konstitutierte Staat gedacht und vertieft werden. Ebensowenig hat der Staat dann irgendeine eigene Bestimmtheit an der theologisch begriffenen Form der Religion im absoluten Geist, obwohl sie daran ihre endgültige *Bewährung* hat, sondern nur an der geschichtlichen Gestalt, die ihm im geschichtlichen Geist als Grundlage oder Boden gegeben ist, und aus der er sich selbst in der geschichtlichen Betätigung seines Prinzips konstituiert. Weder die Religion in Form irgendeiner Kirche, noch die Philosophie ist deswegen für Hegel eine äußere, überstaatliche oder übergeschichtliche normative Instanz, obwohl es auch in der Religion des Geistes um das Wesen des Geistes, die Freiheit, zu tun ist, denn dem Geist ist nur seine Freiheit selbst sowohl Aufgabe und Zweck als ebenso Tat und Leistung oder Werk.

Obwohl die Philosophie sich auf die Seite der Vernunft gegen die Vorstellung eines von der Religion aus konstituierten Staates stellt und sie ihn als das allgemeine freiheitliche Werk verstanden wissen will, wird dennoch gezeigt, dass diese Konstitution nicht ohne den spezifisch philosophischen Begriff des Geistes möglich ist. Sofern der objektive Geist die tatsächliche Sicherung der wesentlichen Freiheit des Geistes und der absolute Geist die endgültige, bzw. wissende Legitimierung derselben vorführt, zeigt sich dann die Staatslehre als wesentlicher Teil einer solchen Philosophie, die sich als das eigene Begreifen des ‚übergreifenden' Geistes selbst begreift. Hieraus ergeben sich zwei Konsequenzen: Der Geist ist insgesamt in letzter Instanz philosophischer Selbstvollzug, der unmissverständlich jede traditionalistisch-metaphysische Deutung verbietet. Aber Hegels spezifisch philosophischer Begriff des Geistes ist ein Begriff der jede Natur negativ integrierenden Vernunft, der erst so in seiner Allgemeinheit tätig ist. Deshalb ist nicht nur die Sittlichkeit der Ausgangspunkt der Freiheit des absoluten Geistes, sondern zugleich kann die geschichtliche Grundlage der Freiheit ohne weiteres anerkannt werden, sowohl in ihrer praktischen Dimension der sittlichen Gestaltung, wie in der Philosophie selbst, sofern diese Grundlage zur Erfassung des Wesens des Geistes ihre religiösen Beiträge geliefert hat.

Die Entschärfung der Problematik des Verhältnisses vom gelebten wirklichen Staat einerseits und der das Absolute und dessen Wahrheit behauptenden Religion andererseits geschieht also *philosophisch* und setzt sich dadurch nicht notwendig schon im alltäglichen Rechts- und politischen Bewusstsein durch. Die untereinander problematischen Begriffe gehören nur dann zusammen, wenn sie in einander – nicht wechselseitig, sondern in differenzierter Deutung – übergehen, d. h. in dem Gang der Weltgeschichte, wenn diese ausreichend, d. h. vernünftig und philosophisch als Gestaltung des Geistes betrachtet wird.

GÜNTER KRUCK, FRANKFURT/M

Der Begriff der Religion in Hegels Enzyklopädie der philosophischen Wissenschaften

Zunächst erscheint es begründungsbedürftig, dass bei einer Tagung über die Hegelsche Rechtsphilosophie nicht nur auf die Religion, sondern zudem in diesem Zusammenhang auf Hegels *Enzyklopädie der philosophischen Wissenschaften* als Werk und eben nicht auf die *Rechtsphilosophie* selbst Bezug genommen wird. Denn der Staat, definiert als die selbstbewusste sittliche Substanz, scheint doch genauso wenig mit einem wie auch immer gearteten bestimmten Inhalt einer Religion etwas zu schaffen zu haben, wie die enzyklopädische Darstellung der Religion in ihrer Beschränkung auf die christliche Religion umgekehrt einen bestimmten Inhalt als religiösen präsentiert, dem nicht von ihm selbst her unmittelbar seine staatstragende Grundlegungsaufgabe und damit der Bezug zum Staat auf der Stirn geschrieben steht.

Die Erklärungsbedürftigkeit steigert sich noch, da Hegels Begriff der Religion nicht nur unabtrennbar mit dem Christentum als geoffenbarter Religion verbunden ist, wie man dies der enzyklopädischen Darstellung entnehmen kann, sondern der Begriff der Religion damit zugleich in eine Sphäre fällt – nämlich in die des absoluten Geistes –, die dem Staat, der dem objektiven Geist zugehört, übergeordnet ist. Es stellt sich also für den Beitrag die Frage, warum auf die Religion genauer hin auf die christliche und ihre Darstellung im Rahmen der Sphäre des absoluten Geistes in der Enzyklopädie Bezug genommen wird, wenn es um die Behandlung des Staates als objektiver Gegebenheit mit seinen Grundlagen geht und man zudem das anfängliche Bedenken der grundsätzlichen Verbindung bzw. eigentlich der Trennung von Staat und Religion in Rechnung stellt.

Diese Frage lässt sich – wie die zuerst genannte nach der Bedeutung der Religion für den Staat – nur aus Hegels Behandlung der Religion selbst im Rahmen der enzyklopädischen Darstellung beantworten.

Für die Behandlung der Religion im Rahmen des absoluten Geistes ist dabei zunächst Hegels grundlegende Einsicht für diesen Teil seiner Philosophie von Bedeutung: Diese Einsicht besteht darin, dass sowohl die Inhalte des subjektiven Geistes (wie die Inhalte der Anthropologie, der Phänomenologie und der Psychologie des Geistes) als auch die Inhalte des objektiven Geistes (wie das Recht, die Moralität, die Sittlichkeit und damit verbunden der Staat) nur als verbunden gedacht werden können, wenn sie ihre Willkürlichkeit verlieren. Diese Willkürlichkeit des Beliebigen, der Zusammenstellung ganz disparater Inhalte, verlieren diese Inhalte aber nur, wenn sie nicht als Gedanken an ein – Kantisch gesprochen – ‚Ich, das alle meine Vorstellungen begleiten muss' zurückgebunden werden. Denn in diesem Fall wären die Inhalte zwar formell als Vorstellungen eines ‚Ich' geeint, aber die Verbindung der Inhalte an sich wäre nicht aufgezeigt. Die Inhalte blieben zufällige Einsichten eines ‚Ich', die auch kollektiv ganz unterschiedlich aussehen könnten. Es bliebe nur das formelle inhaltslose Sein eines Ich als deren Grundlage übrig, das sich weiß und dem beliebige Inhalte mehr oder weniger verbunden zu Eigen sind.

Zum ‚freien Denken' gehört aber nach Hegel gerade nicht nur die Freiheit des Denkenden, der seine Inhalte selbst wählt und bestimmt, sondern die Einsicht in die Notwendigkeit des Zusammenhangs der Inhalte. Erst die Verbindung des Gewussten mit dem diese Inhalte Wissenden macht die wirkliche an und für sich seiende Objektivität dessen aus, was Hegel absoluten Geist nennt. Die Absolutheit des Geistes besteht also offensichtlich darin, sich mit seinen Inhalten so zum Inhalt zu haben, dass der absolute Geist sich Objekt ist und über das formelle Denken hinaus um diese seine Objektivität des Denkens in seinen Inhalten und ihrer notwendigen Verbindung weiß.

„Der absolute Geist ist ebenso ewig in sich seiende als in sich zurückkehrende und zurückgekehrte Identität; die eine und allgemeine Substanz als geistige, das Urteil in sich und in ein Wissen, für welches sie als solche ist."[1]

Der spezifische Unterschied zwischen dem bloßen Denken und dem Geist als absolutem ist offensichtlich der, dass der absolute Geist als die allgemeine Substanz dem Denken selbst als Grundlage dient. Damit ist der Geist als absoluter dadurch ausgezeichnet, dass in ihm die substantielle Einheit der vorherig gedachten Inhalte *als solche* herausgehoben ist.

Das Wissen um diese Einheit nimmt so Hegels These notwendig die unterschiedenen Formen der Kunst, Religion und Philosophie an, die den drei originären Formen des Selbstswissens der Anschauung, der Vorstellung und dem Begriff entsprechen.

Die Religion nimmt in diesem Zusammenhang eine ganz besondere Stellung ein: Nicht nur, weil sie in der Enzyklopädie als Begriff, für die gesamte Sphäre des absoluten Geistes, der seine Realität im Geiste hat, firmiert, sondern auch deswegen, weil dieser Begriff in einer spezifischen Ausprägung der Religion, nämlich der christlichen, auch noch zu sich kommt, also die explizite Form des Selbstwissens annimmt. Dafür steht der Begriff der Offenbarung in seiner Zweiseitigkeit: Einmal bezeichnet Offenbarung die epistemische Beziehung zwischen einem einzelnen religiösen Subjekt und seinem Gegenstand Gott und zum anderen ist damit die Gegenwart Gottes als Geist in der Gemeinde gemeint.

„Es liegt wesentlich im Begriffe der wahrhaften Religion, d. i. derjenigen, deren Inhalt der absolute Geist ist, dass sie geoffenbart und zwar von Gott geoffenbart sei. Denn indem das Wissen, das Prinzip, wodurch die Substanz Geist ist, als die unendliche für sich seiende Form das Selbstbestimmende ist, ist es schlechthin Manifestieren; der Geist ist nur Geist, insofern er für den Geist ist, und in der absoluten Religion ist es der

1 TWA 10, 366, § 554.

absolute Geist, der nicht mehr abstrakte Momente seiner, sondern sich selbst manifestiert."[2]

Die Religion ist damit gerade in ihrer christlichen Manifestation das konkrete Wissen des an und für sich Seins des absoluten Geistes in der Form eines ganz bestimmten Inhalts. Die religiösen christlichen Vorstellungen vom Schöpfertum Gottes als Geist nur in sich selbst, von der Inkarnation als Manifestation des Geistes und des subjektiven ‚Sich-Wissens' in Gott sind die Auspizien (auspicium Vogelschau, um den göttlichen Willen zu erkennen), die gedeuteten Anzeichen, um den Geist als absoluten auf den Begriff oder besser auf die Vorstellung zu bringen.

Diese Darstellung scheint zunächst, gemessen am Inhalt der Religion, besonders der christlichen Religion, nicht unproblematisch zu sein:

Hegel unterscheidet zunächst drei Momente des Absoluten im Anschluss an die christliche Trinitätslehre. Das Reich des Vaters, das Reich des Sohnes und das Reich des Heiligen Geistes. Genau dieses Moment wird allerdings janusköpfig bestimmt: Einerseits als Geist in der Gemeinde und andererseits als ‚Sich-Wissen' in Gott.

Diese Doppeldeutigkeit zeigt sich deutlich im dritten Teil der Vorlesungen über die Philosophie der Religion, die die absolute Religion, d. h. das Christentum behandeln. Denn im Begriff der Gemeinde beginnt Hegel den Abschnitt über das Reich des Geistes genau mit einer Erläuterung darüber, dass das einzelne Subjekt einerseits im unmittelbaren Wissen ein ‚Sich-Wissen' von und in der Wahrheit besitzt, das Subjekt zugleich aber anderen Subjekten in diesem Wissen bzw. dem behaupteten Inhalt selbst gegenübersteht und damit die eigentlich vorgestellte manifestierte Absolutheit des Geistes noch nicht erreicht ist:

„Die Gemeinde sind die Subjekte, die einzelnen empirischen Subjekte, die im Geiste Gottes sind, von denen aber zugleich unterschieden ist, denen gegenübersteht dieser Inhalt, diese Geschichte, die Wahrheit. Der Glaube an diese Geschichte, an die Versöhnung ist einerseits ein unmittelbares Wissen, ein Glauben; das andere ist, dass die Natur des Geistes an ihr selbst ist dieser Prozess, der in der allgemeinen Idee und in der Idee als in der Erscheinung betrachtet worden, dass das Subjekt selbst nur Geist, damit Bürger des Reiches Gottes wird dadurch, dass es an ihm selbst diesen Prozess durchläuft. Das Andere, das für die Subjekte ist, ist also für sie in diesem göttlichen Schauspiele in dem Sinne gegenständlich, wie im Chor der Zuschauer sich selbst gegenständlich [vor sich] hat."[3]

Erst in der Realisierung der Gemeinde tritt für Hegel in der Vorstellung im Zusammenhang des Christentums jene Manifestation des absoluten Geistes auf, die der Form der Vorstellung tatsächlich entspricht, insofern sie über das unmittelbare Wissen der einzelnen Subjekte hinausgeht und als ‚gemeinsame Substanz' dieser Subjekte erscheint:

2 TWA 10, 373, § 564.
3 TWA 17, 306f.

„Die reale Gemeinde ist, was wir im Allgemeinen die *Kirche* nennen. Das ist nicht mehr das Entstehen der Gemeinde, sondern die bestehende Gemeinde, die sich auch erhält. [...] In der *bestehenden* Gemeinde ist nun die Kirche die Veranstaltung überhaupt, dass die Subjekte zu der Wahrheit kommen, die Wahrheit sich aneignen und dadurch der Heilige Geist in ihnen auch real, wirklich gegenwärtig werde, in ihnen seine Stätte habe, dass die Wahrheit in ihnen sei und sie im Genusse, in der Betätigung der Wahrheit, des Geistes seien, dass sie als Subjekte die Betätigenden des Geistes seien."[4]

Die Kirche ist damit für Hegel der vorstellungsspezifische Ort des realisierten Geistes in der Gemeinde, die aus den Subjekten besteht, die sich im unmittelbaren Wissen der Gewissheit des absoluten Geistes als sichtbarer Einheit gewiss sind.

Diese Doppeldeutigkeit zwischen religionsphilosophisch gesprochen den Subjekten des unmittelbaren Wissens im Begriff der Gemeinde und der realisierten Gemeinde als Verortung dieser Subjekte in einer konkreten Kirche lässt sich auch als Unschärfe der begrifflichen Fassung des absoluten Geistes im Rahmen der Vorstellung verstehen. Mit dieser Zufälligkeit wird aber zugleich die Notwendigkeit des Inhaltes fraglich. Denn dass sich die von Hegel behauptete Notwendigkeit für den Inhalt im Wissen des absoluten Geistes mit dem gewählten Mittel der Form und dem hier angezeigten Rekurs auf die christlichen Inhalte gerade nicht herstellen lässt, wird im Changieren zwischen einem kollektiven Individuum im Sinne des Geistes in der Gemeinde als Kirche und einem individuellen ‚Sich-Wissen' in Gott deutlich.

Hegel versucht, diese Schwierigkeit dahingehend zu beheben, dass er Formen benennt, durch die beide Elemente vermittelt werden: Die Formen Kultus und Andacht:

„Das subjektive Bewusstsein des absoluten Geistes ist wesentlich in sich Prozess, dessen unmittelbare und substantielle Einheit der *Glaube* in dem Zeugnis des Geistes als die *Gewissheit* von der objektiven Wahrheit ist. Der Glaube, zugleich diese unmittelbare Einheit und sie als das Verhältnis jener unterschiedenen Bestimmungen enthaltend, ist in der *Andacht*, dem impliziten oder expliziteren *Kultus*, in den Prozess übergegangen, den Gegensatz zur geistigen Befreiung aufzuheben, durch diese Vermittlung jene erste Gewissheit zu *bewähren* und die konkrete Bestimmung derselben, nämlich die Versöhnung, die Wirklichkeit des Geistes zu gewinnen."[5]

Der Glaube bzw. der Glaubende ist demnach in seinem subjektiven ‚Sich-Wissen' in der Wirklichkeit des absoluten Geistes darauf angewiesen, seinerseits bestimmte kollektive Formen wie die Andacht und den Kultus zu Rate zu ziehen, um sein Wissen – besser sein Gefühl und Empfinden – zu bewähren. Wird dieses Bewähren aber als Wirklichkeit des Geistes apostrophiert, dann scheint mit der unmittelbaren ersten subjektiven Gewissheit des Glaubens bzw. des Glaubenden ein zumindest in dieser Hinsicht defizienter Modus an Gewissheit vorzuliegen. Damit hat sich aber auch angesichts der Gewährleistung der Einheit des Wissens des absoluten Geistes im Angesicht der unter-

4 TWA 17, 320.
5 TWA 10, 366f., § 555.

schiedenen religiösen Bestimmungen die subjektive Gewissheit notwendig in den Geist der Gemeinde aufzuheben, um als Gewissheit des absoluten Geistes zu gelten.

In der Folge werden dann zwar die Weisen des subjektiven ‚Sich-Wissens' als solche scheinbar toleriert und akzeptiert, ihre eigentliche Gewährleistung haben sie allerdings erst in der Andacht und im Kultus. Auf diesem Weg emanzipiert sich die in der christlichen Religion vorgestellte Versöhnung des Geistes mit sich als seiner Realität aber vollends von der Gewissheit der einzelnen Überzeugung. Was an subjektiven Überzeugungen unter der Form der christlichen Religion gilt, ist vor allem mit dem Kult und der Andacht verbunden.

Damit löst aber die Religion und speziell die christliche im Rahmen ihrer Darstellung der Enzyklopädie nicht mehr ein, wofür sie eigentlich von Hegel herangezogen wurde. Denn in dieser Form ist sie nur noch bedingt „ebensosehr als vom Subjekte ausgehend und in demselben sich befindend als objektiv von dem absoluten Geiste ausgehend zu betrachten".[6]

Der Ausgangspunkt des subjektiven Wissens ist nur noch der Absprungspunkt für ein Wissen um die Versöhnung, das sein Maß an der objektiven Vorgegebenheit im Kult und in der Andacht hat. Der Kult und die Andacht werden also zum Nadelöhr der Zulässigkeit des subjektiven ‚Sich-Wissens' eines ohnehin in beiden religiösen Praktiken vom Subjekt ganz unabhängigen Gehaltes.

Diese Rückbindung der individuellen subjektiven religiösen Gewissheit an die objektivierte religiöse Formen ist auch keine aparte Besonderheit der enzyklopädischen Darstellung; sie findet sich auch in den Vorlesungen zur Religionsphilosophie explizit mit Bezug auf die institutionalisierte Lehre. Denn der Kult und die Andacht sind die gemeinsamen prozessuralen Formen der Realisierung des absoluten Geistes, dessen Inhalt aber zusätzlich gegenüber den Subjekten durch die Lehre der Kirche garantiert ist:

„Diese Wahrheit, die so vorausgesetzt, vorhanden ist, ist die *Lehre der Kirche*, die Glaubenslehre, und den Inhalt dieser Lehre kennen wir: Es ist mit einem Wort die Lehre *von der Versöhnung*. Es ist nicht mehr (so) [in der Realisierung der Gemeinde], dass dieser Mensch zu der absoluten Bedeutung erhoben wird durch das Ausgießen, Dekretieren des Geistes, sondern dass diese Bedeutung eine *gewusste*, *anerkannte* ist [...] Dies Bewusstsein der Lehre ist hier vorausgesetzt, vorhanden." [7]

Dass diese Form der objektiven Bewährung der subjektiven religiösen Gewissheit der anvisierten Form des ‚Selbst-Wissens' des absoluten Geistes widerspricht, ist nun seinerseits kein Befund der gegen Hegel erinnert werden müsste. Diese Diagnose geht vielmehr konstitutiv in Hegels Theorie ein:

In diesem Sinn betont Hegel in den schon genannten Vorlesungen zur Religionsphilosophie: „Denn die Gemeinschaft ist in der Lehre, aber jedes Individuum hat ein eigenes

6 TWA 10, 366, § 554.
7 TWA 17, 320f.

Gefühl, eigene Empfindungen und eine besondere Weltanschauung. Diese Form entspricht dem Geiste, der auch wissen will, wie er dran ist, nicht.“[8]

An dieser Stelle ergibt sich ein erster Anknüpfungspunkt zwischen der Lehre vom absoluten Geist und der Lehre vom objektiven Geist: Der Staat wird zum Garanten der Freiheit des Individuums in seiner religiösen Subjektivität.

Dass dies eine, und zwar wesentliche Seite des Verhältnisses von Religion und Staat ist, artikuliert Hegel in der Anmerkung zu § 270 der *Grundlinien der Philosophie des Rechts*: Es ist der Staat, der „im ganzen gegen die eine unbeschränkte und unbedingte *Autorität* ansprechende Kirche umgekehrt das formelle Recht des Selbstbewusstseins auf die eigene Einsicht, Überzeugung und überhaupt Denken dessen, was als objektive Wahrheit gelten soll, geltend zu machen hat.“[9]

Dass aber der Staat als Schutzmacht des formellen Rechts des Selbstbewusstseins gegen autoritative Vereinnahmung institutionalisierter Religiosität auftritt, ist nur eine Seite des Verhältnisses von Staat und Religion im objektiven Geist. Damit ist ein Doppeltes angesprochen:

1. Der Schutz der Innerlichkeit gegen autoritative Vereinnahmung gilt allgemein, d. h. nicht nur im Verhältnis gegenüber religiösen Institutionen, sondern auch gegenüber dem Staat selbst. Das Individuum erhält vom Staat das Recht seiner eigenen religiösen Innerlichkeit zugestanden, und das schließt ein, dass sich nun nicht der Staat selbst an Stelle der Kirche setzt, sondern das Recht der Innerlichkeit als seine eigene Grenze reflektiert. – In der Rechtsphilosophie heißt es deshalb: „Wesentlich aber bleibt der Staat von der Religion dadurch unterschieden, dass, was er fordert, die Gestalt einer rechtlichen Pflicht hat und dass es gleichgültig ist, in welcher Gemütsweise sie geleistet wird.“[10]

2. Der Staat gibt aber nicht nur formell das Feld der Innerlichkeit bloß frei, er hat zugleich seinem Begriff nach einen positiven Bezug zum Inhalt dieses Feldes. Das umfasst sowohl die individuelle Überzeugung wie die Kirche. Dieser positive Bezug auf beide besteht in Folgendem: Der Staat findet nämlich seine eigene Grundlage am Inhalt der Religion. Hegel bringt diesen Sachverhalt z. B. in seiner Religionsphilosophie wie folgt auf den Begriff: „In der Organisation des Staates ist es, wo das Göttliche in die Wirklichkeit einschlagen, diese von jenem durchdrungen und das Weltliche nun an und für sich berechtigt ist; denn ihre Grundlage ist der göttliche Wille, das Gesetz des Rechts und der Freiheit. Die wahre Versöhnung, wodurch das Göttliche sich im Felde der Wirklichkeit realisiert, besteht in dem sittlichen und rechtlichen Staatsleben: dies ist die wahrhafte Subaktion der Weltlichkeit.“ [11]

In welchem Sinn das gilt, kann man im Rückblick auf den eingangs zitierten Paragraphen der enzyklopädischen Einführung zum absoluten Geist zeigen:

8 TWA 17, 340

9 TWA 7, 427f.

10 TWA 7, 430, § 270, Zusatz.

11 TWA 17, 332.

„Der absolute Geist ist ebenso ewig in sich seiende als in sich zurückkehrende und zurückgekehrte Identität; die eine und allgemeine Substanz als geistige, das Urteil in sich und in ein Wissen, für welches sie als solche ist.“ [12]

Der Staat ist als zur Sphäre des objektiven Geistes gehörig im Element des Urteils in sich verortet; d. h., der Staat gehört zu jenen einzelnen bestimmten Inhalten, deren Einheit als solche gewusst werden muss, die aber in der Konzentration auf bestimmte Einzelinhalte nicht als solche gewusst werden kann.

Die Notwendigkeit des Überstiegs, das thematisch Werden der substantiellen Identität der verschiednen bestimmten Einzelinhalte außer und gesondert von diesen, lässt sich dem Verhältnis zwischen individuellem religiösen Bewusstsein und institutionalisierter Religion parallelisieren. Genauso wie es defizient ist, wenn die Konkretisierung und Bewährung des individuellen Bewusstseins in der Adaption der äußeren Voraussetzung der Regeln und Lehre der Kirche besteht, so defizitär ist auch, wenn das, was die Realisierung des Begriffs von Subjektivität ist, der objektive Geist, dem Individuum in der Form der äußeren Vorgabe entgegentritt.

In diesem allgemeinen Verhältnis von objektivem und absolutem Geist hat das skizzierte Doppelverhältnis von Staat und Religion seinen Erklärungsgrund, sowohl das Freilassen der individuellen Selbstbestimmung seitens des Staates als auch der positive inhaltliche Bezug auf die Sphäre der Religion im Ganzen.

In letzter Allgemeinheit ausgesprochen ist dieser Bezug in Hegels Vorlesungen über die Ästhetik: „In der endlichen Wirklichkeit erscheinen die Bestimmungen, welche der Wahrheit zugehören, als ein Außereinander, als eine Trennung, was seiner Wahrheit nach untrennbar ist [...]. In dieser Weise ist der Begriff wohl überall; der Punkt jedoch, auf welchen es ankommt, besteht darin, ob der Begriff auch seiner Wahrheit nach in dieser Einheit wirklich wird, in welcher die besonderen Seiten und Gegensätze in keiner realen Selbständigkeit und Festigkeit gegeneinander verharren, sondern nur noch als ideelle, zu freiem Einklang versöhnte Momente gelten. Die Wirklichkeit dieser höchsten Einheit erst ist die Region der Wahrheit, Freiheit und Befriedigung. Wir können das Leben in dieser Sphäre, diesen Genuss der Wahrheit, welche als Empfindung Seligkeit, als Denken Erkenntnis ist, im Allgemeinen als das Leben in der Religion bezeichnen.“ [13]

12 TWA 10, 366, § 554.

13 TWA 13, 138f.

JINDŘICH KARÁSEK, PRAG

Staat, Religion und Kirche bei Hegel

Zur vermeintlichen Doppeldeutigkeit der Hegelschen Bestimmung des Verhältnisses von Religion und Kirche

Wie man den frühen Manuskripten der Berner und Frankfurter Zeit Hegels entnehmen kann, sind es vor allem zwei Fragenkomplexe gewesen, die Hegel grundsätzlich beschäftigt haben. Innerhalb des ersten Fragenkomplexes wird vor allem die Frage nach dem Wesen der Religion gestellt. Diese Frage läßt sich in der Hegelschen Perspektive weiter als das Problem präzisieren, wie die Einstellung des natürlichen Bewusstseins zur Religion zu bestimmen ist, nachdem durch die neuzeitliche geschichtliche Entwicklung die vormalige Autorität der in der Römischen Kirche institutionalisierten Religion in Zweifel gezogen worden ist, die sich im Mittelalter über alle Bereiche des Lebens erstreckt hatte. Auf der einen Seite war Hegel deutlich, dass es nicht möglich ist, diese Autorität der Religion in ihrer ehemaligen Kraft durch eine einseitige Aufhebung des neuzeitlichen Säkularisierungsprozesses wiederherzustellen. Hegel war sich zu sehr der Unumkehrbarkeit der geschichtlichen Prozesse bewusst, um eine solche Idee auch nur ins Auge zu fassen. Auf der anderen Seite musste es Hegel als eine „Torheit" erscheinen, zu meinen, dass der Gesamtzusammenhang des menschlichen Daseins ohne jeden Rekurs auf den Glauben an den überweltlichen Urheber des Seins im Ganzen angemessen artikuliert werden kann.[1] Aus dieser Perspektive musste Hegel versuchen, den Ort des Glaubens innerhalb des natürlichen Bewusstseins neu zu bestimmen. Von dieser Bestimmung ausgehend musste Hegel auch versuchen, eine neue Synthese der Religion mit dem gesellschaftlichen, im säkularisierten Staat neu erreichten Selbstbewusstsein des Einzelnen zu erzielen.

Der zweite Fragenkomplex hing mit der Problematik des Staates zusammen. Das besondere Interesse Hegels galt in diesem Zusammenhang dem Problem, wie eine solche Staatstheorie formuliert werden kann, in welcher der Staat keine „mit mechanischer Notwendigkeit wirkende Veranstaltung" ist, in der das „Einsein mit dem allgemeinen Willen [...] als etwas" aufgefasst wird, „das durch ein äußeres Verhältnis oder Zwang hervorgebracht werden soll".[2] Anders gesagt: Hegels Frage war die, wie die neuzeitlichen, seiner Meinung nach mechanistischen, Auffassungen des Staates überwunden werden können, die den Einzelnen durch einen äußeren Zwang zur Anerkennung der ‚volonté

1 Vgl. G. W. F. Hegel, *Die Vernunft in der Geschichte. Einleitung in die Philosophie der Weltgeschichte*, hg. von G. Lasson, Leipzig 1930, 103. Zit. als *Vernunft in der Geschichte.*

2 Vgl. TWA 2 471f.

générale‘ bringen wollten. Es geht jetzt nicht darum, ob Hegel zu Recht die vertragstheoretischen Auffassungen des Staates als mechanistisch wirkende Veranstaltungen kritisiert und eine bessere Alternative in der Reaktualisieung der Aristotelischen Staatstheorie gesehen hat. Ob das nun unter dem Einfluss der Lektüre der Aristotelischen Staatstheorie stand oder nicht, so scheint Hegel doch auf jeden Fall verstanden zu haben, dass es eine bloße Naivität ist, zu meinen, wie dies noch in dem ältesten Systemprogramm des deutschen Idealismus formuliert worden ist, „daß wir über den Staat hinaus müssen“.[3] So gelangte Hegel zu der Überzeugung von der ontologischen Priorität des Staates gegenüber dem Einzelnen, weil nur der Staat die Freiheit des Einzelnen garantieren kann. Ist daher die Freiheit für den Einzelnen unhintergehbar, dann muss er sich auch der Autorität des Staates *aufgrund seiner eigenen autonomen Entscheidung* unterwerfen. Damit ist zugleich der Ausschluss des erklärten Anarchismus des ältesten Systemprogramms vollzogen worden. Es ist damit aber auch impliziert worden, dass der Staat dann und nur dann keine mechanistische Veranstaltung ist, wenn er die Freiheit des Einzelnen insofern garantiert, als die Anerkennung der ‚volonté générale‘ ihm gerade nicht von außen aufgezwungen, sondern von ihm autonom übernommen wird. Jetzt kann man sich leicht ein Argument gegen eine vertragstheoretische Auffassung des Staates denken. Die Zustimmung des Einzelnen zu dem Staatsvertrag ist in der Vertragstheorie als ein rein formeller und damit nur als ein äußerlicher, vom Einzelnen nicht autonom anerkannter Zusammenhang mit der ‚volonté générale‘ gedacht worden.

Vergegenwärtigt man sich nun diese zwei Fragenkomplexe auf die beschriebene Weise, so müsste es als ein erheblicher systematischer Mangel erscheinen, wenn Hegel ihre Synthese nicht gelingen sollte. Und dieser Mangel wäre genau dann gegeben, wenn die Hegelsche Auffassung von Staat und Religion in ein unauflösbares Dilemma führen sollte. Mit Bezug auf die Hegelsche Bestimmung ihres Verhältnisses hat Walter Jaeschke genau diese These entwickelt. Jaeschkes These besagt, dass Hegel einerseits den Staatsbegriff noch stärker von der religiös-kirchlichen Rückbindung ablöse, als es damals geltendes Recht war, weil der Staat als das Allgemeine sich über religiöse und kirchliche Partikularitäten erhebt und nur so die Freiheit des Einzelnen garantiert, andererseits jedoch an der Absolutheit der Religion festhalten zu müssen meine, weil die Religion geradezu die paradigmatische Form des absoluten Geistes darstellt.[4]

Vergleicht man nun die Hegelsche Bestimmung des Verhältnisses von Staat und Religion im § 552 der *Enzyklopädie* mit seiner Bestimmung in dem § 270 der *Rechtsphilosophie*, dann scheint sich der von Jaeschke geäußerte Verdacht *prima facie* nur zu bestätigen. Denn in der *Enzyklopädie* hat Hegel die Religion als Garantie der sittlichen Verfassung des Staates aufgefasst, und zwar mit dem Argument, dass die Religion das Bewusstsein der absoluten Wahrheit sei,[5] während er in der Rechtsphilosophie offenbar

3 Zit. nach Hans Friedrich Fulda, *Hegel*, München 2003, 54.

4 Vgl. Walter Jaeschke, *„Kirche und Staat bei Hegel“*, in: *Reports on Philosophy* 9 (1985), 11f.

5 Vgl. TWA 10, 355-365.

die Auffassung kritisiert hat, die Religion sei die Grundlage des Staates. Denn „der Staat als die sich wissende, sittliche Wirklichkeit des Geistes“ ist im Vergleich mit der Kirche und ihrer nur subjektiven Überzeugung davon, das Bewusstsein der absoluten Wahrheit zu sein, *dasjenige Wissende*, das Recht hat, sich gegen bloß subjektive Überzeugungen zu behaupten.[6] Daraus folgt unmissverständlich, dass, insofern die Religion in der institutionalisierten Gestalt der Kirche auftritt, sie sich der Autorität der Institution des Staates zu unterwerfen hat. Wenn aber die institutionalisierte Form für die Religion insofern notwendig ist, als sie als ein Ausdruck ihres gesellschaftlichen Daseins angesehen werden kann, aber zugleich auf die beschriebene Weise in Konkurrenz zur Institution des Staates tritt, der sogar die höchste Form der Sittlichkeit ist, so ist zunächst einmal nicht zu sehen, wie die Religion ihrerseits die sittliche Grundlage des Staates ausmachen können sollte. Außerdem scheint zu Beginn der Hegelschen Bestimmung des Verhältnisses von Staat und Religion eine Antinomie zu bestehen, indem einerseits behauptet wird, Religion sei die sittliche Grundlage des Staates, diese Aussage aber andererseits sofort negiert wird.

Im Folgenden soll gezeigt werden, dass das beschriebene Dilemma eben *nur prima facie* besteht. Ließe sich zeigen, dass die Hegelsche Bestimmung des Verhältnisses von Staat und Religion in der *Enzyklopädie* und in der *Rechtsphilosophie* in jeweils anderer systematischer Hinsicht formuliert worden ist, dann hätte man einen Grund dazu, die Rede von einem Dilemma in diesem systematischen Kontext zu leugnen. Im folgenden soll gezeigt werden, dass dies der Fall ist und Hegels Systematik in diesem Kontext daher keine interne Inkonsequenz aufweist.

Zu diesem Zweck muss zunächst auf einen Unterschied aufmerksam gemacht werden, der, so scheint es zumindest, nicht immer hinreichend berücksichtigt wird. Es ist dies der Unterschied zwischen Religion und Kirche. Er ist oben bereits angesprochen worden, indem gesagt wurde, dass die Kirche die institutionalisierte Form des religiösen Glaubens und als solche einen Ausdruck des gesellschaftlichen Daseins des Glaubens darstellt. In dieser Hinsicht tritt die Religion mit Bezug auf die Institution des Staates als eine solche Institution auf, die Probleme der gesellschaftlichen Praxis besser lösen kann als die Institution des Staates und somit ihr gegenüber eine Alternative und zugleich Konkurrenz darstellt. Die These besagt nun, dass Hegel bei der Bestimmung des Verhältnisses von Staat und Kirche in der *Rechtsphilosophie* gerade den soeben vorgestellten Unterschied berücksichtigt und ihn implizit zur systematischen Grundlage der herauszuarbeitenden Bestimmung macht. Dieser Unterschied stellt daher denjenigen Kontext dar, der berücksichtigt werden muss, wenn man die Bestimmung des Verhältnisses von Staat und Kirche in der Rechtsphilosophie angemessen beurteilen will. Sehen wir also genauer zu.

6 Vgl. TWA 7, 415-428.

I. Bestimmung des Verhältnisses von Staat und Religion in der Rechtsphilosophie

Es ist zunächst darauf hinzuweisen, dass Hegel gleich zu Beginn des § 270 der *Rechtsphilosophie* die These und Überzeugung kritisiert, Religion sei Grundlage des Staates. Hegel scheint zunächst verdächtig zu sein, dass gerade in den Zeiten „des öffentlichen Elends" die Religion als genau diejenige Institution empfohlen wird, in der „Trost gegen das Unrecht" und „Hoffnung zum Ersatz des Verlustes" gesucht werden soll.[7] Hegel führt den Grund dieser Verdächtigung zwar nicht an, es ist jedoch anzunehmen, dass er darin zu sehen ist, dass die Religion das Versprochene nicht auf eine reelle Weise erfüllen kann, d. h. auf eine solche Weise, die für denjenigen, der Unrecht und Verlust erlitten hat, von irgendeiner Bedeutung wäre. Denn das erste Ziel der Religion besteht gerade nicht darin, in der Wirklichkeit etwas zu verändern. Dies ist jedoch gerade die Voraussetzung dafür, das erlittene Unrecht und Schäden *realiter* auszugleichen. Die Religion ist zwar als Bewusstsein der absoluten Wahrheit das höchste Kriterium bei der konkreten Entscheidung des Einzelnen, die „höchste Gesinnung fällt in sie", sagt Hegel.[8] Es ist jedoch nicht notwendig, dass diese Gesinnung als solche verwirklicht wird.[9] Die Welt soll vielmehr so gelassen werden, wie sie ist. Statt auf die wirklichen Verhältnisse der Welt zu achten, soll vielmehr das Innere des Einzelnen in Bewegung gebracht werden, wobei das Ziel darin besteht, ihn zum unbedingten Glauben an den außerweltlichen Urheber der Welt zu bringen. Dann muss es aber ausschließlich die Kompetenz und Verantwortung dieses Urhebers sein, die wirklichen Verhältnisse der Welt so zu ändern, dass es dem Glaubenden besser geht, weil die von ihm erlittenen Ungerechtigkeiten und Verluste ausgeglichen werden. Der Glaubende hat wiederum gar kein Recht, jene Kompetenz und Verantwortung auf sich zu nehmen, weil dieser Akt Zweifel an dem Schöpfer implizieren würde.

Das soeben entwickelte Argument der Gleichgültigkeit des Glaubenden in Bezug auf das Weltliche überhaupt, mit dem Hegel die Religion kritisiert, ist folgender Aussage zu entnehmen, in der es zugleich um eine Konsequenz erweitert wird:

> „Wenn es dann ferner als eine Anweisung der Religion angesehen wird, gegen die weltlichen Interessen, den Gang und die Geschäfte der Wirklichkeit gleichgültig zu sein, der Staat aber der Geist ist, *der in der Welt steht*, so scheint die Hinweisung auf die Religion entweder nicht geeignet, das Interesse und Geschäft des Staats zum wesentlichen ernstlichen Zweck zu erheben, oder scheint andererseits im Staatsregiment alles für Sache gleichgültiger Willkür auszugeben."[10]

7 Ebd., 416.
8 Ebd., 417.
9 Ebd., 419.
10 Ebd., 416.

Indem die Religion es dem Glaubenden nahe legt, gegenüber dem Weltlichen als solchen gleichgültig zu sein, weil es eben die Kompetenz des absoluten Geistes ist, die Welt zu ändern, tritt sie unmittelbar als eine solche gesellschaftliche Institutiton auf, die die Autorität des Staats in Zweifel zieht. Der Staat kann aber gerade nicht „Sache gleichgültiger Willkür" sein. Damit begeht, so die Konsequenz, die Religion aus Hegels Sicht einen performativen Widerspruch. Dies folgt für Hegel aus dem Begriff des Staates. Denn der Staat, so Hegels Definition, ist der in der Welt stehende Geist. Die Gleichgültigkeit gegenüber dem Weltlichen als solchen impliziert daher Gleichgültigkeit gegenüber dem Geist, dessen Realisierung in der Institution des Staates vollzogen werden soll und als solche nicht für Sache der jeweiligen Willkür der einzelnen Handlungssubjekte ausgegeben werden kann. ‚Volonté générale' ist für Hegel daher eine immanente Angelegenheit des Geistes und als solche eine notwendige, vom Willen des Einzelnen unabhängige Sache, zu der der Einzelne jedoch verschiedene Einstellungen einnehmen kann, weil er über den freien Willen verfügt. Die verschiedenen Einstellungen beeinflussen dann die Möglichkeit der Anerkennung jener Interessen.

Nun kommt es darauf an, dass der genannte performative Widerspruch nur besteht, wenn der von Hegel gemeinte Geist zugleich derjenige Geist ist, der den Gegenstand der Religion ausmacht. Es scheint zumindest klar zu sein, dass Hegel mit seiner Aussage, der Staat sei der in der Welt stehende Geist, nicht den Geist als die Vernunft und den Willen des Einzelnen meinen kann. Dazu sind gleich drei Gründe anzuführen. Zum einen müsste Hegel den Terminus ‚Geist' im Plural verwenden, denn es kommen im Staat trivialerweise mehrere Einzelne vor. Hegel spricht jedoch von *dem* Geist. Wie auch immer nun dieser allgemeine Geist im Geist des Einzelnen enthalten sein sollte, so gewiss nicht als einzelne, sondern als allgemeine, in allen Einzelnen gleichbleibende Entität. Und zwar hat Hegel diese These nicht erst der Kantisch-Fichteschen Transzendentalphilosophie, sondern bereits der Aristotelischen Metaphysik des Geistes entnommen, die er allerdings zugegebenermaßen in den Termini der Transzendentalphilosophie interpretiert hat.[11] Dieser Zusammenhang wird unten noch zu klären sein.

Der zweite Grund ergibt aus dem Hinweis darauf, dass die Formulierung ‚Staat ist der in der Welt stehende Geist' einen Unterschied des Geistes und der Welt impliziert, derart, dass sie nicht als Identität gedacht werden können. Wären sie nämlich als eine identische Entität zu denken, dann wäre die Hegelsche Formulierung sinnlos. Denn dann könnte der Geist nicht in der Welt stehen, sondern nur die Welt selber sein. Wie auch immer man nun das differente Verhältnis des Geistes und der Welt interpretiert, so ist trotzdem klar, dass der Geist, und zwar insofern, als er Geist ist, sich in eine bewusste Differenz zur Welt setzen kann. Der Geist muss in der Lage sein, sich selbst als Gegensatz gegen die Welt im Ganzen zu denken. Der Geist ist nicht die Welt, sondern er steht ‚nur' in ihr, und zwar nicht als Geist, sondern als Staat. Dies lässt sich nun schwer

11 Hierzu vgl. Hegels Interpretation der aristotelischen Geistesmetaphysik in seinen *Vorlesungen über die Geschichte der Philosophie.*

von dem Geist des Einzelnen aussagen. Dieser kann zwar auch sagen, ‚Ich bin nicht die Welt, sondern bin *in der* Welt'. Er kann aber nicht oder nur sehr schwer sagen, ‚Ich bin in der Welt als Staat'. ‚L'etat ce moi' war nur die paranoide Vorstellung eines Königs.

Der dritte Grund besteht in dem Hinweis auf die Hegelsche Übernahme der Aristotelischen Staatsbegründung, die m. E. offensichtlich ist und auch ausgewiesen werden kann. Aristoteles entwickelt in dem ersten Buch seiner Politik ein ontologisches Argument. Es besagt, dass der Staat (*polis*) ursprünglicher (*proteron*) ist als jeder Einzelne (*hekastos hémón*), weil der Staat ein Ganzes und der Einzelne sein Teil ist, und weil zugleich gilt, dass das Ganze notwendigerweise (*anankaion*) ursprünglicher ist als sein Teil (*meros*).[12] Jenes *proteron* ist also nicht zeitlich gemeint und verweist daher nicht auf den eher trivialen Umstand, dass der Staat da war, bevor ich geboren wurde, sondern es bezeichnet eine ontologische Priorität. Daraus geht für Aristoteles hervor, dass der aus dem Staat herausgetretene Einzelne einem aus dem Ganzen des Organismus entfernten Glied gleich ist. Die von dem Leib entfernte Hand oder die Hand einer Statue sind dann nur nominal als Hände zu bezeichnen, weil sie die der Hand eigentümliche Funktion nicht mehr oder gar nicht erfüllen können.[13] So könnte man *per analogiam* sagen, dass der aus der Polis entfernte Mensch seine Funktion nicht erfüllen kann. Bestünde nun die dem Menschen eigentümlichste Funktion darin, die Menschheit in sich zu realisieren und seine Persönlichkeit zu entfalten, so müsste gesagt werden, dass der Mensch außerhalb der Polis nicht Person und auch Mensch nur uneigentlich genannt werden kann. Nun setzt die Entfaltung der eigenen Persönlichkeit offenbar die Freiheit des Willens voraus. Daraus müsste gefolgert werden, dass der Mensch außerhalb der Polis die Freiheit seines Willens gar nicht zum Ausdruck bringen kann und sie daher nur *in potentia* bleibt. Auf diese Weise könnte die Begründung der Hegelschen These, dass nur der Staat die Freiheit des Einzelnen garantieren kann, anhand der Interpretation des soeben vorgestellten ontologischen Arguments von Aristoteles entfaltet werden. Dieser Zusammenhang soll hier jedoch nicht weiter verfolgt werden.

Es lässt sich zeigen, dass Hegel bereits in seinen frühen Fragmenten das Verhältnis des Staates und des Einzelnen nach dem Modell der ontologischen Relation des Ganzen und des Teils interpretiert hatte.[14] Wenn man jetzt Hegels Hauptargument gegen die vertragstheoretische Auffassung des Staates mit hinzunimmt, dass sie nämlich den Staat als zusammengesetzt aus einzelnen Willen denkt,[15] oder mit anderen Hegelschen Worten, „die Stärke des Ganzen aus der Harmonie seiner Glieder hervorgehen macht",[16] so wird klar, dass Hegel in der Tat die Aristotelische ontologische Begründung des Staates vor

12 Aristoteles, Pol. I, 1253a 18-20. Zit nach der Ausgabe von W. D. Ross, *Aristotelis Politica*, 12. Auflage, Oxford 1992.

13 Ebd., 1253a 20-25.

14 Vgl. TWA 1, 456.

15 Vgl. TWA 7, 400.

16 Ebd., 19.

Augen stand. Hegel ging es also darum, eine Staatstheorie zu entwickeln, die zeigt, dass der Staat ein Ganzes ist, das seinen Gliedern so vorhergeht, dass ihre Harmonie in diesem Ganzen garantiert ist. Die entgegengesetzte Möglichkeit, nämlich das Ganze aus seinen Gliedern hervorgehen zu lassen, oder genauer: die Effektivität des Ganzen in der Harmonie seiner Glieder begründet zu sehen, wird von Hegel explizit ausgeschlossen. Der Staat als der in der Welt stehende Geist ist für Hegel daher ursprünglicher als der Geist des Einzelnen; er entsteht nicht aus der Zusammenfassung der einzelnen Willen, und der Einzelne kann nur innerhalb des Staates seine Funktion erfüllen. Diese scheint für Hegel darin bestehen zu müssen, die Freiheit seines Willens zu realisieren. Denn selbst Geschichte interpretiert ja Hegel bekanntlich in den *Vorlesungen über die Philosophie der Weltgeschichte* als ein Fortschritt in dem Bewusstsein der Freiheit.[17] Wenn zugleich gilt, dass die Freiheit die substantielle Bestimmung des Geistes ist,[18] also die ihn definierende Eigenschaft, dann ist zu sagen, dass die Weltgeschichte eine fortschreitende Realisierung der Substanz des Geistes ist. Und in diesem Zusammenhang muss darauf hingewiesen werden, dass Hegel zufolge dieser Zweck der Weltgeschichte erst dann erreicht ist, wenn ein jeder Einzelne die Freiheit seines Willens realisiert hat.[19] Anders gewendet: Ein jeder Einzelne muss *wirklich* frei geworden sein, wenn der Geist den Zweck der Weltgeschichte erreicht haben soll.

Der Staat kann nun insofern als Garant für die Realisierung der Freiheit des Einzelnen angesehen werden, als in ihm die Harmonie seiner Glieder a priori vorgesehen ist, weil er als das Ganze den Einzelnen, seinen Gliedern, ontologisch vorangeht und auf ihre Zusammensetzung daher nicht reduziert werden kann. Man kann sich hier einfach ein Argument denken, welches besagt, dass die Realisierung der Freiheit des Einen mit Bezug auf die Realisierung der Freiheit eines Anderen Einzelnen dadurch möglich ist, dass aus ihrer Verbindung kein Widerspruch folgt. Dadurch ist natürlich noch nicht klar geworden, wie die Harmonie der Glieder in dem Ganzen des Staates genauer gedacht werden soll. Und schon gar nicht sind damit die Bedingungen angegeben worden, die bei der Realisierung der Freiheit des Einzelnen, die offenbar zugleich die Realisierung des Staates als der a priori vorgesehenen Harmonie der Glieder ist, ins Spiel kommen.

Man kann sagen, dass es die Aufgabe der *Rechtsphilosophie* ist, diesen Zusammenhang *in concreto* zu entwickeln und auf Begriffe zu bringen. So führt Hegel im § 258 der *Rechtsphilosophie* aus, wie das Verhältnis des Einzelnen zu dem in der Welt stehenden Geist zu fassen ist: sie bilden eine substantielle Einheit derart, dass der Staat als der substantielle, d. h. allgemeine Wille seine Wirklichkeit in dem Selbstbewusstsein des Einzelnen hat, dies aber nur dann, wenn dieses Selbstbewusstsein zu der Allgemeinheit des substantiellen Willens erhoben ist, d. h. dann, wenn das einzelne Selbstbewusstsein die Angelegenheiten des Staates als seine eigenen übernimmt. Die höchste Pflicht des

17 Vgl. Hegel, *Vernunft in der Geschichte*, a.a.O. (Anm. 1), 40.

18 Ebd., 41.

19 Ebd.

Einzelnen ist es daher, Mitglied des Staates zu sein.[20] Und bereits im § 257, in dem Hegel die Definition des Staates einführt, führt Hegel aus, dass *an dem* Selbstbewusstsein des Einzelnen der Staat als der sittliche, substantielle Wille seine vermittelte Existenz hat. Das Selbstbewusstsein des Einzelnen hat wiederum in dem Staat seine substantielle Freiheit.[21]

Das Verhältnis des Staates als in der Welt stehenden Geistes und des Selbstbewusstseins des Einzelnen ist also keineswegs als ein *Subsidiaritätsverhältnis*, sondern vielmehr als ein *Komplementaritätsverhältnis* zu verstehen. Wenn also die Religion es dem Glaubenden nahelegt, sich mit Bezug auf die Angelegenheiten des Staates gleichgültig zu verhalten, so geht sie darauf aus, die im Staat vorgesehene Harmonie der einzelnen Willen, die ihnen ihrem ontologischen Ursprung nach vorangeht, in Frage zu stellen. Damit wird aber auch die substantielle Freiheit des Einzelnen in Frage gestellt. Hegel macht selbst explizit darauf aufmerksam, dass die „härteste" Unfreiheit entstehen kann, wenn die Religion den Anspruch erhebt, die Funktion des Staates zu übernehmen.[22] Im Sinne der soeben vorgeschlagenen Unterscheidung lässt sich sagen, dass in diesem Fall der Staat aus dem Komplementaritätsverhältnis in ein Subsidiaritätsverhältnis tritt.

2. Religion als sittliche Grundlage des Staates

Aus den soeben entwickelten Überlegungen geht hervor, dass Hegel in der *Rechtsphilosophie* Religion in der institutionalisierten Gestalt der Kirche meint, denn sie wird als eine gesellschaftliche Institution in Anspruch genommen, die auch ein entsprechendes Dasein führt. Nur als eine solche kann sie versprechen, „Trost gegen Unrecht" und „Hoffnung zum Ersatz des Verlustes" zu bieten, und zwar dort, wo alle anderen Mittel versagt haben, nämlich in der Zeit des öffentlichen Elends. Dass diese Versprechung von dem absoluten Geist erfüllt werden muss, ändert nichts daran, dass die Religion, insofern sie dies verspricht, eine gesellschaftliche Institution ist, weil sie damit offenbar verspricht, gesellschaftliche Probleme lösen zu können.

Hegel stellt dies in einer Formulierung heraus, die ganz explizit den systematischen Kontext seiner Bestimmung zum Ausdruck bringt: „Insofern aber die kirchliche Gemeinde Eigentum besitzt, sonstige Handlungen des Kultus ausübt und Individuen dafür im Dienste hat, tritt sie aus dem Inneren in das Weltliche und damit in das Gebiet des Staats herüber und stellt sich dadurch unmittelbar unter seine Gesetze".[23]

Es ist nun unproblematisch einzusehen, dass, sofern die Religion als Gemeinde und damit als gesellschaftliche Institution auftritt, sie sich nicht mehr darauf berufen kann,

20 Vgl. TWA 7, 399.
21 Vgl. ebd., 398.
22 Vgl. ebd., 416.
23 Ebd., 421.

das Bewusstsein der absoluten Wahrheit zu sein. Denn insofern sie aus dem Inneren in das Weltliche herübertritt, d. h. die subjektive Überzeugung, das Bewusstsein der absoluten Wahrheit zu sein, in die objektive Form einer gesellschaftlichen Institution überführt, geht es um ihr Verhältnis zu der Institution des Staates, mit Bezug auf die sie als eine bessere Alternative auftritt. Die Überzeugung davon, das Bewußtsein der absoluten Wahrheit zu sein, kann nämlich nur im Bereich des je eigenen Inneren zur Geltung gebracht werden, das „als solche nicht das Gebiet des Staates ausmacht."[24] Religion als Kirche hat sich wiederum den Gesetzen des Staates zu unterwerfen, denn der Staat ist im Unterschied zu der bloß subjektiven Gültigkeit der religiösen Überzeugung das Wissende. Der Grund für diese Argumentation ist bereits erwähnt worden. Er besteht in dem Begriff des Staates als dem Begriff von dem in der Welt stehenden Geist.

Hegel ist sich jedoch der Gefahr bewusst, dass seine Bestimmung des Verhältnisses von Staat und Religion zu einseitig ausfallen würde, wenn er bei dem oben Gesagten stehen bliebe. Außerdem ist zu fragen, wie denn der Einzelne zu der Einsicht gebracht werden kann, dass in den Gesetzen des Staats die Interessen des Geistes verkörpert sind, wenn sie ihm nicht von außen aufgezwungen werden darf. Es wäre naheliegend, zu meinen, dass dies anhand seines Glaubens an den absoluten Geist als Urheber der Welt und somit kraft eines autonomen Aktes der Glaubensübernahme erfolgt. Es ist zu fragen, ob dies die Hegelsche Perspektive ist.

Hegel macht darauf aufmerksam, dass Religion als das Bewusstsein der absoluten Wahrheit den Ort enthalte, „der in aller Veränderung und in dem Verlust wirklicher Zwecke, Interessen und Besitztümer das Bewußtsein des Unwandelbaren und der höchsten Freiheit und Befriedigung gewährt".[25] In dieser Perspektive ist die Religion diejenige Grundlage, „welche das Sittliche überhaupt und näher die Natur des Staats als den göttlichen Willen enthält".[26] *Das Bewusstsein der absoluten Wahrheit ist das Bewusstsein des Unwandelbaren.* Genauer gesagt: das religiöse Bewusstsein ist deshalb das Bewusstsein der absoluten Wahrheit, weil es das Bewusstsein des Unwandelbaren ist. Als solches ist es dem Bewusstsein der Welt der Erfahrung geradezu entgegengesetzt. So entsteht in dem Geist des Einzelnen eine Entzweiung, denn er ist auf der einen Seite als das Bewusstsein der stets wandelnden Welt der Erfahrung und auf der anderen Seite als das Bewusstsein der absoluten unwandelbaren Wahrheit zu charakterisieren.

Die wichtigste Hegelsche These lautet aber, dass mit Bezug auf dieses absolute Wissen sittliche Pflichten jeder Art auch absolut verbindlich sind,[27] weil sie als Gebote des absoluten Geistes angesehen werden. Trotzdem soll dieses Bewusstsein nicht als die Quelle angesehen werden, in der „Trost gegen das Unrecht" und „Hoffnung zum Ersatz des Verlustes" gesucht werden soll, wenn dies ein Verzicht auf die weltlichen Verhält-

24 Ebd., 422.
25 Ebd., 417.
26 Ebd.
27 Ebd.

nisse nach sich ziehen sollte. Es fragt sich also, wie die vorgestellte Verbindlichkeitsthese zu interpretieren ist.

Hegel hat bereits in seinen frühen Berner Manuskripten zunächst mit Bezug auf die Natur des Menschen folgendes herausgestellt: „Die menschliche Natur ist so eingerichtet, daß das, was in der Lehre von Gott praktisch ist, was ihm zu Triebfedern, zu Handlungen, zur *Quelle der Erkenntnis der Pflichten* und zur Quelle des Trostes werden kann, sich dem unverdorbenen Menschen bald darbietet".[28]

Die menschliche Natur ist also so beschaffen, dass ein ‚unverdorbener' Mensch, zu dessen Begriff Hegel zufolge auch zu gehören scheint, an Gott zu glauben, sofort einsieht, dass die praktischen Implikationen seiner Religion ‚Quelle der Erkenntnis' und damit auch Anerkennung seiner Pflichten sind.

Dass die als Forderungen Gottes angesehenen Gesetze, die man als anerkannte Pflichten interpretieren kann, eine höhere Gültigkeit und damit auch moralische Verbindlichkeit erlangen, hat Hegel auch schnell eingesehen. Ein Beleg dafür liegt wieder in dem Text der frühen Berner Manuskripte enthalten. So ist es einer Stelle zufolge eine Implikation des Religionsbegriffs,

> „daß sie nicht bloße Wissenschaft von Gott, sondern daß sie das Herz interessiert, daß sie einen Einfluß auf unsere Empfindungen und auf die Bestimmung unseres Willens hat, – *indem* teils *unsere Pflichten und die Gesetze einen stärkeren Nachdruck dadurch erhalten, daß sie als Gesetze Gottes uns vorgestellt werden*; teils indem die Vorstellung der Erhabenheit und der Güte Gottes gegen uns unser Herz mit Bewunderung und mit Empfindungen der Demut und der Dankbarkeit erfüllt".[29]

Den daraus folgenden Schluss formuliert Hegel wie folgt: „Die Religion gibt also der Moralität und ihren Beweggründen einen neuen erhabeneren Schwung, sie gibt einen neuen stärkeren Damm gegen die Gewalt der sinnlichen Antriebe ab".[30]

Beim Übertritt der Gesetze hat daher der Glaubende als Bewusstsein der absoluten Wahrheit mit ganz anderen Sanktionen zu rechnen als derjenige, dessen Bewusstsein das Bewusstsein der absoluten Wahrheit gerade nicht ist. Nimmt man nun an, dass der Staat als Gemeinschaft von einzelnen Willen aufgefasst werden kann, deren Verhältnisse durch das System der wechselseitigen Pflichten geregelt werden, so wird klar, dass der Staat dann besser funktioniert, wenn das Bewusstsein der Einzelnen durch das Bewusstsein der absoluten Wahrheit definiert ist. Denn der Einzelne als das Bewusstsein der absoluten Wahrheit wird allen ihm auferlegten Pflichten schon deshalb besser Rechnung tragen als derjenige Einzelne, bei dem das nicht der Fall ist, weil er überzeugt ist, dass

28 Vgl. TWA 1, 10.
29 Ebd., 11-12.
30 Ebd., 12.

er sie mit dem autonom vollzogenen Akt seines Glaubens mit übernommen hat, oder genauer gesagt, dass er mit seinem Glaubensakt zugleich auch die Quelle der Gültigkeit seiner Pflichten eingesehen hat.

Es ist insbesondere der zweite Teilsatz der zuletzt zitierten Aussage, der auf den systematischen Kontext der Hegelschen Überlegung hinweist. Dieser Kontext ist durch die Kantische praktische Philosophie umrissen. Die Religion gibt einen stärkeren ,Damm' gegen die sinnlich bedingten Handlungsmotivationen ab als, so könnte man die Aussage ergänzen, diejenigen Handlungsmaximen, die allein den im kategorischen Imperativ vorgeschriebenen Verallgemeinerungstest bestanden haben, weil unsere Pflichten dadurch einen höheren Gültigkeitsgrad erhalten, „daß sie als Gesetze Gottes uns vorgestellt werden". Und hier ist es nicht schwer, den Einfluß der in der *Kritik der praktischen Vernunft* entwickelten Kantischen Postulatenlehre zu erkennen. Insbesondere das zweite Postulat des Daseins Gottes ist in den Hegelschen Überlegungen offenbar präsent.

Kant zufolge ist es in praktischer Hinsicht notwendig, das Dasein Gottes anzunehmen, weil nur kraft dieser Annahme ein Zusammenhang der Sittlichkeit mit der Glückseligkeit garantiert werden kann. Also stellt die Annahme des Daseins Gottes eine höhere Motivation zur sittlichen, dem kategorischen Imperativ entsprechenden Handlung dar als der kategorische Imperativ selbst, denn Menschen als endliche Intelligenzen streben nach Glückseligkeit, deren Verbindung mit dem sittlichen Handeln durch die Annahme der höchsten Intelligenz garantiert ist. Dabei handelt es sich um eine Garantie, die nur postuliert werden kann, weil der Gedanke des Daseins Gottes allein in der reinen Vernunft wurzelt. Dieser Gedanke enthält jedoch den höchsten Bestimmungsgrund des Willens, weil es mit dem Bewusstsein unserer Pflicht unmittelbar verbunden ist, das höchste Gut in der Welt hervorzubringen und zu befördern.[31] Es geht also um das Bewusstsein, dass durch die sittlichen Handlungen die beste Welt geschaffen wird, d.h. eine solche Welt, in der garantiert ist, dass alles erlittene Unrecht ausgeglichen wird, denn nur unter dieser Bedingung kann Glückseligkeit erreicht werden als derjenige Zustand des sittlich Handelnden, „dem es, im Ganzen seiner Existenz, *alles nach Wunsch und Willen* geht".[32]

Es ist dieser Kantische Gedanke, den Hegel innerhalb seiner Staatstheorie anwendet. Daran ändert auch die Tatsache nichts, dass Hegel die Kantische Postulatenlehre kritisiert hat, indem er schon in seiner Berner Zeit darauf aufmerksam gemacht hat, dass die Kantischen Postulate als Gedanken der reinen Vernunft zur Handlungsmotivation nicht hinreichend sind, sondern dass sie durch entsprechende „Data für die Einbildungs-

31 Vgl. Immanuel Kant, *Kritik der praktischen Vernunft*, hg. von H. D. Brandt und H. F. Klemme, Hamburg 2003, 167-169. Dieser Kantische Gedanke scheint mir z. B. in dem § 129 der Hegelschen *Rechtsphilosophie* wieder aufgenommen worden zu sein.

32 Ebd., 167.

kraft“ unterstützt sein müssen.[33] Die gemeinte Anwendung sieht nun so aus, dass der religiöse Glaube an den absoluten Welturheber zwar den Pflichten des Einzelnen eine höhere Gültigkeit verschafft, von dem Glaubenden jedoch nicht als diejenige Instanz interpretiert werden soll, die sein Interesse um die wirklichen Verhältnisse der Welt seiner Erfahrung ersetzen könnte. Es geht nur um den mit dem Akt des Glaubens mitvollzogenen Akt der Einsicht in den Ursprung der sittlichen Pflichten, die als solche keine Hoffnung auf Wiedergutmachung des erlittnen Unrechts und der Verluste im ‚Jenseits‘ impliziert, sondern nur eine Basis für die Hervorbringung der besten Welt schafft, die immer diese Welt ist. So hat es auch Kant gedacht. Denn es wäre offensichtlich eine falsche Interpretation des Kantischen zweiten Postulats, wenn man es als ein Versprechen verstehen wollte, dass im Jenseits ‚endlich‘ alle Hoffnungen und Wünsche erfüllt werden, die im Diesseits, aus welchen Gründen auch immer, nicht erfüllt werden konnten.

Außerdem ist darauf aufmerksam zu machen, dass mit dem kategorischen Imperativ, der in Bezug auf unsere Handlungsmaximen eine Rücksicht auf den allgemeinen Willen vorschreibt, ohnehin eine Universalperspektive verbunden war, die für Hegel in dem Begriff des Staates von vornherein implizit war. So lag es für Hegel nahe, hier eine Konsequenz zu ziehen. Ihm ging es offensichtlich darum, dass die Annahme des Daseins Gottes in der Gestalt des Glaubens, der von dem einzelnen Willen autonom vollzogen worden ist, Implikationen mit sich führt, welche die Verbindung derjenigen Universalperspektive, welche die sittliche Handlung konstituiert, mit dem in dem Begriff des Staates enthaltenen Begriff des allgemeinen Willens garantieren. In den *Vorlesungen über die Philosophie der Weltgeschichte* stellt Hegel dies mit unzweideutigen Worten heraus:

> „Unter den Gestalten dieser gewußten Vereinigung steht die Religion an der Spitze. In ihr wird der existierende, der weltliche Geist sich des absoluten Geistes bewußt, und in diesem Bewußtsein des an und für sich seienden Wesens entsagt der Wille des Menschen seinem besondern Interesse; er legt dieses auf die Seite in der Andacht, in welcher es ihm nicht mehr um Partikuläres zu tun sein kann“.[34]

Hegel lehnt dabei explizit die Vorstellung ab, dass die Anerkennung der Interessen des absoluten Geistes von dem einzelnen Willen und damit die Unterwerfung seiner besonderen Interessen unter die Interessen der Allgemeinheit, die in dem Bewusstsein ‚des an

33 Vgl. TWA I, 196. Mit der Kantischen Postulatenlehre hat sich Hegel sehr früh auseinandergesetzt. Aus einem Brief Hegels vom 16. April 1795 an Schelling geht hervor, dass Hegel das Studium der Kantischen Postulatenlehre ungefähr seit Anfang 1795 aufgenommen hatte, wobei er damals „Vom Kantischen System und dessen höchster Vollendung [...] eine Revolution in Deutschland“ erwartete. Zit nach der Ausgabe in den „*Materialien zu Schellings philosophischen Anfängen*“, hg. von M. Frank und G. Kurz, Frankfurt a. M. 1975, 128.

34 Vgl. Hegel, „*Vernunft in der Geschichte*“, a.a.O. (Anm. 1), 104.

und für sich seienden Wesens' zum Ausdruck kommen, aus Gottesfurcht erfolgen könnte.[35] Somit muss es sich also, wie bereits mehrmals betont, um einen mit dem Bewusstsein der Freiheit erfolgten Akt der autonomen Übernahme und Anerkennung handeln.

Es ist wichtig, darauf aufmerksam zu machen, dass Hegel der Auffassung war, dass der allgemeine Geist oder das, was Hegel den Weltgeist nennt, mit Gott nicht identifiziert werden kann. Denn ganz im Gegenteil: Es gibt zwischen beiden einen Unterschied derart, dass der Gott als das Vernünftige in dem Weltgeist enthalten ist als diejenige Funktion, die den Prozess der seinem Begriff entsprechenden Realisierung des Weltgeistes regelt. So muss Gott so aufgefasst in dem einzelnen Geist enthalten sein als das Vernünftige, d.h. als diejenige Funktion, die den Prozess regelt, „wodurch der Geist den wahrhaften *Begriff seiner selbst für sich* produziert".[36]

Hegels Konzeption enthält offenbar zwei alles andere als selbstverständliche Voraussetzungen, die erfüllt sein müssen: Erstens muss der Einzelne seinerseits seinen Glaubensakt in sich selbst autonom entwickelt haben. Zweitens darf ihm nicht nahe gelegt werden, dass die Interessen des Staates im Widerspruch zu seinen eigenen Interessen stehen. Insbesondere die zweite Voraussetzung hat Hegel explizit zum Thema gemacht, indem er darauf aufmerksam gemacht hat, dass die Religion es dem Glaubenden nahe legt, sich gegenüber dem Weltlichen überhaupt gleichgültig zu verhalten. Denn damit legt sie gerade dem Glaubenden nahe, dass die Interessen des Staates nicht seine Angelegenheit sind, sofern er das Bewusstsein der absoluten Wahrheit ist. Es ist nicht belanglos, dass Hegel gerade aus dieser Perspektive den Unterschied der Religion vom Staat festzusetzen sucht. Hegels These besagt, die Religion sei zwar aus dem angeführten Grund die Grundlage der sittlichen Natur des Staates, aber auch nichts mehr als *nur* die Grundlage. Wie ist das gemeint?

Dies wird deutlich, wenn man an Hegels weitere Bestimmung des Staatsbegriffs im § 270 der Rechtsphilosophie erinnert. So heißt es jetzt: Der Staat sei „*göttlicher Wille als gegenwärtiger, sich zur wirklichen Gestalt und Organisation einer Welt entfaltender Geist*".[37] Der Staat ist also nicht nur ein in der Welt stehender Geist, sondern genauer gesagt derjenige Geist, dessen Wille in der Welt zur Wirklichkeit geworden ist und der sich in der Welt entfaltet hat. In diesem Zusammenhang kommt ein anderes ontologisches Argument ins Spiel, das Hegel von Aristoteles übernommen hat. Es besagt, dass die Wirklichkeit (*energeia*) besser ist als die bloße Möglichkeit (*dynamis*). Hegel drückt diese Überzeugung in der Formulierung aus, dass die Wirklichkeit als der konkrete Gedanke die Möglichkeit als ein abstraktes Moment enthält.[38] Die Wirklichkeit kommt als Negation der Möglichkeit zustande und schließt sie daher in sich selbst als ihr in-

35 Ebd., 107.

36 Ebd., 278, Hervorhebung von mir, J. K.

37 Ebd., 417-418. Hervorhebung von mir, J. K.

38 G. W. F. Hegel, *Enzyklopädie der philosophischen Wissenschaften im Grundrisse*, § 143, Zusatz.

ternes Moment ein, und zwar insofern, als die Möglichkeit in die Wirklichkeit aufgehoben ist. Insofern die Möglichkeit zur Wirklichkeit geworden ist, ist ihr Gegenteil ausgeschlossen: Sie kann nicht zu ihrem Gegenteil werden, was nicht ausgeschlossen werden konnte, solange die Möglichkeit bloße Möglichkeit war. Hegel benutzt also dasselbe Argument wie Aristoteles, dass nämlich die Wirklichkeit deswegen besser ist als die Möglichkeit, weil sie nicht mehr ihr Gegenteil einschließt.

Diese ontologische Grundüberzeugung Hegels kommt offenbar in dem betrachteten Kontext ins Spiel. Während also die Religion als bloße Möglichkeit die Grundlage der Verwirklichung des Geistes darstellt, ist der Staat der verwirklichte Geist selber. Dieses ontologische Argument ist offensichtlich gemeint, wenn Hegel sagt: „Diejenigen, die bei der Form der Religion gegen den Staat stehen bleiben wollen, verhalten sich wie die, welche in der Erkenntnis das Rechte zu haben meinen, wenn sie nur immer beim Wesen bleiben und von diesem Abstraktum nicht zum Dasein fortgehen.“[39]

Der religiöse Glaube an den absoluten Geist als den Urheber der Welt stellt daher mit Bezug auf seine Verwirklichung im Staat nur ein Abstraktum dar, während der Staat das Dasein des absoluten Geistes, d.h. seine Verwirklichung (*entelecheia*) ist.[40] Hieraus ist auch ersichtlich, warum Hegel sagen kann, die Gesetze des Staates seien „das Objektive und Allgemeine“. Ist nun die religiöse Überzeugung bloß von einer subjektiven Gültigkeit, dann kann Hegel zu Recht fordern, dass die Religion sich den Gesetzen des Staates ohne weiteres unterwerfen soll, und zwar genau dann, wenn sie als eine gesellschaftliche Institution auftritt. Diese Argumentation wäre jedoch sinnlos, wenn die Religion allein als innere Glaubensgesinnung betrachtet würde, weil sie als solche noch gar keine Konkurrenz gegenüber der Institution des Staates darstellen kann. Auf der anderen Seite verwandelt die Institutionalisierung der Religion die innere und damit subjektive Überzeugung keineswegs in ein objektives Wissen.

In der Hegelschen Argumentation ist also Religion als kirchliche Gemeinde gemeint, d. h. es ist diejenige Form der Religion gemeint, die Eigentum besitzt, Handlungen des Kultus ausübt und Individuen dafür im Dienst hat. An dem Hegelschen Text lässt sich also bewahrheiten, was in der systematischen Perspektive ohnehin klar ist, dass nämlich in der Rechtsphilosophie keine inneren Einstellungen, mentalen Zustände und dgl. mehr, sondern das wechselseitige Verhältnis von gesellschaftlichen Institutionen zu untersuchen ist. In diesem Zusammenhang war Hegel, wie gezeigt, der Auffassung, dass der absolute Geist in der organischen, nicht mechanischen Einheit des Staates und nicht in der subjektiven Überzeugung des Einzelnen verwirklicht ist. Deswegen ist es eine Pflicht des Einzelnen, sich im Bezug auf das Weltliche, das in der Institution des Staates mit Bezug auf den Einzelnen eine objektive gesellschaftliche Form erlangt, nicht gleichgültig zu verhalten, und zwar insofern, als dies Verhalten als dasjenige eines freien Menschen angesehen werden soll. Daraus ergibt sich ein Konflikt, den Hegel in der

39 TWA 7., 418 (Rph, § 270, Erl.).
40 Vgl. TWA 2, 447-448.

Phänomenologie des Geistes an dem Beispiel von Antigone darstellt. Dort handelt es sich jedoch um einen Konflikt von zwei Gestalten des Bewusstseins. Sobald jedoch diese Gestalten des Bewusstseins eine objektive Form der gesellschaftlichen Institution annehmen, ist der Konflikt zugunsten derjenigen Institution gelöst, deren objektive Form auch eine objektive Grundlage des Wissens und gerade keine bloß subjektive Überzeugung ist. Eine solche Institution ist für Hegel offensichtlich der Staat.

3. Bestimmung des Verhältnisses von Staat und Religion in der Enzyklopädie

Die Analyse der Hegelschen Bestimmung in dem systematischen Kontext der *Enzyklopädie* soll auf ein einziges Argument beschränkt werden. Dieses Argument zeigt, wie das Verhältnis der *Rechtsphilosophie* zur *Enzyklopädie* zu verstehen ist. Hegel beginnt seine Untersuchung des Verhältnisses von Staat und Religion in der *Enzyklopädie* mit dem Hinweis darauf, dass das Selbstbewusstsein die Gewissheit seiner selbst in seinen zwei Momenten erlangt: in seinem Glauben und in seinem Gewissen. Dass es sich um zwei Momente ein und derselben Einheit handelt, folgt daraus, dass beide untrennbar sind, weil es zwei verschiedene Gewissen nicht geben kann, nämlich ein religiöses und ein sittliches, das von dem religiösen dem Inhalt und Gehalt nach verschieden wäre. Weil sie denselben Gehalt, d. h. denselben Gegenstandsbezug, haben, haben sie auch denselben Vorstellungsinhalt, d.h. den entsprechenden mentalen Zustand des Subjekts des Gewissens und des Glaubens.[41] Hegel formuliert diesen Zusammenhang, indem er sagt, dass der absolute Geist „der an sich seiende Inhalt der Religion" ist.[42] Das Bewusstsein des Einzelnen wird, insofern es als das Bewusstsein der absoluten Wahrheit charakterisierbar ist, auf den absoluten Geist als das Objekt seines Glaubensaktes bezogen und von ihm unterschieden. Auf diese Weise könnte Hegel den gemeinten Zusammenhang im Rekurs auf seine in der Einleitung zur *Phänomenologie des Geistes* entwickelte phänomenologische Grundoperation formulieren.

Nach diesem Hinweis macht Hegel weiter darauf aufmerksam, dass der Form nach jedoch, d. h. für das Denken, „dem religiösen Inhalte, als der reinen an und für sich seienden, also höchsten Wahrheit, die Saktionierung der in empirischer Wirklichkeit stehenden Sittlichkeit zu[kommt]; so ist die Religion für das Selbstbewußtsein die Basis der Sittlichkeit und des Staates".[43]

Dieser Aussage lässt sich unmittelbar der systematische Kontext entnehmen, in dem Hegel seine Bestimmung des Verhältnisses von Staat und Religion in der Enzyklopädie entwickelt. Es handelt sich um den Kontext seiner Selbstbewusstseinstheorie. Der reli-

41 Vgl. TWA 10, 355-356.
42 Ebd., 356.
43 Ebd.

giöse, in dem Glaubensakt enthaltene mentale Inhalt ist nun Hegel zufolge insofern von dem sittlichen, in dem Gewissen enthalten mentalen Inhalt verschieden, als der religiöse Inhalt für das Selbstbewusstsein die Grundlage („Basis“) seiner Sittlichkeit und damit des Staates darstellt. Beide Inhalte sind für das Selbstbewusstsein, weil sie ihm von ihm als seine eigenen in dem Akt des Glaubens und des Gewissens zugeschrieben werden.

Hegel scheint hier an seine These in der *Rechtsphilosophie* anzuknüpfen, die in dem ersten Teil analysiert worden ist. Diese These besagte, dass die Religion Grundlage, aber auch nur Grundlage des Staates sei, weil sie in Wahrheit nur die Möglichkeit des Staates ausmacht. Hegel führt hier noch eine weitere Überlegung aus, die oben bereits interpretiert worden ist. Diese Überlegung war folgende: Für das Bewusstsein des Einzelnen, wenn es als das Bewusstsein der absoluten Wahrheit charakterisierbar ist, haben die Gesetze des Staates eine andere Verbindlichkeit als für den Einzelnen, dessen Bewusstsein nicht das Bewusstsein der absoluten Wahrheit ist, weil er sie als Gebote des absoluten Geistes in einem autonom ausgeführten Glaubensakt als seine eigene mit übernommen hat. Diese Überlegung meint Hegel auch hier, indem er darauf hinweist, dass der religiöse Inhalt des Glaubensaktes eine sanktionierende Instanz mit Bezug auf die Sittlichkeit des Einzelnen darstellt, die für ihn bekanntlich keine bloße Einstimmung des Willens des Einzelnen mit dem kategorischen Imperativ, sondern dasjenige gesellschaftliche Dasein des Einzelnen bedeutet, das seinen Vollzug zunächst in der Familie, dann in der bürgerlichen Gesellschaft und schließlich im Staat als der höchsten Stufe der Sittlichkeit des Einzelnen hat. Ist aber der religiöse Inhalt sanktionierende Instanz mit Bezug auf die Sittlichkeit des Einzelnen, dann ist er zugleich auch die Grundlage des Staates. Die Pointe der Hegelschen Überlegung besteht nun offenbar darin, dass die Religion eben deswegen die bloße Grundlage oder Basis des Staates ist, weil sie allein *sanktionierende* Instanz mit Bezug auf die Sittlichkeit des Einzelnen und eben keine *ausführende* Instanz ist. Die ausführende Instanz ist vielmehr der Einzelne selbst. Er muss die Gesetze des Staates autonom als seine eigenen sittlichen Gebote übernehmen. Hegels These war in diesem Kontext die, dass eine zwingende Motivation zu dieser Übernahme eine Implikation des religiösen Bewusstseins der absoluten Wahrheit ist. Gesetze werden in diesem Fall als von dem absoluten Geist auferlegte Pflichten interpretiert. In diesem Sinne ist also Religion für Hegel Grundlage des Staates.

Fassen wir zusammen: Hegels Bestimmung des Verhältnisses von Staat und Religion in der *Rechtsphilosophie* und in der *Enzyklopädie* schließt keinen unüberwindbaren internen Widerspruch ein, ganz im Gegenteil: Es handelt sich um zwei verschiedene Bestimmungen, die jeweils in einer anderen Perspektive durchgeführt worden sind, wobei sie sich offensichtlich wechselseitig ergänzen: Die Religion ist zwar die Grundlage des Staates, aber der Staat ist wiederum die Verwirklichung desjenigen in der Welt stehenden Geistes, der zugleich den Gehalt des Glaubensaktes darstellt. Hegel hat versucht, diese zwei Momente als Einheit zu denken, ohne dass das eine auf das andere reduziert wird. Es ist auch für den Glaubenden die höchste Pflicht, Mitglied desjenigen Staates zu sein, dessen Gesetzgebung die einer bürgerlichen Gesellschaft und daher vom kanonischen Recht grundsätzlich verschieden ist. Diese Einheit ist gewährleistet, wenn der Glaubende einsieht, dass nicht nur die Institution der Familie, sondern auch die des säkularisierten Staates eine immanente Angelegenheit desjenigen Geistes ist, zu dem er sich in seinem ‚Inneren' – in seinem Bewusstsein – in ein Verhältnis setzt.

Hegel wollte offensichtlich zwei Extreme vermeiden. Das eine besteht darin, dass der Staat der Institution der Kirche unterworfen ist, das andere darin, dass das religiöse Bewusstsein innerhalb des säkularisierten Staates keinen Ort und keine Bedeutung mehr hat. Beide Extreme sind heute vorhanden: Auf der einen Seite gibt es Staaten, deren Gesetzgebung die einer Kirche ist, wobei die Freiheit des Einzelnen in ihnen nicht garantiert werden kann; auf der anderen Seite haben sich ‚Eleusinische Mysterien' in der christlichen Welt in die Feiertage des ungehemmten Konsums verwandelt, wobei der Geist aus ihnen entflohen ist. „Wie blind sind" aber „diejenigen, die glauben mögen, daß Einrichtungen, Verfassungen, Gesetze, die mit den Sitten, den Bedürfnissen, der Meinung der Menschen nicht mehr zusammenstimmen, aus denen der Geist entflohen ist, länger bestehen".[44] Institutionen jeglicher Art sind also Hegel zufolge dann geistlos, wenn sie dem lebendigen, sich dynamisch entwickelnden Bewusstsein der Menschen nicht mehr entsprechen. Als solche können sie nicht länger bestehen ...

Zum Schluss soll auf folgendes hingewiesen werden: Die Gefahr, die mit der Religion als der sittlichen Grundlage des Staates verbunden ist und aus Sicht der *Rechtsphilosophie* darin besteht, dass durch die institutionalisierte Religion dem glaubenden Einzelnen nahe gelegt wird, sich im Bezug auf das Weltliche gleichgültig zu verhalten, formuliert Hegel in der *Enzyklopädie* auch im systematischen Kontext seiner Selbstbewusstseinstheorie. Auf sie war oben bereits hingewiesen worden. Sie besteht jetzt darin, dass das Verhältnis des Selbstbewusstseins zu dem Inhalt der absoluten Wahrheit die Form der Unfreiheit annehmen kann. Dieses Verhältnis der Unfreiheit stellt eigentlich einen defizienten Modus desjenigen Verhältnisses dar, in dem das Selbstbewusstsein die Gewissheit seiner selbst gerade mit Bezug auf den Inhalt der absoluten Wahrheit erlangt. Dies ist Hegel zufolge dann der Fall, wenn das Selbstbewusstsein den Inhalt der Wahrheit als seine immanente geistige Substanz ansieht. Religion stellt Hegel zufolge die höchste Form der Vereinigung des Geistes des Einzelnen mit dem absoluten Geist dar, wobei der Ort, wo es zu dieser Vereinigung kommt, offensichtlich das Bewusstsein des einzelnen Geistes ist.[45] Dagegen, wenn dieses Verhältnis zu einem äußerlichen wird, wie in der katholischen Religion, in der Gott in der Hostie als ein äußerliches Ding präsentiert wird, so wird zugleich jenes Verhältnis zu einem unfreien, und zwar offenbar deshalb, weil das Selbstbewusstsein den Inhalt der absoluten Wahrheit als etwas auffasst, das zu ihm in dem Verhältnis eines starren Gegensatzes steht, dem es sich unbedingt zu unterwerfen hat.[46]

44 TWA 1, 269.

45 Vgl. Hegel, *Vernunft in der Geschichte*, a.a.O. (Anm. 1), 104.

46 Ebd., 356-357.

Es ist klar, dass man nicht ohne weiteres von der Richtigkeit der Hegelschen Grundlegung der Staatstheorie in der Metaphysik des absoluten Geistes überzeugt sein muss. Dasselbe gilt genauso mit Bezug auf seine Überlegungen über die Religion als sittliche Grundlage des Staates. Obwohl dies keine Vergottung des Staates nach sich zieht,[47] ist trotzdem klar, dass die Hegelsche metaphysische Auffassung des Staates dem heutigen Zeitgeist nicht entspricht. Das sagt allerdings über ihre Wahrheit überhaupt nichts aus, denn was hier allein zählt, sind Argumente und nicht irgendwelche Akkomodationen an den heutigen *common-sense*. In diesem Zusammenhang ist weiter darauf hinzuweisen, dass die Gefahr, auf die Hegel in beiden systematischen Kontexten aufmerksam macht, auch auf andere Institutionen, die in das Konkurrenzverhältnis zur Institution des Staates treten, zutreffen kann, und zwar gerade insofern, als sie sich als bessere Alternativen gegenüber dem Staat ausgeben und es dem Einzelnen nahe legen, sich gegenüber den weltlichen Angelegenheiten des Staates gleichgültig zu verhalten. Mit Bezug auf diese Gefahr verlieren Hegels Argumente nichts von ihrer Aktualität.

47 Dies hat bereits Shlomo Avineri zu zeigen versucht. Vgl. Avineri, „Der Staat – das Bewußtsein der Freiheit“, in: *Materialien zu Hegels Rechtsphilosophie*, hg. von M. Riedel, Frankfurt a. M. 1974, 393-414. Vgl. auch Joachim Ritter, „Moralität und Sittlichkeit“, in: ebd., 217-244. Ritter behauptet, dass der Irrtum, Hegel eine Vergottung des Staates zuzuschreiben, darauf beruhe, „daß Aufheben nicht als ‚Aufbewahren‘ begriffen wird und so der Staat, wie er am Ende steht, als Negation und Verschwinden des Anfangs erscheint.“ Vgl. ebd., 219.

Stefanie Ertz, Berlin

Umgekehrte Vorzeichen: Motive des ‚Theologisch-politischen Traktats' in Hegels ‚Geist des Christentums'

Spinozas *Theologisch-politischen Traktat* in eine historische Perspektive mit Hegels frühen theologischen Schriften zu rücken, mag auf den ersten Blick ein wenig merkwürdig anmuten. In der Tat könnten ihre Ausgangspunkte kaum gegensätzlicher sein. Dennoch scheinen sich gerade von dieser Gegensätzlichkeit her einige Eigentümlichkeiten der aufklärerischen Religionsphilosophie und speziell ihrer deutschen Entwicklung erhellen zu lassen.

Als polemischer Eingriff in die konfessionellen und staatskirchenrechtlichen Auseinandersetzungen des 17. Jahrhunderts ist der im Jahr 1670 anonym publizierte *Theologisch-politische Traktat* ein Meilenstein der rationalistischen theologischen und politischen Aufklärung. Mit dem Postulat, „daß die Freiheit zu philosophieren nicht nur unbeschadet der Frömmigkeit und des Friedens im Staate zugestanden [...], sondern daß sie nur zugleich mit dem Frieden im Staat und mit der Frömmigkeit selbst aufgehoben werden kann",[1] ist jedoch die argumentative Strategie des *Theologisch-politischen Traktats* keineswegs ausgeschöpft. Mit dem erklärten Ziel einer Überführung der biblischen Hermeneutik in eine ‚Naturgeschichte' der biblischen Offenbarung gilt das Interesse Spinozas zugleich der Dekonstruktion der christlichen Deutungshoheit über die biblische Überlieferung[2] als Voraussetzung einer fundamentalen intellektuellen Subversion des ‚theologisch-politischen Komplexes'[3] – ein Projekt, dessen Radikalität nicht nur Spinozas Zeitgenossen perhorrszierten, sondern dessen Abwehr, wie Hegel selbst schon in seinen *Fragmenten über Volksreligion und Christentum* polemisch vermerkt, noch die Kampflinien der theologisch-philosophischen Debatten des 18. Jahrhunderts bestimmt.

Hegels *Der Geist des Christentums und sein Schicksal* entstand in den Jahren 1798/99 als Abschluss einer sich in zahlreichen kleineren, zum großen Teil, wie auch der *Geist des Christentums* selbst, unveröffentlicht gebliebenen Fragmenten niederschlagenden theoretischen Auseinandersetzung mit der historischen Gestalt des Christentums und der Frage nach den Bedingungen seiner Positivierung, die dazu geführt habe, dass der

1 Untertitel des *Theologisch-politischen Traktats.* Baruch Spinoza, *Theologisch-politischer Traktat*, neu hg. v. G. Gawlick, Hamburg 1984 (im Folgenden zitiert als: TTP).

2 Spinozas Kritik gilt daher ebenso den rationalistischen ‚Dogmatikern' (im TTP vertreten durch Lodewijk Mejer, den cartesianischen Arzt und Verfasser des einflußreichen *Philosophia S. Scripturae Interpres*) wie den ‚Skeptikern', die in Fällen eines Widerstreites von Vernunft und Offenbarung die Unterwerfung unter die geglaubte Wahrheit empfehlen. Vgl. TTP, Kap. 15, S. 221 ff.

3 Den schönen Ausdruck hat Manfred Walther geprägt.

objektiv-dogmatische den subjektiven Gehalt auch und gerade da überwiege, wo ursprünglich das subjektive Moment – die ‚reine Morallehre' in den *Fragmenten über Volksreligion und Christentum*, die ‚schöne Subjektivität' im *Geist des Christentums* – gegen die zur Positivität erstarrte jüdische Gesetzesreligion gesetzt worden sei.

Insofern sie sich an der Grenze zwischen aufklärerischem und romantischem Religionsbegriff abarbeiten, bleiben Hegels frühe theologische Schriften einerseits ganz innerhalb des Spektrums möglicher Selbstauslegungen der christlichen Subjektivität im 18. Jahrhundert. Insofern Hegel aber zugleich – nicht anders als ein Jahrhundert vor ihm Spinoza – seine Kritik des zeitgenössischen Christentums in Form eines Rekonstruktionsversuches seiner historisch-politischen Entstehensbedingungen vorträgt und so der Frage nach dem objektiven und subjektiven ‚Geist des Christentums' eine, wie zu zeigen sein wird, doppelte historische Wendung gibt, markieren sie zugleich einen theoretischen Endpunkt, man könnte sagen: eine reflexive Wendung der aufklärerischen Religionsphilosophie, indem sie deren begriffliche Voraussetzungen selbst als spezifisch christliche Deutungskategorien kenntlich werden lassen.

Seit ihren Anfängen im Naturrecht des 17. Jahrhunderts ist die neuzeitliche politische Theologie zentral bestimmt durch einen Diskurs um Normativität und Historizität der biblischen Offenbarung im Spannungsfeld von Vernunftreligion, positiver Religion und Moral. Der politische und rechtliche Kontext der Naturrechtsdebatten bestimmt nicht nur die an den Deismus anschließenden frühaufklärerischen Konzeptionen einer Vernunftreligion und natürlichen Theologie, sondern setzt sich über die Religionsphilosophien der Aufklärung bis in die zweite Hälfte des 18. Jahrhunderts fort. Dieser Zusammenhang beginnt erst dort verdeckt zu werden, wo seine Rekonstruktion – v. a. dort, wo Säkularisierung selbst als innertheologischer Prozess verstanden wird[4] – jenen modernen, wesentlich auf moralische und ästhetische Innerlichkeit (Religiosität) reduzierten Religionsbegriff in ihn einliest, der selbst erst spätes historisches Resultat eines komplexen Transformationsprozesses der theologischen Begriffe ist.

Parallel zu und verschränkt mit der Entwicklung naturrechtlicher Begründungskonzeptionen des staatlichen Rechts vollzieht sich zugleich ein für den Übergang zur Moderne entscheidender Wandel im gesellschaftlich-politischen Funktionszusammenhang der Religion: der Übergang von einer Theorie und Praxis ihrer Institutionen qua Institutionen zum Modus der Regulierung des Verhältnisses der Einzelnen zu denselben – und damit mehr oder weniger unmittelbar zugleich zu denjenigen des Staates. Dies ebenso wie eine mit den Mitteln rationalistischer und historischer Offenbarungskritik betriebene Entpolitisierung der Theologie ist eine wesentliche Voraussetzung des modernen, subjektiven Religionsbegriffs, der sich im Laufe des 18. Jahrhunderts derart verfestigen wird, dass an dessen Ende die zunächst dogmenkritische Entgegensetzung von Religion

4 Vgl. etwa Hans-Erich Bödeker, *Die Religiosität der Gebildeten*, in: *Religionskritik und Religiosität in der deutschen Aufklärung*, hg. von K. Gründer und K. H. Rengstorf, Heidelberg 1989, 145-195.

und Theologie geradezu zu einem religionsphilosophischen Gemeinplatz geworden sein wird.[5]

Vielleicht ebenso entscheidend und politisch nicht weniger folgenreich ist jedoch, dass schon bei Grotius – dessen umfangreiche *Annotationes in Vetus et Novum Testamentum* zeitgenössisch nicht weniger einflussreich waren als seine natur- und völkerrechtlichen Schriften – die juristisch-hermeneutische Differenzierung zwischen den politischen Gesetzen des Alten und den moralischen Geboten des Neuen Testaments ihren apologetischen Ausdruck in der Gegenüberstellung von historischer Partikularität und überzeitlich Allgemeinem findet; einer Antithese, die – mit wechselndem politischen Inhalt gefüllt – eine untergründige Strukturkonstante in den religionsphilosophischen Debatten bis zu Kant und dem jungen Hegel bleiben wird.[6] Dies gilt nicht nur für diejenigen Konzeptionen einer natürlichen Religion, die, wie bei Pufendorf und Wolff, unmittelbar im Kontext der Naturrechtstheorie und funktional auf diese bezogen entwickelt werden, sondern auch für den moralischen Religionsbegriff des späten 18. Jahrhunderts.

Dabei werden diejenigen Topoi, die schon die naturrechtlichen Konzepte von Religion entscheidend bestimmen: die Anthropologisierung des Religionsbegriffs, die Unterscheidung von natürlicher und offenbarter Religion und die wechselseitige Abhängigkeit von natürlicher Religion und natürlicher Pflichtenlehre, weiterhin zugrunde gelegt, zugleich aber durch die zunehmende Ablösung von ihrem politischen und rechtlichen Kontext fungibel einerseits als sekundierende Elemente einer reinen Moralphilosophie, andererseits für apologetische Strategien einer philosophischen Rehabilitierung des Christentums als der wahren natürlichen Religion. So spricht noch Kants *Religionsschrift* nicht nur dem Judentum als bloßem Gesetzesglauben den Status einer Religion ab, sondern kehrt beiläufig das projüdische Motiv der Schriftbewahrung geradezu um und ratifiziert

5 So etwa Johann Gottlieb Fichte, *Versuch einer Kritik aller Offenbarung*, in: Werke, hg. von F. Medicus, Bd. 1, Leipzig 1911, 12: „Theologie (*λογία*) ist bloße Wissenschaft, tote Kenntnis ohne praktischen Einfluss; Religion aber (*religio*) soll der Wortbedeutung nach etwas sein, das uns *verbindet*, und zwar *stärker* verbindet, als wir es ohne dasselbe waren." – Wenn Marx (*Zur Judenfrage*, in: MEW 3, 356) vom Standpunkt des späten Hegel her feststellt, die Religion sei in der Neuzeit „aus dem öffentlichen Recht in das Privatrecht verbannt. Sie ist nicht mehr der Geist des *Staats*, wo der Mensch [...] sich als Gattungswesen verhält [...], sie ist zum Geist der *bürgerlichen Gesellschaft* geworden, der Sphäre des Egoismus [...]" – so ist festzuhalten, dass ‚Religion' im Übergang von der Frühomantik zum Idealismus sich gerade (wieder) als ein politisches Konzept hatte qualifizieren sollen, nämlich als ‚Volkreligion' oder nationaler Mythos; von welchem später mehr oder weniger verleugneten Standpunkt aus der junge Hegel schließlich erst zu seiner Kritik des Geistes der bürgerlichen Gesellschaft getrieben wird – um schließlich diesen subjektiven Geist wiederum im objektiven Geist des Staates mit sich zu versöhnen: eine Figur, die – Überwindung der Romantik – nicht mehr in Begriffen von Religion, sondern von Gott gedacht wird.

6 Vgl. dazu die in Kürze erscheinende Disssertation der Verf. *Naturrecht und göttliches Gesetz. Hermeneutische Transformationen bei Grotius, Hobbes und Spinoza.*

so den unangefochtenen hermeneutischen Primat universalisierter christlicher Moralbegriffe.[7]

Vor diesem problemgeschichtlichen Hintergrund nimmt es nicht wunder, dass Spinozas *Theologisch-politischer Traktat* für die Religionsphilosophie der Aufklärung nicht nur nicht anschlussfähig war, sondern geradezu verdrängt werden musste. Auch Spinoza gibt im 14. Kapitel des *Theologisch-politischen Traktats* – in Anlehnung an Herbert von Cherburys *notiones communes* der vernünftigen Religion – eine Aufzählung von insgesamt sieben fundamentalen ‚Grundlehren des Glaubens' als des vernünftigen, nämlich sowohl hermeneutisch eindeutigen wie widerspruchsfrei zu verallgemeinernden Kerngehaltes der biblischen Überlieferung.[8] Und auch für Spinoza handelt es sich bei diesen ‚Dogmen' um lediglich ‚moralische Gewissheiten', d. h. weder – bei denjenigen, die das Verhältnis Gottes zu den Menschen betreffen – um spekulative Sätze, noch – bei denjenigen, die die Pflichten der Menschen gegenüber Gott und den Nächsten betreffen – um Vorschriften mit unmittelbarem Gesetzescharakter, sondern um solche, die Glaube oder Gehorsam nur als subjektive, also moralische Verpflichtung begründen können. Der entscheidende Unterschied zu den zeitgenössischen wie den späteren Konzeptionen einer vernünftigen oder natürlichen Religion liegt jedoch darin, dass Spinoza das moralische Substrat der christlichen und jüdischen Überlieferung nicht aus einem Allgemeinbegriff von Religion deduziert. (Es ist charakteristisch für Spinozas konsequent historisch-politische Interpretation von Phänomen und Begriff der Religion, dass er nicht nur durch den Begriff der natürlichen Religion vermeidet, sondern von Religion überhaupt erst dort spricht, wo der Prozess der Auflösung der theokratischen Verfassung des jüdischen Staates beschrieben wird[9] – theokratischer Kult und Gesetz sind als unmittelbar politische Funktionen kategorial von Religion unterschieden; ähnlich wird der Begriff des Glaubens ausschließlich auf das Christentum angewandt.)

Vielmehr wird das Prinzip der Unterscheidung des Historischen und Partikularen der biblischen Religionen von ihrem – in den sieben Grunddogmen fixierten – Allgemeinen aus ihrer Entstehensgeschichte selbst entwickelt. D. h. aber, dass es sich bei diesem Unterscheidungsprinzip selbst um ein abgeleitetes, ein historisches Kriterium handelt oder um ein solches, das, nach der hermeneutischen Unterscheidung zwischen philosophischem Wahrheits- und historischem Sinngehalt der biblischen Überlieferung,[10] allein den letzteren kennzeichnet. Spinozas Definition der dogmatischen Grundlehren steht daher in engstem Zusammenhang mit der Rekonstruktion der Entstehens-, Entwicklungs- und Überlieferungsgeschichte der Religionen des Alten und Neuen Testaments. Ihr ist – in

7 Immanuel Kant, *Die Religion innerhalb der Grenzen der bloßen Vernunft*, Stuttgart 1974, 219f.

8 Vgl. Spinozas Bestimmung des ‚Hauptzwecks' der Schrift und seine Definition der Grunddogmen des biblischen Glaubens in TTP, Kap. 14, 221ff.

9 Vgl. TTP, Kap. 17, 274: „Wir ersehen daraus, wie die Religion in den hebräischen Staat eingeführt worden ist".

10 TTP, Kap. 7, 117; Kap. 12, 201.

ständiger Vermittlung mit der text- und überlieferungskritischen Reflexion – die erste Hälfte des *Theologisch-politischen Traktats* fast ausschließlich gewidmet. In jüngeren Interpretationen ist die religionsgeschichtliche Konzeption des *Theologisch-politischen Traktats* als ‚Evolutionstheorie von Gesellschaft, Staat und Recht' gekennzeichnet worden.[11] Abgesehen von den etwas problematisch scheinenden geschichtsphilosophischen Implikationen ist dies nicht nur insofern zutreffend, als Spinoza die wesentlichen Elemente seiner politischen und Naturrechtstheorie schon im *Theologisch-politischen Traktat* entwickelt, schließlich systematisch-politische und historische Argumentation in der Charakterisierung der hebräischen Staatsgeschichte kaum zu trennen sind.[12] Vielmehr erlaubt es die Entwicklung einer politischen Theorie in Form einer Religionsgeschichte nicht nur, den ‚systematischen Ort' der Religion im Staat zu bestimmen und so das religionspolitische Beweisziel der Notwendigkeit einer Trennung von Staat und Religion überlieferungsgeschichtlich zu verifizieren. Zugleich ermöglicht es die historische Relativierung des Christentums durch seine jüdische Vorgeschichte, den geschichtlichen Zusammenhang beider Religionen anhand exemplarischer historischer Konstellationen unter systematische politische Begriffe zu bringen.

Schon Leo Strauss hatte unterstellt, dass Spinozas Kritik des Alten Testaments sich zugleich exemplarisch, wenn nicht stellvertretend für eine ungleich riskantere und daher, nach Strauss, einer esoterischen Lesart vorbehaltene Kritik des Christentums lesen lasse.[13] Dafür spricht, dass die in eigentlichem Sinne historische Kritik: die Kritik der

11 Manfred Walther, „Institution, Imagination und Freiheit bei Spinoza. Eine kritische Theorie politischer Institutionen", in: *Politische Institutionen im gesellschaftlichen Umbruch*, hg. von G. Göhler u. a., Opladen 1990, 246. – Problematisch ist diese Interpretation, insofern sie dazu tendiert, Spinoza eine implizite Geschichtsphilosophie resp. zumindest einen ‚modernen' Geschichtsbegriff zu unterstellen und über diesen Umweg zugleich Naturrechts- und politische Theorie in religionsanthropologische Kategorien zu übersetzen; etwa M. Walther, „Biblische Hermeneutik und/oder theologische Politik bei Hobbes und Spinoza", in: *Hobbes e Spinoza. Scienza e Politica. Atti del Convegno Internazionale Urbino, 14-17 ottobre, 1988*, hg. von D. Bostrenghi, Napoli 1992, 645f.

12 Auf der naturrechtlichen Voraussetzung der Priorität der Gesellschaft vor dem Staat resp. einer Naturrechtstheorie, die mit der Vermittlung der Prinzipien von individuellem und gesellschaftlichem Selbsterhalt zugleich auf die Vermittlung der Konstitutionsprinzipien von Staat und Gesellschaft zielt, beruht im übrigen auch Spinozas Urteil über die alttestamentarische Theokratie, deren Scheitern, wie die Diskussion ihrer religiösen Gesetze nahelegt, gerade der willkürlichen Umkehr dieser rechtslogischen Ordnung geschuldet ist. Vgl. TTP, Kap. 17, 269 ff. – Daher auch die notwendigen Schwierigkeiten eines systematischen Vergleichs zwischen Religionsbegriff und politischer Konzeption bei Spinoza und Hobbes; vgl. Spinoza, *Briefwechsel*, hg. von C. Gebhardt, Hamburg 1955, 209: „daß ich im Unterschied zu Hobbes das Naturrecht [im Staat] immer unangetastet lasse."

13 „Ferner erklärt die politische und soziale Macht des Christentums, weshalb die Thematik des ‚Traktats' mehr jüdisch als christlich orientiert ist. [...] die ausdrückliche Argumentation [des ersten] Teiles [stützt sich] zwar hauptsächlich auf das Alte Testament [...] oder [ist] gegen es gerichtet, [...] die Schlußfolgerungen [sollen] jedoch auf die ‚Heilige Schrift', d. h. auf beide Testamente gleichermaßen angewandt werden". – „[...] daß ein jedes Kapitel des ‚Traktats' dazu dient, einen bestimm-

Überlieferung und Kanonisierung, die Kritik der supranaturalistischen Prämissen der christlichen Exegese, schließlich in politischer Hinsicht die Analyse der Verfallsmechanismen der theokratischen Verfassung, unmittelbar nur auf das Alte Testament angewandt wird. Aber nicht, wie Strauss' Interpretation es nahelegen wollte, eine esoterische Lehre über das Verhältnis von Philosophie und Macht,[14] sondern eine rationale politische Theorie ist der Subtext der religionshistorischen Argumentation des *Theologisch-Politischen Traktats*.

Spinozas Rekonstruktion der biblischen Überlieferung von der mosaischen Staatsgründung bis zur Entstehung des Christentums ist zugleich Rekonstruktion der politischen Geschichte des jüdischen Volkes und der historischen Transformation der besonderen Gesetzesreligion des Alten zur verallgemeinerten Morallehre des Neuen Testaments. In ihrem historischen Gehalt begriffen, bedeutet diese Transformation das Ende der politischen Religion. Denn die moralische Religion des Christentums ist sozusagen Resultat einer doppelten Negation: dem Untergang der jüdischen Theokratie an den Widersprüchen ihrer politischen Verfassung und der Erfahrung der Fremdherrschaft unter Ägypten, Babylon und Rom. Die institutionelle Trennung von Staat und Religion schreibt das Christentum dabei gerade dadurch fest, dass der entstehende Glaube mit einer unmittelbaren Form des Gehorsams assoziiert bleibt. Denn nicht primär durch den Gegenstand des Gesetzes unterscheiden sich jüdische und christliche Religion – auch das mosaische Gesetz enthält moralische Vorschriften –, sondern durch die Form seiner Geltung: diese ist im Christentum losgelöst von der unmittelbar politischen, staatskonstitutiven Funktion des mosaischen Gesetzes. Die christliche Verinnerlichung des Gesetzesgehorsams zur individuellen moralischen Pflicht erscheint so – nicht zuletzt im Rückgriff auf analoge Erscheinungen in der hebräischen Geschichte[15] – nicht als Aufhebung, sondern als Formwandel der jüdischen Gesetzesreligion unter den Bedingungen

ten orthodoxen Glaubenssatz zu widerlegen, während es alle anderen orthodoxen Glaubenssätze unangetastet läßt." Leo Strauss, „Anleitung zum Studium von Spinozas Theologisch-politischem Traktat", in: *Texte zur Geschichte des Spinozismus*, hg. von N. Altwicker, Darmstadt 1971, 350, 343.

14 Vgl. die abschließenden Anspielungen bei Strauss, *Anleitung*, a.a.O. (Anm. 13), 360 f.: „Dieser Teil der Lehre des ‚Traktats' [d. i. die politisch-praktischen Schlussfolgerungen aus der biblischen Geschichte] muß erst völlig aus sich heraus verstanden werden, ehe seine verborgene Lehre ans Licht gebracht werden kann."

15 „Die christliche Religion ist nicht von Königen, sondern von Privatleuten zuerst gelehrt worden". TTP, Kap. 19, 295f. – „Nun hat ganz dasselbe, was hier Christus beim bevorstehenden Untergang der Stadt gelehrt hat, wie wir sehen, auch Jeremias bei der ersten Zerstörung der Stadt, also in ähnlicher Situation gelehrt [...]. Da die Propheten dies also nur in Zeiten der Unterdrückung gelehrt haben, es aber niemals als Gesetz angeordnet wurde [...], so ergibt sich aus diesen Grundlagen der Schrift mit aller Klarheit, daß die Lehre von Christus und Jeremias, daß man Unrecht ertragen und den Gottlosen in allen Dingen nachgeben solle, nur an Orten statt hat, wo die Gerechtigkeit vernachlässigt wird, nicht aber in einem guten Staat." TTP, Kap. 7, 120f.

einer Entzweiung der Prinzipien von staatlicher und gesellschaftlicher Konstitution.[16] Gerade die Insistenz auf der Identität ihrer politischen Formbestimmtheit über den historischen Bruch hinweg, der beide Religionen trennt – das Ende der Theokratie –, erlaubt so zugleich das Festhalten ihrer historisch unhintergehbaren Differenz.

Der historische Begriff des Christentums als in Gesellschaft zurückgenommene, entpolitisierte Morallehre ist zugleich die Schnittstelle von historischer Hermeneutik und theologisch-politischer Argumentation – nicht insofern, dass in ihm historische und natürliche Religion konvergieren und sich das Christentum daher, je nach Präferenz, als hilfreicher oder unverzichtbarer politisch-synthetischer Faktor erweist. Was vor allem in neueren, konzilianten Lesarten als religionsphilosophische Einsicht unterstellt wird, erscheint im Gegenteil als Moment einer subtilen Delegitimationsstrategie. Spinozas Identifikation von Religion und Gesetz, Glaube und Gehorsam hat daher nicht jene Doppeldeutigkeit des ‚praktischen Vorschlags', die Leo Strauss ihr unterstellen wollte;[17] die Affirmation des moralischen Christentums ist unablösbar mit seinem historischen Begriff verbunden, der das Christentum selbst sozusagen als Resultat einer religionsgeschichtlichen Säkularisierung bestimmbar werden lässt. Die Möglichkeit eines ‚vernünftigen Christentums' (ein Begriff, der Spinozas so fern wie irgend nur denkbar gelegen hätte) liegt in der Tat weder in seinen heilsgeschichtlichen Prätensionen (mit Strauss seinem ‚jüdischen Erbe') noch in seinen moralischen Lehren, an deren innerer Widersprüchlichkeit und historischer Kontingenz Spinoza wenig Zweifel lässt, sondern präzise in seinen historisch-politischen Ursprungsbedingungen. Denn die christliche Verallgemeinerung einer genuin ‚privaten' Morallehre bedeutet nichts anderes als die Selbstaufhebung von Religion als eines politischen Faktors – und hierin liegt in der Tat eine subtile ironische Pointe in Spinozas Argumentation, die Strauss, der ‚Esoterik' nur als philosophisches oder politisches Arkanum, nicht aber als immanenten Destruktionsmechanismus zu deuten vermochte, entgehen musste.[18]

16 Die Funktion von Religion, „Gesellschaft und Staat unter den Bedingungen ihrer vorausgegangenen Entzweiung" zu vermitteln, entspricht also nicht, wie Hecker meinte, Spinozas „systematischen Begriff" von ihr (Konrad Hecker, *Gesellschaftliche Wirklichkeit und Vernunft in der Philosophie SpinozaUntersuchung über die immanente Systematik der Gesellschaftsphilosophie Spinozas im Zusammenhang seines philosophischen Gesamtwerks und zum Problem ihres ideologischen Sinngehalts*, Regensburg 1975, 678), sondern kennzeichnet vielmehr den historischen Ursprung des christlichen *Glaubens*, dessen Begriff sich allein der biblischen Überlieferung entnehmen läßt: „Die Philosophie hat zu ihrer Grundlage die Gemeinbegriffe und kann bloß aus der Natur hergeleitet werden. Der Glaube aber hat Geschichte und Sprache zur Grundlage und muß bloß aus der Schrift und aus der Offenbarung hergeleitet werden [...]." TTP, Kap. 14, 220.

17 Vgl. Strauss, *Anleitung*, a.a.O. (Anm. 13), 360.

18 Es ist freilich Strauss' großes Verdienst, mit der Unterscheidung von exoterischer und esoterischer Argumentation, von ‚Interpretation' und ‚Auslegung' zugleich einen Schlüssel zu einem angemessenen Verständnis der immer wieder anachronistisch als Vorläufer einer ‚historischen Methode' gelesenen biblischen Hermeneutik Spinozas geliefert zu haben – und damit nicht zuletzt ein Kriterium

Insofern wäre die religionsgeschichtliche Konzeption des *Theologisch-politischen Traktats* vielleicht zutreffender nicht als ‚Evolutionstheorie von Gesellschaft, Staat und Recht', sondern als Trennungsgeschichte von Gesellschaft, Staat und Religion zu beschreiben.

Dass es die Religion, genauer die christliche ist, in der diese Trennung zuerst bestimmte Form annimmt, ist seit der *Phänomenologie des Geistes* eine der zentralen, wenn nicht die zentrale Figur schlechthin der Hegelschen Geschichtsphilosophie. In ihr laufen zwei scheinbar heterogene Komplexe zusammen: die Kritik der Positivität des Christentums, das dominierende Thema der Frankfurter Schriften vor 1800, und die seit Jena, genauer seit dem *Naturrechtsaufsatz* von 1800, zentrale Konzeption einer Theorie bürgerlicher Subjektivität als Keimzelle der in der späteren *Rechtsphilosophie* ausgearbeiteten Theorie der bürgerlichen Gesellschaft. Auch Hegels religionskritische Schriften der Frankfurter Periode sind von einem eminent politischen Interesse motiviert, was in den frühen *Fragmenten über Volksreligion und Christentum* noch unmittelbarer deutlich wird als im *Geist des Christentums*, dessen zentrale Kategorien – Subjekt/Objekt, Leben/Tod etc. – schon unter dem Einfluss Schellings und der Romantik stehen. Die damit verbundene Enthistorisierung – das Einlesen von Kategorien moderner Subjektivität – ist aber zugleich Medium oder Durchgangsform für die Entwicklung einer historisch-dialektischen Konzeption des religionsgeschichtlichen Prozesses. Denn es ist gerade der Versuch, diejenigen religionsphilosophischen Allgemeinbegriffe, die in den *Fragmenten* noch als weitgehend unproblematische Deutungskategorien fungierten (nicht zuletzt der Begriff der Religion selbst[19]), in der historischen Gestalt des ursprünglichen Christentums selbst aufzusuchen, der an die Grenzen der historischen Hermeneutik stößt und zur dialektischen Reflexion der Begriffe zwingt.

Dieser Übergang von der religionskritischen zur geschichtsphilosophischen Thematik wird am deutlichsten an der Entwicklung des Begriffs der Positivität. Meint nämlich Positivierung in den frühen Fragmenten noch die dogmatische Verfestigung der objektiven auf Kosten der subjektiven Religion und steht ihre Kritik im Zeichen einer Kritik des restriktiven, autoritären Moments der auf die Heteronomie des Glaubens gegründeten christlichen Moral, dessen Ursprung hier noch ganz in den äußerlichen, institutionellen religionsgeschichtlichen Prozess gelegt wird, so begründet der *Geist des Christentums* die Positivierung der christlichen Religion in ihrem Verhältnis zur geschichtlichen, politischen Wirklichkeit selbst. Anders als in den *Fragmenten* ist es im *Geist des Christentums* nicht mehr der Gegensatz von (jüdischer) Legalität und (christlicher) Moralität, sondern der – gescheiterte – Versuch einer Aufhebung der Moralität

der Verteidigung Spinozas gegen seine religionsphilosophischen Liebhaber. Strauss, *Anleitung*, a.a.O. (Anm. 13) 301f., 335ff.

19 Vgl. aber die *Neufassung des Anfangs* der *Fragmente über Volksreligion und Christentum* (1800), in: TWA 1, 225: „auf das Religiöse würden sich allgemeine Begriffe gar nicht anwenden lassen, weil es selbst kein Begriff ist."

selbst durch die vorpolitische Unmittelbarkeit einer Entfaltung reiner Subjektivität, die die aporetische Gestalt des Christentums bestimmt und worin schließlich der Grund seines historischen Scheiterns und das ‚Schicksal' seiner Positivität begründet liegen. Denn gerade durch die Gegenstandslosigkeit der christlichen Innerlichkeit, die sich der Objektivität staatlicher, rechtlicher und moralischer Vergesellschaftungsformen entziehen muss, weil diese durch eine subjektive Entgegensetzung der Bedürfnisse der Individualität und ihre Vergesellschaftung im Medium der ‚Liebe' nicht angeeignet, Recht und Moralität durch sie nicht als wirkliche Gegenstände, sondern nur als ideelle aufgehoben werden können, wird diese Wirklichkeit zugleich in ihrer ‚toten Objektivität' erkannt und, wenn auch nur negativ, anerkannt. Aber nicht nur die historische Wirklichkeit bleibt so in ihrem Bestand unverändert, sondern die politische ‚Schicksallosigkeit'des Christentums schlägt dialektisch – als ‚Einmischung eines Geschichtlichen'[20] auf seinen Begriff selbst zurück, insofern es die eigene unaufgehobene Geschichtlichkeit im positiven Glauben an das historische Individuum Jesu fixiert.

Selbst noch Moment des Diskurses, gegen den es sich wendet, ist das moralisch-ästhetische Christentum in Hegels *Geist des Christentums* nicht nur von retrospektivem Aufschlusscharakter für die strukturelle Affinität von moralischer Religion und ästhetischer Religiosität, sondern auch für den Einsatzpunkt von Hegels geschichtsdialektischem Denken. Stehen die *Fragmente* noch vorrangig im Zeichen einer Kritik der kantischen Moralphilosophie, deren Aporien in der polemischen Zuspitzung des historischen Gegensatzes zwischen der jüdischen Religion der absoluten Unterwerfung unter den allmächtigen, weil bildlosen Einen Gott und der christlichen Religion einer immanenten Erscheinung des Göttlichen im Menschen als Konflikt zwischen rigoristischer Pflichtenethik und Ästhetik des Bilderverbots einerseits, indirekter gegenseitiger Öffnung von Ästhetik, Moral und Religion andererseits kenntlich werden, so erscheint dieser Widerspruch im *Geist des Christentums* selbst schon als politisch vermittelter.

Nicht zufällig kehren in Hegels historischer Deutung des ‚Geists des Christentums' als gegenstandsloser, weil politisch ohmächtiger Gefühlsreligion, die eben darum zur ästhetischen Kompensation drängt, sozusagen mit umgekehrten Vorzeichen Figuren des *Theologisch-politischen Traktats* wieder. Hatte Spinoza den politischen Begriff des Christentums an der historischen Entzweiung von gesellschaftlicher und staatlicher Konstitution entwickelt, so kehrt Hegel diese Figur gegen den aporetischen Begriff reiner Moralität. Hatte Spinoza die jüdische als politisch-staatliche, die christliche – Zerfallsprodukt der jüdischen – als apolitisch-gesellschaftliche Moralreligion bestimmt, so ist für Hegel das Christentum Religion der ästhetischen Kompensation einer verhinderten Verwirklichung unmittelbar politischer Vergesellschaftung. Verdankt sich die systematische Verzerrung der historischen Perspektive auf das Verhältnis von Judentum und Christentum einer noch vor dem Hintergrund des ästhetischen Pantheismus stattfinden-

20 Hegel, *Der Geist des Christentums*, in: TWA 1, 411.

den Verkehrung historisch-politischer in politisch-ästhetische Kategorien, so lässt Hegels Deutung des Christentums zugleich jene ebenso wie die antikantianisch-antijüdische Polemik tendenziell schon hinter sich. Hegels Begriff des Christentums bleibt ebenso widersprüchlich wie die kontroversen zeitgenössischen Deutungen. Aber gerade im Festhalten dieser Widersprüche als ebenso vermittelter wie unaufgehobener und im Medium der Religion auch unaufhebbarer gewinnt schon jene Dialektik von Verinnerlichung und Ästhetisierung Kontur, die auf der Seite des subjektiven Geistes den Zusammenhang zwischen christlicher Religion und moderner Subjektivität als ein Phänomen der Entzweiung konstituiert und sich über die *Jenaer Systementwürfe* und die *Phänomenologie des Geistes* zu einer der Kernzellen der späteren geschichts- und staatsphilosophischen Systematik Hegels ausprägen wird.

Samir Arnautović, Sarajevo

Kultur, Staat, Identität und Religion nach Hegels *Grundlinien der Philosophie des Rechts*

1. Der Kultur- und Identitätsbegriff bei Hegel

Die Konstitution des Kulturbegriffs in einer modernen Bedeutung kann in Kants *Kritik der reinen Vernunft*[1] aufgesucht werden, und zwar in dem Kapitel *Die Geschichte der reinen Vernunft*. Kant wird hier den Ausgangspunkt der Disziplin, die er eben Kritik der reinen Vernunft nennt, bestimmen, und den Sinn der Metaphysik und damit des philosophischen Denkens im ganzen festlegen. Dieser Sinn liegt im Denken der transzendentalen Voraussetzungen des Denkens und in der Schaffung der Grundlagen für einen sinnvollen Blick auf die Realität der Wirklichkeit. Anders gesagt, er wird die Philosophie auf eine gewisse Weise auf das Wirkliche verweisen, als einen Ort, von dem aus man die Voraussetzungen und die letzten Instanzen des menschlichen Denkens einzig bestimmen kann.

Die Relativierung der Vernunft durch den Begriff der *menschlichen* Vernunft ist dabei keineswegs zufällig und stellt den Ausgangspunkt für die Überprüfung der relativen Erkenntnis, die sich im Verhältnis zwischen Erfahrung und Denken herstellt, und die Realität, von der man überhaupt sprechen kann, ausmacht. Diese Realität im abstrakten Sinne nennt Kant „Kultur der menschlichen Vernunft". Die Spitze dieser Kultur, die für Kant einzig möglich ist, ist die Metaphysik: „Eben deswegen ist Metaphysik auch die Vollendung aller *Kultur* der menschlichen Vernunft, die unentbehrlicht ist, wenn man gleich ihren Einfluß, als Wissenschaft, auf gewisse bestimmte Zwecke bei Seite setzt."[2] Die Metaphysik ist der höchste Punkt des menschlichen Denkens, und daher auch der einzige Ort, an dem sich der Sinn der Wirklichkeit konstituieren kann, bzw. an dem man nach ihm fragen kann. Sie ist die Spitze der Wissenschaft, weil sie als einzige in der Lage ist, danach zu fragen, wozu sie auch gehört, nach der Kultur der menschlichen Vernunft.

Kant wird bei Erörterung der Architektur der reinen Vernunft und ihrer Methodologie zeigen, dass jenes Höchste, Transzendentale erst dann erreicht werden kann, wenn der Ausgangspunkt in die Relativität der Wirklichkeit und den Bereich der Erfahrung gesetzt wird. Auf diese Weise kann die Einheit des Vernünftigen und Erfahrungsmäßigen,

1 Immanuel Kant, *Kritik der reinen Vernunft*, B 878f., A 850f.

2 Ebd.

ohne die man eine relevante Erkenntnis nicht herstellen kann, als reale Wirklichkeit genommen werden, während die Kultur sich nur dann als denkwürdig zeigt sofern sie in ihrer Objektivität als Kultur der menschlichen Vernunft definiert ist. Dabei kann jeder Inhalt, der ohne materielle Aspekte auskommt, in seiner Objektivitiät gedacht werden. Hier finden sich auch die Konsequenzen der Kantischen Kritik des Dogmatismus und Skeptizismus, die notwendig war, damit es zu einer Ernüchterung der Erkenntnis und zur Erfassung des Ortes des vernunftmäßigen Einflusses auf die Wirklichkeit kommt.

Die Philosophie bekommt auf diese Weise einen neuen Ansporn im Denken des Wesens der Wirklichkeit und der Erörterung ihrer Inhalte. Die Aufgabe der Metaphysik besteht nicht mehr in der Anerkennung der Objektivität des Erkenntnisgegenstandes, sondern gerade umgekehrt, im Erfassen der subjektiven Voraussetzung der Objektivität der Erkenntnis. Deswegen kann sich die Metaphysik nicht auf etwas Objektives beziehen, das wäre die Aufgabe einzelner Wissenschaften, deren Kompetenzen in der Objektivität liegen. Die Aufgabe der Metaphysik ist die Erfassung der Voraussetzungen dieser Objektivität in der transzendentalen Sphäre. Die Aufgabe der Philosophie bleibt auf diese Weise außerhalb der Tatsachen in der Realität, sie bezieht sich jedoch in allen ihren wesentlichen Segmenten auf diese Realität.

Auf welche Weise sich diese Bezüglichkeit entwickelt, ist ein Problem, das Hegel mit Hilfe der phänomenologische Methode lösen will, welche im wissenschaftlichen Sinne als Phänomenologie des Geistes bestimmt ist. Wenn der Geist bestimmend für alles Wirkliche und sofern alles Wirkliche als Geistiges zu lesen ist, ist es notwendig, einen Schritt zu tun, der diesen Dualismus überwindet, und mit welchem die Ergebnisse des metaphysischen Denkens positiv sondiert werden können. „Was zwischen der Vernunft als selbstbewußtem Geiste und der Vernunft als vorhandener Wirklichkeit liegt, was jene Vernunft von dieser scheidet und in ihr nicht die Befriedigung finden läßt, ist die Fessel irgendeines Abstraktums, das nicht zum Begriffe befreit ist. Die Vernunft als die Rose im Kreuze der Gegenwart zu erkennen und damit dieser sich zu erfreuen, diese vernünftige Einsicht ist die *Versöhnung* mit der Wirklichkeit, welche die Philosophie denen gewährt, an die einmal die innere Anforderung ergangen ist, *zu begreifen* und in dem, was substantiell ist, ebenso die subjektive Freiheit zu erhalten sowie mit der subjektiven Freiheit nicht in einem Besonderen und Zufälligen, sondern in dem, was an und für sich ist, zu stehen. Dies ist es auch, was den konkreteren Sinn dessen ausmacht, was oben abstrakter als *Einheit der Form und das Inhalts* bezeichnet worden ist, denn die *Form* in ihrer konkretesten Bedeutung ist die Vernunft als begreifendes Erkennen, und der *Inhalt* die Vernunft als das substantielle Wesen der sittlichen die der natürlichen Wirklichkeit; die bewußte Identität von beidem ist die philosophische Idee.“[3] Philosophie kann daher ihren Boden nur dort gewinnen, wo Geist wohnt, sie selbst ist nicht auf

3 TWA 7, 26-27.

das Erfinden der praktischen Ideen angewiesen, sondern auf die begriffliche Erfassung des Bestehenden. In dieser Hinsicht ist sie „ihre Zeit in Gedanken gefasst".

Anders gesagt, die Aufgabe der Philosophie besteht darin, die Realität der Wirklichkeit im Hinblick auf ihre geistige Potentialität zu erfassen und dem Begriff zuzuführen. Philosophie soll die geistigen Grundlagen der Wirklichkeit aufzeigen und dem Verständnis im Blick auf ihre transzendentalen Voraussetzungen zuführen. In der *Enzyklopädie* wird Hegel, bei der Behandlung der Hieroglyphen, die geistige Wirklichkeit eines Volkes als geistige Kultur und dabei auch die Art und Weise, wie Kultur in seiner Philosophie gedacht wird, bestimmen. „Nur dem Statarischen der chinesischen Geistesbildung ist die hieroglyphische Schriftsprache dieses Volkes angemessen; diese Art von Schriftsprache kann ohnehin nur der Anteil des geringeren Teils eines Volkes sein, der sich in ausschließendem Besitze geistiger Kultur hält."[4] Die Kultur ist daher nicht ausschließlich eine Sache des Geistes, aber in ihr spiegeln sich die geistigen Tendenzen der Zeit auf die bestmögliche Weise und zeigen sich in ihrer reineren Gestalt. Hier werden unter Kultur vor allem die menschlichen Produkte verstanden, aber bei Hegel werden diese eindeutig in einen zeitlichen Rahmen gestellt, in dem Vergänglichkeit und Fortschreiten des Geistes bestimmt werden; – dies wird Hegel in seinen Vorlesungen zur Philosophie der Geschichte thematisieren.

Wenn das Denken der Kultur bei Hegel in diesem Sinne verstanden wird, dann kann man sagen, dass diese Kultur in seiner Philosophie eine andere Bewertung erfährt, d. h. sie wird durch verschiedene Aspekte als materiale Explikation des Geistes verstanden. Ihr Wert liegt ausschließlich in der geistigen Grundlage, die ihr materiales Segment gestaltet – dies wiederum weist unterschiedliche Aspekte in Religion, Kunst und Philosophie auf. Die Substantialität ist beim Menschen, die Gestalt fällt in die Sphäre der reinen Geistigkeit, dank welcher die Wirklichkeit gebildet und durch Zeit und Raum verwandelt werden kann.

Hegel zeigt in seinen frühen Schriften, in der *Positivität der christlichen Religion*, dass Kultur als Dualismus zwischen dem einfachen Volk und den Gebildeten erscheinen kann. Aber dann, wenn Kultur in einer elitären Weise erscheint, wenn weder das Volk einen Bezug zur Kunst hat, noch die Kunst zum Volk, befindet sich der Geist im Zustand der Unmündigkeit und einer nicht hinreichenden Ausdifferenziertheit gegenüber subtilen Verhältnissen der Wirklichkeit, die er selbst produziert. Kultur erscheint hier, so kann man bei Beibehaltung einer gewissen Distanz gegenüber Hegels frühen Schriften sagen, als ein Symptom, das in einer gewissen Weise die Realität des Geistes darstellt.

Gleichzeitig wird Hegel in der Schrift *Über den Unterricht in der Philosophie auf Gymnasium* darauf verweisen, dass gerade das Überhobensein der Kultur über die materiellen Dinge, die den Alltag bestimmen, die jungen Leute dazu veranlasst, besser zu sein und ihr Weltverhältnis auf Sittlichkeit zu bauen, und nicht auf die Versenkung in

4 TWA 10, 274.

das unmittelbar gegebene Materielle.[5] Kultur stellt in diesem Sinne ein lebendiges Gewebe dar, das seine Lebendigkeit dem Geist verdankt.

Die Geschichte wiederum wird zur Grundlage der Ausdifferenzierung der Perioden und Eigentümlichkeiten, die diese dem fortschreitenden Bewusstsein der Freiheit bringen. Der Kulturbegriff gerät dann in den Fokus von Hegels Verständnis des Lebens, und letztlich wird er den Rahmen für die Lebensverhältnisse abgeben. Aber im Kontext des spekulativen Idealismus Hegels stellt die Kultur eine lebendige Materialität dar, durch die sich der Geist selbst erkennt. In diesem Sinne soll man den Kulturbegriff in einer Bedeutung nehmen, die gerade nicht die Trennung der Kulturen akzeptiert. Die antike Kultur ist für Hegel die Stütze der Modernität, sie gehört als solche der Totalität an, und nicht einer einzelnen Identität. Die Beispielhaftigkeit der Kulturen und ihre geschichtliche Offenheit befinden sich in der interkulturellen Relationalität, die die Geschichte zu einem Ganzen macht.

Kultur hat damit bei Hegel eine Art offene Bedeutung, die durch reale Relationen erfüllt wird. Wenn es gilt, diese Relationen einzeln zu identifizieren und zu unterscheiden, dann wird der Kulturbegriff bedeutsam.

Eigentlich wird schon, wenn man die Begriffe Griechen, Ägypter oder Europäer gebraucht, ein kultureller Kontext inbegriffen, in dem alle Identitäten als reale, harte Inhalte festgelegt werden. Bei Hegel bedeuten diese Differenzen auch geistige Abstufungen in der Bewegung des Geistes hin zum Wissen um sich selbst als einem freien Wesen.

In einem anderen Kontext, den Hegel immer vor Augen hat, vor allem wenn er vor der Gymnasialjugend spricht, ist die Kultur der Weg der Bewegung der Individualität hin zur Freiheit. Sie bringt also auf jeden Fall auch die Emanzipation des Einzelnen mit sich. In der Philosophie der Geschichte wird Hegel zu beweisen versuchen, dass alle realen Lebensverhältnisse sinngemäß an Identität und Differenz, die sich auf diesem Weg des Geistes konstituieren, anlehnen, und auf die Ebene der Überwindung eines bestimmten geistigen Grades im Fortschreiten des Geistes im Bewusstsein der Freiheit gebracht werden können. Deswegen wird jede, und auch die primitivste, Gestalt der geistigen Äußerung ihren Platz in der Progressivität des Geistes haben.

Das Verhältnis des Einzelnen gegenüber der Kultur, sein Hineinwachsen in die Kultur, stellt den ersten Grad dieser Progressivität dar. Auf diese Weise erscheint die Kultur als die Negation des Individuellen, in der das Individuelle auf eine höhere Ebene dieser Progressivität gebracht wird. Auf dieser höheren Ebene erkennt das Ich sich selbst zusammen mit einem anderen Ich, das auf gleiche Weise den Weg vollzogen hat. Der Schritt hin zur Identität vollzieht sich hier über die Kultur, und er bedeutet eine Erweiterung der Möglichkeit des Ich, sich von sich selbst unterscheiden zu können.

In einer weiteren Bedeutung gründet sich diese Identität auf der Erfüllung der Möglichkeiten des Ich, sich von sich selbst zu unterscheiden und sich in der Gleichheit mit

5 TWA.11, 33.

anderen zu erkennen – dies kann dann kulturelle Identität genannt werden. Diese Identität bestätigt sich objektiv in der Kunst, subjektiv in der Religion, und sie äußert sich in der Bedeutung einer Weltsicht, in der die geistige Substantialität, die die Philosophie begrifflich erfassen soll, enthalten ist. Die kulturelle Identität stellt sich also dann ein, wenn das Ich sich in den Werten und Bestimmungsorten außerhalb seiner selbst wiedererkennt, wenn es diese Werte als seine eigenen anerkennt. Das ist der Weg, auf dem das Bewusstsein ins Selbstbewusstsein übergeht und sich im Anderen erkennt. Kulturelle Identität konstituiert sich hier als eine relative Kategorie des Subjektiven und eine der wichtigsten Stützen des objektiven Geistes.

Die Kultur kann sich dann äußern als die Substanz der allgemeinen Identität, die in Wirklichkeit die Objektivierung des Geistes darstellt. Kants Kultur der menschlichen Vernunft erhebt Hegel auf die Ebene der Wertreferenzen der Lebensverhältnisse, wo die theoretische Identität auf die Ebene der Bestätigung in den Tatsachen der Wirklichkeit gebracht wird. „Die Erfahrung des Anderen ist gemäß dieser gedoppelten Qualität der Ichheit, die als Einzelheit zugleich Allgemeinheit und Besonderheit ist, irritierend und befreiend zugleich: Das Subjekt erfährt, daß es nicht das einzige Absolute auf der Welt ist; es selbst ist außerhalb seiner geworfen. Gleichzeitig findet es erst in diesem Objekt sich selbst wieder.“[6] Hegel zeigt damit, dass sich das Subjektive im Objektiven bestätigt, dass nur jene Objektivität, die im Subjektiven bestätigt wird, verifizierbar und wirklich ist.

Kulturelle Identität erscheint als Instanz der relativen Bedeutung, als Übergang zur staatlichen Identität. Aber ohne kulturelle Identität ist dieser Übergang nicht zu machen, denn die Identität des Volkes muss sich konstituieren vor der ihrer Verstaatlichung. Anders gesagt, die kulturelle Identität bei Hegel kann interpretiert werden als Bedeutung eines bedingten Charakters, in der sich der spätere Sinn einer allgemeinen Identität des Volkes gründet. Die Weltgeschichte wird später zeigen, dass die Subjektivität in ihr als Instanz erscheint, die bestimmend ist für das Verständnis ihrer Bewegung. Die Freiheit im weltgeschichtlichen Geschehen ist nicht möglich ohne Subjektivität, die sie vergegenständlicht.

Hegel vollzieht, anders gesagt und systemisch gesehen, einen Übergang zu derjenigen Instanz, die als endliche Verwirklichung des Geistes verstanden wird, und in der der Geist sich selbst als einen freien erkennt. Diese Instanz kann nur durch die Konstituierung der Subjektivität durch Kultur geschaffen werden. Auf der anderen Seite können mit Hilfe der kulturellen Identität intersubjektive Relationen hergestellt werden. Die christliche Identität als dominante Identität des „Endes der Geschichte“ ist möglich nur mit Hilfe der intersubjektiven Relationen, die auf dem Wiedererkennen gemeinsamer Bestimmungen unterschiedlicher kultureller Identitäten gründen. Alle intersubjektiven Relationen unter sozialen Bedingungen bestimmt dieses Wiedererkennen durch kultu-

6 Vittorio Hösle, *Hegels System. Der Idealismus der Subjektivität und das Problem der Intersubjektivität.* Bd. 2, *Philosophie der Natur und des Geistes*, Hamburg 1987, 372-373.

relle Identität, die sich in den *Grundlinien der Philosophie des Rechts* in der Grundlage der Willensbestimmung des Einzelnen findet, auf der ersten Ebene der Bestimmung der Beziehungen im Staat. „Der Wille ist die Einheit dieser beiden Momente; – die *in sich* reflektierte und dadurch zur *Allgemeinheit* zurückgeführte *Besonderheit*; – *Einzelheit;* die *Selbstbestimmung* des Ich, in einem sich als das Negative seiner selbst, nämlich als *bestimmt, beschränkt* zu setzen und bei sich, d. i. in seiner *Identität mit sich* und Allgemeinheit zu bleiben, und in der Bestimmung, sich nur mit sich selbst zusammenzuschließen. – Ich bestimmt sich, insofern es die Beziehung der Negativität auf sich selbst ist; als diese *Beziehung auf sich* ist es ebenso gleichgültig gegen diese Bestimmtheit, weiß sie als die seinige und *ideelle*, als eine bloße *Möglichkeit*, durch die es nicht gebunden ist, sondern in der es nur ist, weil es sich in derselben setzt. – Dies ist die *Freiheit* des Willens, welche seinen Begriff oder Substantialität, seine Schwere so ausmacht wie die Schwere die Substantialität des Körpers.“[7] Die Kultur wird als Gestalt der Geistesäußerung, im Sinne ihrer Zugehörigkeit zur Welt, genommen, wobei sie selbst in der philosophiegeschichtlichen Möglichkeit des phänomenologischen Denkens impliziert ist.

In einer letzten Konsequenz könnte man den Staat als geistige Schöpfung bei Hegel als ein kulturelles Produkt verstehen. Das jedoch bedeutet, den Kontext zu verlassen, den Hegel in seinem spekulativen Idealismus aufstellt und würde einen Schritt hin zur Dominanz der materialistischen Auffassung des Geistes bedeuten. Deswegen wird Kultur sehr selten in Hegels Opus erwähnt.

Die Konstituierung des Begriffs der kulturellen Identität soll bei Hegel sehr bedingt genommen werden, weil Hegel selbst über dieses Problem explizit nicht spricht. Seine Bedeutung in Hegels Philosophie kann als die einer relevanten Instanz in der Entwicklung seines Systems bestimmt werden, aber seine wirkliche Bedeutung liegt in der Rezeption. Andererseits: „Hegels Vorrede zur Phänomenologie des Geistes wird diese Bedeutungsverschiebung mit der Wendung besiegeln, die Substanz sei eigentlich als Subjekt zu denken.“[8] Dann kann Hegels Philosophie als Darlegung der Möglichkeit der Einrichtung der kulturellen Identität durch Zeit und Geschichte gelesen werden. Die kulturelle Identität kann hier, wie bei Michael N. Forster,[9] im Sinne des Symptoms einer Einheit des Widerstreits in einer bestimmten Zeit aufgefasst werden. Anders gesagt, kann ohne diese Bestimmung, auch wenn sie nicht explizit erscheint, die Geschichte nicht gedacht werden, weder universell noch konkret. Das Wertesystem einer gewissen Epoche ist zugleich das, was diese Epoche geschichtlich oder nicht-geschichtlich macht und worauf ihre Besonderheit basiert. Darin gründet das Verständnis gewisser Ereignisse und ihre Deutungsmöglichkeiten. Daher meint man, wenn man über die Griechen spricht, auch das Wertesystem einer Zeit, und nicht bloß die pure Faktizitität. Das Erkennen solcher Werte heißt hier das Erkennen einer Identität, die die Gesamtheit der Ereignisse

7 TWA 7, 54-55 (Rph, § 7).

8 Manfred Frank, *Selbstbewußtsein und Selbsterkenntnis*, Stuttgart 1991, 190.

9 Siehe: Michael N. Forster, *Hegel and Skepticism*, Harvard 1989.

einer Zeit meint, so dass eine gewisse Zeit immer zu einer bestimmten Identität gehört. Der Sinn der Philosophie liegt in dieser Identifikation und der Möglichkeit des Verstehens ihrer Einrichtung.

2. Der Staat als wirkliche Identität des Geistes

Der Sinn der staatlichen Einrichtung in Hegels Philosophie liegt in der Entwicklung einer Identität des Geistes. Hier wird das Recht, als Struktur der staatlichen Einrichtung, als Explikation des Geistes verstanden, welcher durch rechtliche Normen seine eigene Substantialität als wirklichkeitsbestimmend setzt. In diesem Sinne gilt: „Was vernünftig ist, das ist wirklich; und was wirklich ist, das ist vernünftig.“[10] Der Staat hat politisches Gewicht nur, sofern er eine geistige Grundlage besitzt. Ohne Geistigkeit ist er nur ein Komet, dessen Licht sofort nach seinem Erscheinen am Himmel erlischt.

Das Wesen des Rechts und der Rechtsnorm gründet darin, dem Staat eine Grundlage zu verschaffen, und diese kann nur aus dem Geist und nie aus dem Willen des Einzelnen hervorgehen. „Die Form des Rechten als einer *Pflicht* und als eines *Gesetzes* wird von ihm als ein *toter, kalter Buchstabe* und als eine *Fessel* empfunden; denn es erkennt in ihm nicht sich selbst, sich in ihm somit nicht frei, weil das Gesetz die Vernunft der Sache ist und diese dem Gefühle nicht verstattet, sich an der eigenen Partikularität zu wärmen. Das *Gesetz* ist darum, wie im Laufe dieses Lehrbuchs irgendwo angemerkt worden (S. 402, Fn. zu § 258, Anmerkung), vornehmlich das Schibboleth, an dem die falschen Brüder und Freunde des sogenannten Volkes sich abscheiden.“[11] Im Recht differenziert sich die Identität, die sich im abstrakten Denken und auf der Ebene allgemeiner Verhältnisse als Identität der Zugehörigkeit zu einem Volk erweist. Das, was die Verbindung zwischen dem Einzelnen und dem Allgemeinen ausmacht, ist bei Hegel nur als Geist möglich. Daher kann die Aufgabe einer Rechtsphilosophie nur das Verständnis und die Darstellung des Staates in seiner geistigen Potentialität sein.

In diesem Diskurs hat der Staat keine beschränkte Aufgabe und kann sich nicht im Einzelnen erschöpfen. Er geht über jede Einzelheit hinaus, weil er als Explikation des Geistes in jeder Einzelheit als größer und mächtiger als alle reellen Beschränkungen erscheint. Er ist in letzter Instanz die Subjektivität, die die Realität der Wirklichkeit verändert, ohne sich ihren Beschränkungen zu unterwerfen. Die Versöhnung des einzelnen Willens mit dem Prinzip der Freiheit – für Kant noch eine Herausforderung in der Lösung des Problems der Sittlichkeit und der moralischen Verantwortung – geschieht bei Hegel in der staatlichen Einrichtung, die den Einzelnen mit der Wirklichkeit versöhnt und letztere in ihrer geistigen Potentialität bestimmt.

10 TWA 7, 24.
11 TWA 7, 20.

Der Staat als die Art und Weise der Einrichtung der Lebensformen kann nur als Äußerung des Geistes verstanden werden. Diese Form kann in ihren verschiedenen Varianten in der Geschichte wiedererkannt werden; die Verschiedenheit dieser Varianten zeugt von der Verschiedenheit der geschichtlichen Perioden. Der wirkliche Sinn dieser Verschiedenheiten liegt in der Bewegung des Geistes, die durch die Freiheit als dem grundlegenden Prinzip gekennzeichnet ist. Die Freiheit wird auf diese Weise als Bedingung und Grundlage der Bewegung des Geistes hin zur Erkenntnis begriffen, was sich auch in den Formen der staatlichen Formation, die diese Bewegung begleiten, zeigt. Der Staat erscheint hier als wirkliche Identität des Geistes, der sich auf einer spekulativen Ebene in die Form des Selbstdenkens des Denkens gebracht hat.

Daher gründet der Staat in der Freiheit, die sich in einem Willen objektiviert, in dem er sich als Identität formiert. Der Wille wird hier als Einheit von Bestimmtheit und Unbestimmtheit verstanden, als Freiheit im objektiven Sinne. Daher ist für Hegel der Wille „die *in sich* reflektierte und dadurch zur *Allgemeinheit* zurückgeführte *Besonderheit*; – *Einzelheit*; die *Selbstbestimung* des Ich, in einem sich als das Negative seiner selbst, nämlich als *bestimmt, beschränkt* zu setzen und bei sich, d. i. in seiner *Identität mit sich* und Allgemeinheit zu bleiben, und in der Bestimmung, sich nur mit sich selbst zusammenzuschließen. – Ich bestimmt sich, insofern es die Beziehung der Negativität auf sich selbst ist; als diese *Beziehung auf sich* ist es ebenso gleichgültig gegen diese Bestimmtheit, weiß sie als die seinige und *idelle*, als eine bloße *Möglichkeit*, durch die es nicht gebunden ist, sondern in der es nur ist, weil es sich in derselben setzt. – Dies ist die *Freiheit* des Willens, welche seinen Begriff oder Substantialität, seine Schwere so ausmacht wie die Schwere die Substantialität des Körpers.“[12] Auf der Ebene, auf welcher das Recht als Äußerung und Form der Freiheit erscheint, wird der Staat als Identität bestätigt, welche sich als Reflexion jener Freiheit einstellt. *Hegel* spricht in den *Grundlinien der Philosophie des Rechts* nicht explizit von der Identität des Staates, sondern zeigt die Art und Weise seiner objektiven Einrichtung. Das, was in der Ontologie formal geschieht, konstituiert sich hier wirklich und erweist sich als Grundlage realer politischer Ereignisse, ohne dass dabei die Sphäre der politischen Philosophie überschritten wird.

Hegel zeigt, dass die Gesamtheit der Anstrengungen in der Geschichte der politischen Philosophie einzig über die Philosophie des Rechts bzw. über die Formen der Identitätskonstitution verständlich wird. Deswegen wird er zu zeigen versuchen, dass die Identität des Rechts mit sich selbst durch die Negation des Rechts vermittelt wird, durch seine Aufhebung und Wiederherstellung auf einer höheren Ebene der erreichten Freiheit. Real gesehen geschieht dies durch die Willensäußerungen bei Forderungen, die sich bei Staatskonstitutionen bemerkbar machen.

Diese Konstitutionen sind möglich nur dank des Strebens des Willens, wirklich zu werden. Dabei wird das Natürliche ins Geistige transformiert, wie im Falle der Triebe,

12 TWA 7, 54-55 (Rph, § 7).

in denen der Wille zum Ausdruck kommt und sich in einen anderen als den natürlichen Kontext stellt: „Der Trieb ist in der Natur, aber daß ich ihn in dieses Ich setze, hängt von meinem Willen ab, der sich also darauf, daß er in der Natur liegt, nicht berufen kann.“[13] Diese Verwandlung des Natürlichen ins Geistige, die sich als Nutzung der natürlichen Potentiale zu geistigen Zwecken zeigt, ist ein wesentliches Charakteristikum, das sich auch später in den Anstrengungen der Naturwissenschaften, eine Identität zu begründen, zeigt. In letzter Konsequenz wird hier auch die Berechtigung für den Nationalismus, Hegemonialismus und andere Herrschaftsformen auf Grundlage der Gewalt und des Zwanges gesucht.

Durch das Wirklichwerden wird der Wille beschränkt und konkret in seiner Individualität. Aber auch als ein solcher wird er durch seine Potentialität universell. Auf Grund dieser Universalität wird Hegel später die Weltgeschichte konstruieren können. In einem anderen Kontext verbleibt die Staatkonstituierung in der geistigen Sphäre und der geistigen Gestaltung, die sich in der Bezugnahme auf reale Verhältnisse, die in der Geschichte des Geistes geschaffen wurden, äußert. Der Staat in seiner geschichtlichen Bedeutung ist in der Tat ein geistiges Gebilde, er ist eine Art konkrete Geformtheit des Geistes, die sich durch und in der Wirklichkeit äußert.

Eine so geformte Realität, die immer von Gegensätzen gekennzeichnet ist, ist die Voraussetzung der Objektivität der Welt schlechthin.[14] Auf dieser Gegensätzlichkeit, der Herstellung der Identität auf Basis des objektiven Willens, beruht die Realität der Wirklichkeit, die nur im Begreifen ihres Wesens verstanden werden kann. Dieses Wesen ist jedoch subjektiv bestimmt und liegt im Verstehen der Anstrengung des Willens, wirklich zu werden, bzw. sich als reale geistige Identität zu konstituieren. Der Staat als geistige Identität muss daher alle Charakteristika der Geistigkeit umfassen, seine Einrichtung ist nichts anderes als Ausdruck der Gesamtpotentialität eben dieser vom Freiheitsstreben geleiteten Geistigkeit.

Von daher gehört sie dem universalen Streben der Geschichte an und äußert sich in ihrer geschichtlichen Funktion als Streben nach Erfüllung dieses Strebens. Ihre Aufgabe kann daher nur die Verwirklichung der Freiheit und das Wirklichwerden des Geistes im Fortschreiten des Freiheitsbewusstseins sein. Hier hebt der Staat wiederum seine Beschränktheit auf und zeigt sich in seiner Allgemeinheit. Falls jedoch ein Staat nicht auf den Prinzipien der anzustrebenden Verwirklichung des Willens im Geist beruht, bleibt die Frage, ob er überhaupt ein Staat sei. Hier zeigt sich die Verpflichtung auf die Wahrheit des Begriffs, die nach der Wirklichkeit des Denkens fragt. „Wahrheit in der Philosophie heißt das, daß der Begriff der Realität entspreche. Ein Leib ist z. B. Die Realität, die Seele der Begriff. Seele und Leib sollen sich aber angemessen sein; ein toter Mensch ist daher noch eine Existenz, aber keine wahrhafte mehr, ein begriffloses Dasein: deswegen verfault der tote Körper. So ist der wahrhafte Wille, daß das, was er

13 TWA 7, 63 (Rph, § 11).
14 TWA 7, 469.

will, sein Inhalt, identisch mit ihm sei, daß also die Freiheit die Freiheit wolle."[15] Ein Staat, der keinen Geist hat, ist in einem gewissen Sinne ein Kollateralschaden der Geschichte, der Beweis der Auflösung von allem, was vom Mangel des Geistes gekennzeichnet ist. Gerade in Anbetracht der Art und Weise, wie ein solcher Staat entsteht, äußert sich sein Wille falsch und unzeitgemäß, oder er äußert sich gar nicht. Mit anderen Worten, er ist als Identität nicht haltbar und löst sich unter bestimmten geschichtlichen Umständen von selbst auf.

Ein Staat, der auf dem Geist beruht, als Ausdruck seines Willens in einer bestimmten Identität, ist die Verwirklichung der Freiheitsidee. Ohne Identität ist ein Staat eben kein Staat im eigentlichen Sinne dieses Wortes. Er gehört nicht geschichtlichen Tendenzen an ist ein Zufallsprodukt, an dem sich die geschichtlichen Ziele profilieren. Deswegen ist die Identitätsfrage, die sich in einem Staat stellt, für Hegel keine formale Frage, sondern Ausdruck der geistigen Substantialität einer objektiven Entität.

Das ist die Frage, an der sich die Bedeutung der Zeit und der Maßstäbe des Verstehens der geistigen Lage, so wie diese in der Wirklichkeit erwiesen werden, ermessen lassen. Hier stellt Hegel nicht nur eine wichtige Bestimmung seiner Geschichtsphilosophie auf, sondern er gibt auch ein universalen methodologischen Hinweis für das Verstehen der Wirklichkeit. Die Öffnung des Bedeutungshorizonts wird für ihn eine entscheidende Instanz der Bezugnahme auf die Wirklichkeit. Die Identität des Staates bekommt somit eine entscheidende Bedeutung, aber sie darf nicht bloß auf äußere Kennzeichen und Effekte zurückgeführt werden. Ohne Bestätigung ihrer geistigen Substantialität kann sie keine Bedeutung haben, und die Aufgabe der Philosophie besteht eben darin, diese Bedeutung zu erkennen und den Geist der Zeit angemessen herauszuarbeiten. Das dauerhafte Bestehen einer Identität ist nur möglich, wenn der Wille, den jene äußert, ein allgemeiner ist, bzw. wenn in seinem Wesen die einzelne Besonderheit aufgehoben wird. Für Hegel liegt in dieser Erkenntnis auch der Sinn des wissenschaftlichen Verstehens des Staates, aber auch die Basis für die Entwicklung der Rechtswissenschaft. Diese hat die Aufgabe, jenen Tendenzen zu folgen, die zuvor im Diskurs der Philosophie erkannt wurden.

Dies geht aus der Definition des Rechts hervor: „Dies, daß ein Dasein überhaupt *Dasein des freien Willens* ist, ist das *Recht*. – Es ist somit überhaupt die Freiheit, als Idee."[16] Daraus geht auch die Aufgabe des Rechts hervor, den Geist wirklich werden zu lassen. „Daß der Geist zu seinem Rede komme, d. i. daß die vernünftigen Bestimmungen desselben, die entwickelten herausgesetzt – nicht eingehüllt bleiben – bei einem einfachen Volke ist dies der Fall – und dies *gelte*, d. i. als dieser Wille und Sitte des Selbstbewußtseins sei – ein Geisterreich in seinen Gesetzen – Gesetze der Substanz, – Selbstbewußtsein die Realität."[17] Gesetze und das Rechtssystem überhaupt sind für *Hegel* der

15 TWA 7, 73-74.
16 TWA 7, 80.
17 TWA 7, 82.

Ausdruck des Bestehens des Geistes im Willen. Seinen Sinn zu verstehen ist nur möglich über die Identität, die sich auf diese Weise konstituiert, wobei alle diesbezüglichen Erörterungen phänomenologisch begründet werden.

Die Grundlage dieser methodologischen Herangehensweise besteht darin, dass „etwas vernünftig betrachten heißt, nicht an den Gegenstand von außen her eine Vernunft hinzubringen und ihn dadurch bearbeiten, sondern der Gegenstand ist für sich selbst vernünftig; hier ist es der Geist in seiner Freiheit, die höchste Spitze der selbstbewußten Vernunft, die sich Wirklichkeit gibt und als existierende Welt erzeugt; die Wissenschaft hat nur das Geschäft, diese eigene Arbeit der Vernunft der Sache zum Bewußtsein zu bringen."[18] Die Arbeit des Geistes zum Bewusstsein bringen bedeutet im Kontext der Rechtswissenschaft, der Identität des Staates einen rechtlichen Rahmen zu geben, dieser Identität die Struktur der Institution zu verleihen und damit ihre Relevanz zu bestimmen.

Die Herstellung der staatlichen Form ist der Gegenstand der Rechtswissenschaften, aber das Ziel liegt in der Bestätigung der Identität, die der Staat mit sich bringt. Aus der Perspektive des objektiven Geistes ist der Staat die Bestätigung der kulturellen Identität, die immer noch eine bloß subjektive ist. Der Staat geht aus schon bestehenden Verhältnissen und subjektiven Strukturen hervor, die in ihm objektiven Niederschlag finden. Daher ist der Staat nicht bloß die Sache des Rechts, sondern der Geistigkeit eines Volkes, das als Subjekt seiner Konstitutierung erscheint.

Das Recht zeigt wiederum, wie die Identität von der Sphäre des Privaten bis zur Sphäre des Öffentlichen gebildet wird und einen staatlichen Rahmen bekommt. Hegel will gerade mit dem Recht zeigen, dass die Identität nur gebildet wird, wenn objektive Voraussetzungen für diese Bildung existieren, bzw. wenn eine Macht des Geistes existiert, die in der Lage ist, objektive Verhältnisse zu einer subjektiven Einheit zu bringen, welche in der Identität gebildet wird. Die Macht dieser Subjektivität wird durch die Existenz des Staates und dessen wirkliche Macht, und zwar nicht bloß als gesellschaftliche oder geographische Entität, sondern als geistige Instanz bestätigt. Der Staat ist daher keine einfache Struktur, und man muss sie im gesamten Kontext der Hegelschen Philosophie betrachten, vor allem in der Geschichtsphilosophie. Alle Elemente der Lebensverhältnisse, die er umfasst, haben ihre Funktion in seiner Konstituierung. Daher sollten verschiedene Segmente der staatlichen Identität bei Hegel nicht vernachlässigt werden, weil sie unterschiedlich bewertet werden, je nach Interpretationsstandpunkt. Hier sollte man jedoch Hegels Verständnis des Staates als einer Form der Lebensverhältnisse, in denen sich die Identität als Kennzeichen des geistigen Lebens konstituiert, unterstreichen.

Unter dem Aspekt der Sozialphilosophie wäre es berechtigt, auch die Religion zu den epistemologischen Grundlagen eines Staates zu zählen. Die Religion bekäme hier

18 TWA 7, 85.

einen ganz bestimmten gesellschaftlichen Charakter, in welchem sie vom Standpunkt des Geistes eine allgemeine Wahrnehmung der Wirklichkeit und das Begreifen dieser in der Reflexion darstellen würde. Der Charakter und die ideologische Struktur einer staatlichen Einrichtung wären von dieser epistemologischen Voraussetzung mitgeprägt. Hierzu bietet Hegels Geschichtsverständnis eine zusätzliche Begründung; denn die Geschichte wird nicht lesbar an Staaten, sondern an der Struktur der staatlichen Einrichtungen, in denen der Geist der Zeit zum Ausdruck kommt.

Hegels Verständnis des Staates, das sich auf die Auffassung einer von religiösen Bestimmungen geprägten Identität stützt, könnte sich als relevant für die Moderne und die gegenwärtige Welt erweisen. Hegels Begriff des Geistes wird hier bestimmend für alle Tendenzen, die den gemeinsamen Nenner in der Globalisierung haben. Die Rolle der Kultur in der Identitätsfrage wird im Zuge der Herstellung einer globalen Kultur einmal mehr bestätigt. Der Staat als Identität erfährt hier eine Negation in der absoluten Identität, die sich in der Aufhebung alles Besonderen als etwas Wesentlichem objektiviert. Das Kapital, als reinste Abstraktion, übernimmt hier die Rolle des Geistes, und jede einzelne Identität wird in seinem Namen aufgehoben und einer totalen Bedeutung unterworfen. „Der an und für sich freie Wille, wie er in seinem *abstrakten* Begriffe ist, ist in der Bestimmtheit der *Unmittelbarkeit.* Nach dieser ist er seine gegen die Realität negative, nur sich abstrakt auf sich beziehende Wirklichkeit – *in sich einzelner* Wille eines *Subjekts*. Nach dem Momente der *Besonderheit* des Willens hat er einen weiteren Inhalt bestimmter Zwecke und als *ausschließende Einzelheit* diesen Inhalt zugleich als eine äussere, unmittelbar vorgefundene Welt vor sich.“[19]

Der Wille ist es, der in letzter Instanz die Welt verändert, und diese Veränderung vollzieht sich gerade über die staatliche Identität, die, wenn sie verändert wird, den Zustand des Geistes zum Ausdruck bringt. Daher wird das Verständnis der Geschichte die grundlegende Frage nach dem Wirklichwerden des Geistes nicht umgehen können. Der Staat ist der Bereich, in dem diese Wirklichkeit objektiv wird, aber diese Objektivität kann man nur über die auf diesem Weg konstituierte Identität erfassen. Zugleich ist der Staat die Instanz, die die Möglichkeit des Ausgangs aus dem unglücklichen Selbstbewusstsein bietet, aus jenem Bewusstsein, das Wunder erwartet und enttäuscht wird.

Die Bildung der Identität des Staates ist auf gewisse Weise der Weg zur Überwindung des unmittelbaren religiösen Bewusstseins und die Transformation der Religion als einer Form des Glaubens an das Absolute. Die Religion befindet sich daher unumgänglich in der Identität des Staates. Die Art und Weise des Herangehens an die Wirklichkeit wird hier zum Ort der der ideologischen Orientierung, die im Staat eine allgemeine Bestimmung bekommt. Ähnlich wie im Recht das Individuelle ins Allgemeine gehoben wird, so wird das Private in der Religion, der Glaube und die Beziehung zum Göttlichen, auf der Ebene des Allgemeinen gültig.

19 TWA 7, 92.

Die Überwindung der Sitten und der Traditionen führt zur Überwindung des unglücklichen Selbstbewusstseins, aber auch zur Überlieferung seines Wissens über die Welt, in dem sich eine Art des Bezugs zur Wesentlichkeit verliert. Hegel zeigt dies deutlich nicht nur in seiner Rechtsphilosophie oder Religionsphilosophie, sondern in seinem Gesamtwerk. Er kommt auch in der *Phänomenologie des Geistes* darauf zu sprechen: „Jenes hingegen ist umgekehrt das tragische Schicksal der an und für sich sein sollenden *Gewißheit seiner selbst*. Es ist das Bewußtsein des Verlustes aller *Wesenheit* in *dieser Gewißheit* seiner und des Verlustes eben dieses Wissens von sich – der Substanz wie des Selbsts; es ist der Schmerz, der sich als das harte Wort ausspricht, daß *Gott gestorben ist*."[20] Gerade damit hat Hegel die Bedeutung des modernen Staates und der modernen Identität bestimmt. Die Macht der Traditionsüberwindung auf dem Weg der Freiheitsverwirklichung ist die notwendige Bedingung der modernen Identität. Die Rechtswissenschaft hat am Ende dieser Entwicklung die Aufgabe, die Bestimmungen dieser Identität in ihrem rechtlichen Kontext zu formulieren.

Die Überwindung der traditionellen Religion führt zu einer neuen Sichtweise auf die Wirklichkeit. In letzter Instanz ist dies auch die Grundlage des kulturellen Wandels, auf dem der geschichtliche Wandel beruht. Daher kann die Religion eine epistemologische Rolle in der Identitätsbildung spielen und für Hegel ein entscheidendes Element im Fortschreiten des Freiheitsbewusstsein sein. Die religiöse Erkenntnis wird damit zur Vorbedingung der Möglichkeit für die Erkenntnis des Absoluten, und auf der Ebene der staatlichen Identität wird sie zur Grundlage der modernen Identität. Ohne einen Ort für das Subjekt in der Geschichte hat der Staat die Rolle einer vorläufigen Entität, die bestenfalls einer anderen Identität angehören kann. Er gehört zur Geschichte bzw. zur ewigen Bewegung des Geistes nur dann, wenn er selbst geistig ist und einen Grad im Fortschritt des Freiheitsbewusstseins erreicht hat.

Die Komplementarität seiner Identität als geistiger Ausdruck wird somit zur Möglichkeit seines Bestehens in der realen Welt. Vom Standpunkt der Hegelschen Philosophie ist die Identität des Staates ebenso wie die Religion als epistemologische Grundlage von der Freiheit bestimmt. Dies wird begründet in einer Ontologie, die die Welt nicht als gegeben voraussetzt, sondern als Identität des Seins mit sich selbst: „Das Sein der Welt ist aber nur das *Sein der Macht*, oder die positive Wirklichkeit und Selbstständigkeit der Welt ist nicht ihre *eigene* Selbstständigkeit, sondern die *Selbstständigkeit der Macht*. Die Welt muß daher in Beziehung auf die Macht als ein *in sich Gebrochenes* vorgestellt werden; die eine Seite ist die Mannigfaltigkeit der Unterschiede, der unendliche Reichtum des *Daseins*; die andere Seite ist dann die *Substantialität* der Welt; diese kommt aber nicht der Welt selber zu, sondern ist die *Identität des Wesens mit sich selbst*."[21] Die Macht zeigt sich im positiven Sinne im Staat und seiner Identität, durch welche seine Lebensfähigkeit erwiesen wird. Das grundlegende Potential dieser

20 TWA 3, 547.

21 G. W. F. Hegel, *Vorlesungen über die Philosophie der Religion II*, 59.

Fähigkeit gründet in der Religion, die im epistemologischen Sinne die staatliche Identität bestimmt und in ihr ein Vorzeichen erblickt, mit dem sein Weg zum fortschreitenden Freiheitsbewusstsein markiert wird. In der staatlichen Identität wird auf diese Weise geistiges und weltliches Leben versöhnt, was die Grundlage für das alte Ideal des besten Lebens bildet, welches in der Form der Freiheitsverwirklichung im Recht gegeben ist.

3. Konsequenzen der Hegelschen Bestimmung der staatlichen Identität

Die Konsequenzen der Hegelschen Bestimmung der staatlichen Identität sind nicht nur formal und zeigen sich in den Bestimmungen eines globalen Sinns der Gesellschaft. Dieser globale Sinn ist theoretisch nicht als solcher deutlich bestimmbar. Es ist jener Sinn, der sich im politischen Handeln zeigt und dort, wo politisches Handeln im phänomenalen Sinne als Bestimmung für das Verstehen der gegenwärtigen Welt verstanden werden kann.

Hier zeigt sich im konkreten Sinne die Totalität der Anstrengungen als bestimmend für die Gesamtheit des Geschehens. Diese Totalität wird transparent im Kampf um demokratische Rechte bzw. um Demokratie im weitesten Sinne. Die meisten dieser Tendenzen sind von der grundlegenden Charakteristik der demokratischen Gesellschaften gekennzeichnet – nämlich vom Kapital, das die Grundlage für die Entwicklung der Gesellschaft darstellt. Alle gesellschaftlichen Aktivitäten sind gerade der ökonomischen Stabilität untergeordnet, weil diese die gesellschaftliche und jede andere Stabilität produziert. Unter diesen Bedingungen, wo die Gesamtheit der Perspektiven vom Kapital bestimmt wird, wird auch die Wirklichkeit abstrakt bestimmt.

Das Kapital ist in einem gewissen Sinne die Instanz des Todes Gottes, von dem auch Hegel spricht, bzw. das Symptom eines Zustands, in dem die Verhältnisse so geregelt sind, dass alles Heilige im wirklichen Leben gegenüber der Sicherheit der realen Welt verliert. Im Kontext der Tendenzen der globalen Politik ist das, was sich als rational gibt, eben darum, weil ihm alles Spekulative abgeht, gerade nicht rational und vernünftig. Aus phänomenologischer Sicht gilt: „das Faktum der Vernunft ist nicht selbst vernünftig."[22] Diese Unvernünftigkeit hat gerade das Hegelsche Denken der staatlichen Identität zur Voraussetzung.

Jener Staat, dessen Identität auf Religion beruht und in dem der Tod Gottes nicht möglich ist, ist in globalen Tendenzen unannehmbar. Dieser Staat wird nämlich nie das grundlegende Prinzip der Demokratie – das Kapital – als wirklichkeitsbestimmende Instanz akzeptieren. Anders gesagt: solche staatlichen Einrichtungen sind unter dem Aspekt des Zeitgeistes unhaltbar und finden keinen Anschluss an das Streben nach fortschrei-

22 Bernhard Waldenfels, *Verfremdung der Moderne,* Göttingen 2001, 24.

tender Freiheit. In der Wirklichkeit haben wir es mit staatlichen Formationen zu tun, die, wie es heißt, nicht freiheitsfördernd und gefährlich für die Wahrnehmung demokratischer Rechte und die Verwirklichung der Freiheit sind. Phänomenologisch gesehen steckt dahinter aber das Interesse des Kapitals, sein Streben nach Ausweitung in die Zonen, wo es noch nicht angekommen ist oder seine Dominanz verloren hat. Das wird vor allem in jenen Kulturen oder Traditionen deutlich, die sich als fremd erweisen: „Die Fremdheit, die sich in unserem sprachlichen und szenischen Vorspiel abzeichnet, läßt sich zwiefach fassen, als *Unzugänglichkeit* und *Nichtzugehörigkeit*."[23] Diese Fremdheit als staatliche oder gesellschaftliche Identität wird abgewiesen und als Hauptursache globaler Probleme dargestellt.

Die Ablehnung einer solchen Identität steht hier in Verbindung mit der Ablehnung des Todes Gottes, da er für diese Kulturen das Ende der Identität bedeuten würde. Reale Grundlagen für diese Position finden sich in der Religion als dem epistemologischen Stützpunkt einer Identität, so dass in der Wirklichkeit bestimmte Syntagmen vorkommen, die jene Fremdheit unterstützen, die Gefahr impliziert. Diese implizite Gefahr liegt in der Sinnkonstitution, die auf Surrogaten beruht: „Was wir Moralismus nennen, bedeutet eine Moral ohne Distanz zu sich selbst. Sie zerstört das Leben, das sie zu achten vorgibt."[24] Jede Identität, die sich nicht im Einklang mit diesen Surrogaten bzw. mit der Freiheitsverwirklichung im Zeichen des Kapitals befindet, wird auf der globalen Ebene als nicht annehmbar betrachtet. Die Idee einer Identität in der Totalität wird hier als entscheidend und jeder anderen Möglichkeit und einem anderen alternativen und autonomen Konzept überlegen dargestellt.

Hegels Konzeption war in ihren Ursprüngen auf das Verständnis der Totalität, im Sinne der Zusammenfassung aller Zeiten in einem Horizont, ausgerichtet. „Die Hegelsche Konstruktion, die die Philosophie mit der Geschichte der Philosophie unifiziert, hat auch den Sinn, *die eigene, in Gedanken erfaßte Zeit, mit dem Horizont aller Zeiten, die von der Philosophie in Gedanken erfaßt worden sind, zusammenfallen zu lassen.*"[25] Dieser Zusammenfall geschieht in einem gewissen Sinn mit der politischen Globalisierung, wenn alle Zeiten aufzuhören scheinen, und in einem allen anderen Zeiten gegenüber indifferenten Jetzt zusammengefasst werden. Der epistemologische Sinn des religiösen Lebens nach dem Tod Gottes wird hier der Stützpunkt für die Herstellung einer Identität, die man als Negation des Fremden oder Negation einer jeden anderen Identität schlechthin auffassen kann.

Man kann dies vielleicht an der immer häufigeren Apostrophierung der europäischen Identität als einer christlichen Identität ablesen, aber auch an der Tatsache, dass man die Augen verschlossen hat für die schweren Verbrechen an Fremden und Nicht-

23 Ebd., 41.

24 Ebd., 151.

25 Remo Bodei, „Die „Metaphysik der Zeit" in Hegels Geschichte der Philosophie", in: *Hegels Logik der Philosophie*, hg. von D. Henrich und R.-P. Horstmann, Stuttgart 1984, 86.

Identischen, wie das zum Beispiel im Falle des Völkermordes in Srebrenica war. Hier sollte bei einer kritischen Hegel-Lektüre die Frage gestellt werden: in wie weit kann man das Leben durch philosophische Begriffe erfassen.

Man sollte dabei die Frage nach den vielfachen Konsequenzen nicht aus den Augen verlieren. Bernhard Waldenfels wird auf die Gefahr der Verdoppelung verweisen, sowie davor warnen, dass der Wirklichkeitssinn verloren gehen könnte. „Eine Hermeneutik, die das Identitätsmodell zum Paradigma erhebt, unternimmt eine Verdoppelung des Selbstverstehens in ihrem Versuch, das andere, das Fremde zu verstehen. Sie versucht, das zu Verstehende in seiner Substanz so zu verändern, daß das Fremde zu einem Echo ihrer selbst wird. Wer Wahrheit durch die eigene Tradition und die eigene Tradition durch die Wahrheit exklusivistisch definiert, macht sich der *petitio principii* schuldig und gefährdet eine interkulturelle Verständigung. Verstehen ist nach diesem Modell stets mit irgendeiner Form von Gewalt verbunden."[26] Die Krise der Lebenswelt ist unter anderem auch durch eine starke Einseitigkeit der Hegelschen Philosophie, die in Ansätzen schon bei Kant vorhanden ist, mitverursacht.

Die Kritik der Metaphysik der Identität, die gerade Hegels Philosophie zur Voraussetzung hat, hat letztendlich wiederum ihre eigenen Ausgangspunkte verdrängt. Deshalb konnte die postmoderne Philosophie keinen qualitativen Schritt nach vorn gegenüber der Kritik des Positivismus tun. Der Pragmatismus hat möglicherweise Lösungen angeboten, ohne jedoch auch nur eine einzige Frage, die die Metaphysik gestellt hatte, zu beantworten. Eines der besten Zeugnisse dafür, gerade wegen der Konsequenzen, die sich aus ihr ergeben haben, ist Hegels Rechtsphilosophie.

26 Bernhard Waldenfels, „Heimwelt und Fremdwelt", in: *Interkulturalität. Grundprobleme der Kulturbegegnung*, Mainz 1998, 123.

OTTO KALLSCHEUER, BERLIN/SASSARI

Hegels Theorie der Säkularisierung

Rechtsstaat als protestantisches Prinzip?

„Daß es christlich so sein sollte, wie es von Hegel doziert wurde, daß der Staat von moralischer Bedeutung wäre, daß sich die wahre Tugend nur im Staate zeigen kann (was auch ich ihm in meiner Dissertation kindisch nachpredigte), daß der Zweck des Staates die Veredelung des Menschen ist usw., ist natürlich Unsinn."
Sören Kierkegaard, *Geheime Papiere* (Notabene-Tagebuch 33)

1. Was heißt protestantisch?

Bertrand Russel unterschied in einem Essay aus den zwanziger Jahren „katholische und protestantische Skeptiker" danach, dass die Protestanten von ihrer religiösen „Tradition hauptsächlich in intellektueller Hinsicht abweichen, die Katholiken dagegen vorwiegend in praktischer Hinsicht".

Russel bezieht sich dabei auf die Geschichte des angelsächsischen Sektenprotestantismus. Hier führte der intellektuelle Dissens in der Regel keinesfalls zu einem radikal veränderten sozial-moralischen Verhalten. Während sich also Katholiken ohne die Institution ihrer Kirche moralisch-praktisch verloren (oder freigelassen) fühlten, gehöre für den protestantischen *Dissenter* die Gründung einer neuen Sekte bereits zur eigenen Tradition der Wahrung moralischer Aufrichtigkeit. Er tue damit „nur das, was die Gründer (seiner eigenen) Sekte vor nicht allzulanger Zeit selbst taten". Bertrand Russel fasst seine konfessionelle Typologie im treffenden Bonmot zusammen, „daß die Protestanten gerne gut sind und die Theologie erfunden haben, um gut zu bleiben, wogegen die Katholiken gerne schlecht sind und die Theologie erfunden haben, damit ihre Nächsten schlecht bleiben".[1]

G.W.F. Hegels spekulative Philosophie steht unzweifelhaft nicht nur als ganze – metaphysisch – im völligen Kontrast zu Bertrand Russels empiristischer Einstellung. Sie tut dies auch im Detail. Wenn Hegel etwa in seinen geschichtsphilosophischen Vorlesungen

1 Bertrand Russel, „Über katholische und protestantische Skeptiker", in: ders., *Warum ich kein Christ bin*, Reinbek 1968, 111-118.

das „protestantische Prinzip“ lobt,[2] so geht es ihm dabei um just das Gegenteil jenes intellektuellen Freisinns, wie ihn Protestanten innerhalb der (und/oder im Dissens zur) Church of England entwickelten. Nicht deshalb jedoch, weil der schwäbische Preuße ein positiveres Urteil vom Katholizismus entwickelt hätte als ein Jahrhundert später der britische Freidenker Lord Russel. Bei Hegel lassen sich im Gegenteil allenthalben genügend Charakterisierungen der römischen Kirche finden, die diese Konfession als heteronome „Religion der Unfreiheit“ charakterisieren. Eine Alternative zur katholischen „Verderbnis“ – zu jener „Entwicklung der Unfreiheit des Geistes im Religiösen“, welche im *Ancient Regime* für staatlichen Institutionen rechtlicher und sittlicher Unfreiheit „die Festigkeit der Regierungen gesichert habe“[3] – sucht Hegel jedoch nicht in der radikalen Trennung von Religionsgemeinschaften und Staat. Dies war bekanntlich der transatlantische Ausweg des protestantischen Dissenses aus der Church of England gewesen – und am Ende dieses Weges steht „Amerika“ als eine bürgerliche Gesellschaft mit freiem religiösen Markt, „so daß der Staat nur ein Äußerliches zum Schutze des Eigentums“ war.[4]

Nicht nur aufgrund seiner Ausbildung im Tübinger Stift gehört Hegel vielmehr auf eine zwar recht eigentümliche, doch unverkennbar ‚protestantische‘ Weise in den säkularen Kontext der kontinentalen Fortschrittspartei des neunzehnten Jahrhunderts. Denn Hegels ‚Protestantismus‘ ist natürlich keine theologische Doktrin (und ganz gewiss keine orthodox lutheranische),[5] sondern ein historisch-politisches Interpretament, eine implizite Prognose und wohl auch ein Programm zur Entwicklung des Verhältnisses von Religion und Staat.[6] Es geht ihm dabei um den Zusammenhang zwischen der christ-

2 G. W. F. Hegel, *Vorlesungen über die Philosophie der Geschichte,* TWA 12, 72. Vgl. zum Folgenden v. a. Walter Jaeschke, „Staat aus christlichem Prinzip und christlicher Staat“, in: *Der Staat* 18 (1979), 348-374; ders., „Hegels Begriff des Protestantismus“, in: *Der Protestantismus. Ideologie, Konfession oder Kultur?*, hg. von R. Faber und G. Palmer, Würzburg 2003, 77-91; Elisabeth Weisser-Lohmann, „‚Reformation‘ und ‚Friedrich II.‘ in den geschichtsphilosophischen Vorlesungen Hegels“, und Jörg Dierken, „Hegels ‚protestantisches Prinzip‘ “, in: *Hegels Vorlesungen über die Philosophie der Weltgeschichte*, hg. von E. Weisser-Lohmann und D. Köhler, Bonn 1989 (*Hegel-Studien*, Beiheft 38), 95-121 bzw. 123-146.

3 Siehe TWA 12, 71f., 497; ders., *Enzyklopädie der philosophischen Wissenschaften* § 552 (TWA 10, 356-359).

4 TWA 12, 112.

5 Dies gilt schlagend für den „Begriff des freien Willens“, den uns Hegel als Ergebnis der deutschen Reformation präsentiert, in welcher die „Lutheraner“ für alle Völker „die Fahne des freien Geistes“ gehisst hätten (TWA 12, 496f.). Bekanntlich verfocht Luther im Streit um das *liberum arbitrium* gegen Erasmus die streng augustinianische Gegenposition.

6 Vgl. Dierken, „Hegels protestantisches Prinzip“, a.a.O. (Anm. 2). Jaeschke, „Hegels Begriff“, a. a. O. (Anm. 2) unterscheidet einen bildungsgeschichtlichen Protestantismus bei Hegel (eine Art „Proto-Kulturprotestantismus“), eine geschichtsphilosophische, die Entzweiung und Entzauberung der modernen Welt ausdeutende Diagnose und einen politischen Begriff des Protestantismus. Um letzteren geht es uns hier.

lichen Religion bürgerlicher Freiheit und dem konstitutionellem Rechtsstaat – und beider Nexus es ist auch, den dann später der radikale Flügel des Hegelianismus in Hegels Philosophie kritisieren sollte: In Karl Marxens frühen Auseinandersetzungen mit Hegels System bilden Religionskritik und Staats- oder Bürokratiekritik zwei Seiten derselben Medaille.

Gewiss hat der im wesentlichen im Frankreich des 18. Jahrhunderts elaborierte und dann im Europa des 19. Jahrhunderts ideenpolitisch verallgemeinerte Code der *perfectibilité* des Menschengeschlechts, als ‚Bewegungsbegriff' (Reinhart Koselleck) vom geschichtlichen Fortschritt, selber religiöse Wurzeln.[7] Allein die Annahme, dass geschichtliche Zeit überhaupt eine Richtung hat, ist ja bereits eine (Langzeit-) Folge der jüdisch-christlichen Heilsgeschichte. Doch wurde diese Genealogie von der Fortschrittspartei keineswegs überall anerkannt. Schon aufgrund der ideologischen Schlachtordnung des neunzehnten Jahrhunderts erschien i. d. R. nur eine protestantische Abstammung des Fortschritts plausibel und akzeptabel.[8] Die „liberalen Katholiken" des Jahrhunderts waren schließlich allesamt paradoxe Ausnahmen wie der „gewendete" Ultramontane Abbé Felicité de Lamennais oder später der kosmopolitische britische Historiker Lord Acton. Sie waren zumeist weder im liberalen Milieu wohlgelitten noch wurden sie in der sich zur Festung immunisierenden, ideologisch dogmatisierenden und herrschaftlich zentralisierenden Papstkirche toleriert.[9]

Die protestantische Glaubensunmittelbarkeit hingegen zielte – seit Martin Luthers Eintreten für das „Priestertum aller Gläubigen" – auf die Aufhebung jedes Klassenunterschiedes zwischen Priestern und Laien im Angesichte des Sündenfalls, d. h. angesichts der Gnadenbedürftigkeit *aller* Menschen. Gewiss ließ sich der ganz auf „das Herz, die empfindende Geistigkeit des Menschen"[10] ausgerichtete paulinisch-augustinische Subjektivismus sowohl schwärmerisch als auch liberal auslegen. Bei G. W. F. Hegel finden wir in der Tat beide – durchaus gegensätzliche – Interpretationen: Auf die erste Variante, den proto-romantischen „Kommunitarismus" des jungen Hegel,[11] wird im Folgenden nur kursorisch verwiesen. Denn weitaus einflussreicher war seine spätere Ableitung des modernen Konstitutionalismus aus protestantischem Geist.

7 Siehe Karl Löwith, *Weltgeschichte und Heilsgeschehen*, Stuttgart 1953; vgl. auch Löwiths Beitrag „Hegels Aufhebung der christlichen Religion", in: *Heidelberger Hegel-Tage*, hg. von H. G. Gadamer (*Hegel-Studien*, Beiheft 1), Bonn 1964.

8 Claude Henri de Saint-Simon sieht im Jahre 1825 „l'opinion publique des Européens étant favorable au protestantisme, tandis qu'elle est contraire au catholicisme" – aber spricht damit natürlich nur für den aufgeklärten Teil der öffentlichen Meinung. C. H. de Saint-Simon, *Nouveau Christianisme. Dialogues entre un conservateur et un novateur*, Paris 1825 (Reprint Milano 2003), 39.

9 Immer noch lesenswert zu diesem gesamten Fragenkomplex bleibt Hans Maier, *Revolution und Kirche*, München 2006 (zuerst 1959).

10 TWA 12, 496.

11 Vgl. Karl Rosenkranz, *Georg Wilhelm Friedrich Hegels Leben*, Berlin 1844 (Nachdruck 1998), S. 45-62.

2. Vollendete Reformation

Danach lässt sich die politische Emanzipation – hegelisch: die „Durchbildung und Durchdringung des weltlichen Zustandes“ durch das Prinzip der Freiheit im Verfassungsstaat – als Verwirklichung des „christlichen Prinzips, des Selbstbewußtseins der Freiheit“ deuten. Ebendieser – weltgeschichtliche – „Fortschritt im Bewußtsein der Freiheit“ bedeutete freilich umgekehrt, dass im lutherischen Nordeuropa die Institution der Gewissensfreiheit, zur *established church*, einer quasi-staatlichen Anstalt wird. Nun wird auch noch der reife Hegel eine Staatskirche – also den direkt konfessionellen Staat – als freiheitswidrig ablehnen. Gleichwohl bleibt seine staatspolitische Adaption des „protestantischen Prinzips“ eine kritische Rationalisierung (und partielle, interne Überwindung durch Ausdifferenzierung) der durch die staatliche Hoheit über die Landeskirchen „vollendeten Reformation“.[12] Der radikale, staatskirchenkritische Flügel der Reformation war ja auf dem Kontinent seit dem dreißigjährigen Kriege eliminiert worden; die Trennung von Kirche und Staat war zunächst keine Option; Antinomisten und Täufer, liebeskommunistische Schwärmer und Sekten mussten ebenso wie die disziplinierten puritanischen „Heiligen“ in die Neue Welt auswandern.

Und also ist es kein Wunder, wenn wir im deutschen Vernunftprotestantismus zu Beginn des neunzehnten Jahrhunderts nicht allein eine Rationalisierung des älteren pietistischen Patriotismus am Werke sehen, sondern auch bereits einer ersten Version der Säkularisierungstheorie begegnen. Säkularisiert wird in ihr freilich nicht die Institution der Kirche als solche, sondern nur ihre Selbständigkeit – und die ehedem kirchliche Religiosität transformiert sich über die Jahrhunderte zunehmend in staatsbürgerliche Sittlichkeit und/oder nationale Identität. Diese Entwicklung ist in Hegels Lösung des Verhältnisses von Staat und Kirche vorgezeichnet, für die europäisch-kontinentalen Verhältnisse war Hegels Skizze in der Tat zukunftsweisend. Ich schlage vor, sie als Prognose der Entwicklung vom konfessionellen Staat hin zur „kooperativen Trennung“ von Staat und Kirche zu lesen[13] – wie diese findet sie heute ihre Grenzen in der weitgehenden Vernachlässigung des Problems des religiösen Pluralismus.

Wir finden Hegels Säkularisierungstheorie in seiner These von der ‚guten‘, d. h. protestantischen *Verweltlichung* des christlichen Prinzips durch den freiheitlich verfassten Staat – natürlich im Gegensatz zur ‚schlechten‘, eben nur äußerlichen Verweltlichung

12 Im Sinne von Carl Schmitts Deutung des Hobbes'schen politischen Dogmas „that Jesus is the Christ“, wonach bei Hobbes „die religiöse Einheit und Besonderheit der einzelnen christlichen Kirchen gewahrt [bleibt], weil sie durch die souveräne Entscheidung des christlichen Souveräns getragen ist. Das ist ein *cuius regio eius religio*, und eben deshalb keine Neutralisierung“ der Religion. C. Schmitt, „Die vollendete Reformation“, in: ders., *Der Leviathan in der Staatslehre des Thomas Hobbes*. Mit einem Anhang hg. von G. Maschke, Köln 1982, 137-178 (hier 612).

13 Zu dieser Begrifflichkeit vgl. etwa Friedrich Wilhelm Graf, „Enge Kooperationen, radikale und hinkende Trennungen, in: *Neue Zürcher Zeitung*, 5. Juli 2008.

von Theologie und Philosophie in der katholischen Scholastik. [14] In letzterer nämlich wurde der Gegensatz von Unendlichkeit und Endlichkeit, von geistlicher und weltlicher Sphäre gerade nicht aufgehoben; stattdessen werden in der katholischen Metaphysik auf die göttliche Transzendenz und Unendlichkeit diesseitige, endliche Begriffe appliziert.

Anders in einer hegelisch-protestantisch, unter dem „Panier des freien Geistes"[15] – also nach Vernunftprinzipien rechtlich verallgemeinerter Freiheit – wohlgeordneten Moderne. Hier geht es anders zu: rechtsstaatliche Institutionen, die als Gemeinde verfasste Kirche, und die sozialmoralischen Routinen in Familie und bürgerlicher Gesellschaft stützen einander wechselseitig – sie bilden zusammenspielende Momente ausdifferenzierter „Sittlichkeit". Durch äußerlichen Zwang sanktionierte Vorschriften in der Religion oder gar die buchhalterische Verrechnung von guten „diesseitigen" Werken mit „jenseitigen" Strafen werden in dieser bürgerlichen Welt überflüssig. Stattdessen wird die Freiheit des Christenmenschen nun durch die moralische „Innenleitung" (David Riesman) der Gott-unmittelbar gestellten Individuen stabilisiert.[16] (Ohnehin war ja katholischer Aberglauben in jenseitige Strafen und ihre Abzahlbarkeit durch irdische Ablässe nur die Kehrseite päpstlicher oder absolutistischer Despotie gewesen.)

In einer derart freiheitlichen, nach den hegelischen Rezepten verweltlichten Moderne *verinnerlicht* die protestantische Moral die vormals durch externe Agenturen erzwungene Glaubens- und Gewissenskontrollen; und die vernünftigen Routinen der Lebensführung freier Bürger *sedimentieren* sich zur Sittlichkeit.[17] Ruhe ist die erste Bürgerpflicht.

3. Staatsreligion, Separatismus, Kooperation

Wo liegt nun hier ein Problem? Wenn eine durch die Folgen der Reformation sittlich imprägnierte „Volksreligion" als nationale oder Landeskirche selber zur staatlich regulierten Anstalt wird, so beseitigt sie *eo ipso* auch ihre eigene Selbständigkeit. Sie ist ja jetzt – um hier Hegels Terminologie aus seinen eigenen staatskirchenkritischen Frühschriften leicht zweckzuentfremden – keine rein religiöse oder moralische „Gesellschaft"

14 Ich folge hier Giacomo Marramao, *Cielo e terra. Genealogia della secolarizzazione*, Roma/Bari 1994, 27-36 (deutsch: *Die Säkularisierung der westlichen Welt*, Frankfurt/M.und Leipzig 1996).

15 Mit der Reformation ist für Hegel „das neue, das letzte Panier aufgetan, um welches die Völker sich sammeln, die Fahne des *freien Geistes*, der bei sich selbst, und zwar in der Wahrheit ist und nur in ihr bei sich selbst ist". (TWA 12, 496).

16 David Riesmans soziologischer Klassiker (und Bestseller) *Die einsame Masse* (Reinbek 1958) unterschied bekanntlich zwischen dem Typus des traditionsgeleiteten, des innengeleiteten und des außengeleiteten Menschen.

17 In seinen *Vorlesungen über die Philosophie der Religion* skizziert Hegel diese für das protestantische Nordeuropa charakteristische positive Rückkoppelung sogar als „vorausgesetzte ursprüngliche Harmonie" zwischen Religion und Staat: TWA 16, 240-246.

mehr, welche als innerliche, „unsichtbare Kirche“ das Reich der Moralität ohne jegliche staatliche Interferenz verwaltete.

Einen solcherart konfessionellen Staat hatte bereits der junge Hegel kritisiert: Wenn nämlich der „geistliche Staat“ [sc. die Kirche] „zugleich den Umfang des bürgerlichen Staates hat“, dann wird „durch das Ausschließen aus dem geistlichen Staate ein Mensch auch [zugleich] seiner bürgerlichen Rechte verlustig“.[18] Diese direkte, konfessionelle „Einheit des Staat und der Kirche“ sollte aber auch der späte Hegel explizit ablehnen. An prominenter Stelle (im berühmten §. 270 seiner Rechtsphilosophie)[19] schreibt er der konfessionellen Spaltung der Christenheit sogar eine freiheitsgeschichtlich produktive Funktion zu, insofern der Staat „*nur durch sie* [sc. durch „die kirchliche Trennung“ in verschiedene Konfessionen] hat werden können, was seine Bestimmung ist, die selbstbewußte Vernünftigkeit und Sittlichkeit“. Denn nur „über den *besonderen* Kirchen hat der Staat die *Allgemeinheit* des Gedankens, das Prinzip seiner Form, gewonnen und bringt sie zur Existenz“.[20]

Ein nationales Staatskirchentum oder eine direkte institutionelle Unterordnung der Kirche, bei der dem staatlichen Souverän die Rolle des *summus episcopus* zukäme, entspricht also Hegels Programm keineswegs.[21] Und folgerichtig lehnte Hegel auch in seiner Berliner Zeit eine staatspolitisch inspirierte oder gesteuerte Kircheneinigung wie die (nicht zuletzt von von Friedrich Schleiermacher geförderte) „Altpreußische Union“ aus Lutheranern und Calvinisten ab – ganz zu schweigen von noch weitergehenden ökumenischem Projekten wie G. W. Leibniz ‘ „katholischer“ Idee einer europäischen Wiedervereinigung aller christlichen Kirchen.[22]

Und doch kann Hegel in einem weiteren Sinne durchaus als ein Theoretiker staatlich gestützter und geschützter kirchlicher Religion gelten – also einer „established religion“ in genau jenem Sinne, den der erste Zusatzartikel der U.S.-amerikanischen Verfassung verbietet.[23] Dies gilt freilich nur unter der Voraussetzung, dass man – mit Hegel – in der europäischen Geschichte den vernünftigen Staat und die christliche Religion nicht als zwei getrennte und selbständige Einheiten ansieht. Für Hegel sind freiheitlicher Staat

18 Siehe die kritischen Skizzen des jungen Hegel zur „Positivität der christlichen Religion“ in seinen sogenannten theologischen Jugendschriften, in: Hegel, *Frühe Schriften,* TWA 1, 104-236, hier 134ff., 140, 144f.; vgl. dazu Karl Rosenkranz, *Hegels Leben*, a. a. O. (Anm. 11); zur weiteren Entwicklung der Haltung Hegels siehe Walter Jaeschke „Staat aus christlichem Prinzip und christlicher Staat“, a. a. O. (Anm. 2).

19 G. W. F. Hegel, *Grundlinien der Philosophie des Rechts*, (im Folgenden: Rph), TWA 7, 415-431. Zum Folgenden siehe allgemein Ernst-Wolfgang Böckenförde, „Bemerkungen zum Verhältnis von Staat und Religion bei Hegel“, in: *Der Staat* 21 (1982), 481-503.

20 Rph, § 270 (TWA 7, 428).

21 Siehe Jaeschke, „Staat aus christlichem Prinzip“, a. a. O. (Anm. 2), 353-355.

22 „Leibniz ließ sich noch mit dem Bischof Bossuet über die Vereinigung der Kirchen ein, aber das Tridentinische Konzilium bleibt ein das unübersteigliche Hindernis“ (TWA 12, 498).

23 „Congress shall make no law respecting an establishment of religion etc.“

und christliche Religion vielmehr parallele „Verwirklichungsformen der gleichen, und zwar einer einheitlichen Substanz: Die Religion im weiteren Sinne, d. h. der göttliche Geist in der Welt, differenziert sich, eine je eigene Wirklichkeitsform hervorbringend, in die Religion im engeren Sinn (Kultus, Lehre, Kirche) und den Staat".[24]

Die einheitliche normativ-institutionelle Ordnung des mittelalterlichen Europa hatte sich in den Religionskriegen der frühen Neuzeit aufgelöst. Aus dieser „Entzweiung" zwischen den christlichen Konfessionen und Staaten zieht aber Hegel nicht den Schluss des freikirchlichen, „schwärmerischen" Sektenprotestantismus, nun komme es darauf an, zwischen Kirche und Staat eine „Trennmauer"[25] zu errichten. Diese separatistische Lösung hatte im 17. Jahrhundert zunächst der radikale Baptist Roger Williams für die Neuen Welt[26] – und dann, einige Jahrzehnte später, der liberale Anglikaner John Locke in England verfochten.

Natürlich weiß Hegel ebensogut wie John Locke, dass „niemand, selbst wenn er wollte, seinen Glauben dem Diktate anderer anpassen (kann)".[27] In seinen kritischen Skizzen zur „positiven Religion" hatte bereits der junge Hegel darauf insistiert, dass die

24 Böckenförde, „Bemerkungen zum Verhältnis von Staat und Religion bei Hegel", a. a. O. (Anm. 19), 488f.

25 Gewöhnlich wird die Forderung eines „wall of separation between church and state" auf Thomas Jefferson zurückgeführt. Doch bereits 1644 forderte der radikale Protestant Roger Williams in seiner Auseinandersetzung mit dem Vertreter der puritanischen Orthodoxie in der Massachusetts Bay-Kolonie, dem Bostoner Pastor John Cotton, in der „Trennmauer zwischen dem Garten der Kirche und der weltlichen Wildnis" keine Lücke einreißen zu lassen, also die kirchlichen Angelegenheiten nicht durch die Autorität weltlicher Gesetze zu regeln (und umgekehrt). Aus der Bostoner Kolonie vertrieben, gründete Williams die Siedlung Providence auf Rhode Island. Für zwei unterschiedlich akzentuierte Porträts dieses amerikanischen Vorkämpfers der Religionsfreiheit siehe etwa das 30. Kapitel in Garry Wills' Buch *Under God. Religion and American Politics*, New York 1990; und das 2. Kapitel von Martha C. Nussbaum, *Liberty of Conscience*, New York 2008.

26 Williams vertrat eine radikale, innerweltlich demokratische *und* heilsgeschichtlich pessimistische Version der augustinischen Trennung zwischen der *civitas Dei* und dem weltlichen Gemeinwesen: „the sovereign, original and foundation of civil power lies in the people", aber dieses Volk lebt im Stande der Erbsünde. Wer also der Volkssouveränität Autorität über die Kirche zuschreibe, tue nichts anderes als „to pull God and Christ and Spirit out of heaven and subject them to natural, sinful, inconstant men, and so consequently to Satan himself". Roger Williams, *The Bloody Tenent of Persecution* (1644), zitiert nach Gary Wills, *Under God*, a. a. O. (Anm. 25), 348. Wills fügt hinzu: „precicely *because* he was a democrat in politics, Williams would not let politicians preside over the church. He believed men are (sc. seit dem Sündenfall) too depraved to be given such a divine trust." – Hegel scheint in beiden Hinsichten vom Gegenteil überzeugt: Eher skeptisch gegenüber jeder radikaldemokratischen Volkssouveränität eingestellt, bleibt er hingegen ein (heils)geschichtlicher Optimist – und auch seine Geschichtsphilosophie lässt sich ja als „präsentistische Eschatologie" (Wolfhart Pannenberg) lesen.

27 John Locke, *Ein Brief über Toleranz*, übersetzt und hg. von Julius Ebbinghaus, Hamburg 1957, 15. Vgl. dazu Michael Walzer, *Sphären der Gerechtigkeit*, Frankfurt/M. und New York 1992, 10. Kapitel.

von Religionen hervorgebrachte „Gesinnung [...] kein Objekt bürgerlicher Gesetze werden kann".[28] Ohne an diesem Prinzip zu rütteln, sieht später der Autor der *Grundlinien der Philosophie des Rechts* bzw. der *Enzyklopädie der philosophischen Wissenschaften* in einer völligen Trennung beider „Staaten" das Risiko von Anomie. Wenn nämlich Staatsbürgerethos und religiöse Überzeugung in Gegensatz zueinander treten, werden sie unter den Bedingungen der modernen Entzweiung ihre gemeinsame ‚Substanz' vergessen oder verkennen. Ein Bewusstsein darum, dass auch der Staat zur Religion im weiteren Sinne gehört – insofern er einen Rahmen gesellschaftlicher Sittlichkeit institutionalisiert – ist für Hegel mithin die Bedingung der Möglichkeit dafür, um die Religion im engeren Sinne, verstanden als Kirche und Kultus, innerhalb dieses Rahmens frei walten zu lassen.

Folgerichtig wendet sich Hegel ebenso wider eine bloß privatistisch „frömmelnde" antipolitische Erbauungsreligion wie gegen jede aktivistische politische (oder politisierte) Theologie.[29] Doch er legt großen Wert darauf, die von einer modernen Verfassung der Freiheit geforderte funktionale Differenzierung von Kirche und Staat (als institutionell geschiedenen Gestalten der „Sittlichkeit") nicht zur substantiellen Scheidung werden zu lassen: „Es ist die philosophische Einsicht, welche erkennt, dass Kirche und Staat nicht im Gegensatze des *Inhalts* der Wahrheit und Vernünftigkeit, aber im Unterschied der Form stehen".[30]

Wenn wir nach aktuellen Parallelen zu diesem Hegelschen Ideal eines freiheitlichen Verhältnisses von Kirche(n) und Staat Umschau halten, brauchen wir nicht weit zu suchen. Das aus der Weimarer Verfassung in das bundesdeutsche Grundgesetz übernommene Modell ihrer (sog. ‚hinkenden') kooperativen Trennung bildet ein fast perfektes Exempel. Nach der treffenden Charakterisierung eines ihrer aktuellen Protagonisten kann ja heute der Staat „nicht mehr das Maß an Autarkie und Souveränität an den Tag legen, wie es noch im 19. und weit hinein in das 20. Jahrhundert der Fall war. Er muß deshalb die gesellschaftlichen Kräfte respektieren, die diese Werte [sc. die ethischen Grundwerte des Gemeinwesens] vermitteln, weitergeben und pflegen. Gewiß sind dies nicht Religion und Kirche allein [...]. Aber zweifellos haben Ethik und Religion, deren Träger insbesondere die Kirchen sind, hier eine besondere Funktion. Der Staat verhält sich der Religion und den Kirchen gegenüber auch nicht bloß im Sinne einer passiven, negativen Duldung (negative Religionsfreiheit), sondern er hält diesen Sinnträgern der Gesellschaft, ohne sich direkt für sie einzusetzen, einen aktiven Raum offen, in dem diese sich selbst nach ihren Vorstellungen einbringen und betätigen können."

Ende Oktober 2007 hat der Mainzer Erzbischof und Vorsitzende der deutschen Bischofskonferenz Karl Kardinal Lehmann diese Thesen zum schiedlich-friedlichen

28 Hegel, „Positivität der christlichen Religion", in: TWA 1, 137.

29 Hierhin gehört auch Hegels Deutung des Fanatismus. Vgl. Christophe Bouton, „Die Furie der Zerstörung", in: *Sinn und Form* 2007, 437-453.

30 Hegel, Rph, § 270 (TWA 7, 425).

Verhältnis von Staat und Kirche im Frankfurter ‚Haus am Dom' vorgetragen.[31] (Natürlich durfte dabei auch der obligate Hinweis auf das ‚Böckenförde Theorem'[32] nicht fehlen.) Lehmann sprach dabei von den „wirklich neue(n) Perspektiven", die eine solche Betrachtung „für eine heutigen Verhältnissen entsprechende Bestimmung der Relation zwischen Religion und Gesellschaft, Kirchen und Staat" eröffne. Doch mit Verlaub – wo ist hier das Neue? Ersetzen wir die ‚Instanzen der Werte-Vermittlung' durch ‚Gestalten der Sittlichkeit', so fällt es schwer, die Auffassungen des liberalen katholischen Kardinals Lehmann von denen des vernünftigen Protestanten Hegel zu unterscheiden. Dies – wohlgemerkt – ist ein Kompliment für Hegels geschichtsphilosophische Prognose.

4. Rechtsstaat als Zivilreligion?

Das protestantische Wirken des Heiligen Geistes in der Welt produziert also für Hegel den weltlichen Fortschritt als rechtliche Verallgemeinerung der christlichen Innerlichkeit; und diese Verweltlichung des Christentums führt uns „an das *letzte Stadium der Geschichte*". Während in Frankreich, einem Lande katholischer Hitzköpfe, schon die Aufklärung antiklerikal ausfiel und mit den Septembermassakern die Revolution zum Terror entartete, kann im im protestantisch vernünftigen Deutschland die einmal eingerichtete konstitutionelle Monarchie die legitime Staatsreform einleiten.[33]

Ein säkularer, doch historisch aus protestantischen Freiheitsideen erwachsener Staat, der mit einer ‚entgegenkommenden', kirchlich organisierten Sittlichkeit kooperiert – das also wäre Hegels ‚Staat aus christlichem Prinzip'.[34] Eher als auf eine staatliche Konfession läuft also Hegels protestantisches Prinzip auf eine Art „Zivilreligion" des

31 Karl Lehmann, „Zum schiedlich-friedlichen Verhältnis von Staat und Kirche heute", Vorlesung im Haus am Dom, Frankfurt/M. in der Reihe „Grenzen der Rechtsordnung", 29. Oktober 2007, Mskr., 10.

32 „Der freiheitliche, säkularisierte Staat lebt von Voraussetzungen, die er selber nicht garantieren kann. Das ist das große Wagnis, das er, um der Freiheit willen, eingegangen ist. Als freiheitlicher Staat kann er einerseits nur bestehen, wenn sich die Freiheit, die er seinen Bürgern gewährt, von innen her, aus der moralischen Substanz des einzelnen und der Homogenität der Gesellschaft reguliert. Andererseits kann er diese inneren Regulierungskräfte nicht von sich aus, das heißt mit den Mitteln des Rechtszwangs und autoritativen Gebots zu garantieren versuchen, ohne seine Freiheitlichkeit aufzugeben und – auf säkularisierter Ebene – in jenen Totalitätsanspruch zurückzufallen, aus dem er in den konfessionellen Bürgerkrieg herausgeführt hat." E. W. Böckenförde, „Die Entstehung des Staates als Vorgang der Säkularisation" (1967), in: *Säkularisierung*, hg. von H.-H. Schrey (Wege der Forschung CDXXIV), Darmstadt 1981, 67-89, hier 88.

33 TWA 12, 524ff.

34 Freilich ist diese hegelisch-protestantische Interpretation nur eine mögliche Deutung dieser Entwicklung. Erinnert sei etwa an die katholisch-naturrechtliche Deutung des französischen Philosophen Jacques Maritain, die dieser nach dem II. Weltkriege in seinen Vorlesungen in den U.S.A. entwickelte: J. Maritain, *Man and the State*, Chicago 1951. Vgl. dazu O. Kallscheuer, *Gottes Wort und Volkes Stimme. Glaube Macht Politik*, Frankfurt/M. 1994, 3. Kapitel (v.a. 68ff.).

Rechtsstaats hinaus – in ganz anderem Sinne freilich als die *religion civile* im berühmten Schlusskapitel des Rousseauschen *Contrat social.* (Für den proto-romantischen Republikanismus des jungen Hegel war Rousseau natürlich ein wichtiger Anknüpfungs- und Abstoßungspunkt gewesen.)

Rousseau hatte ja seine „Religion des Bürgers" eher als eine Art staatlich kontrollierter theistischer Minimalreligion konzipiert – um diese dann in seinen zur Verteidigung wider die Anschuldigungen der Gottlosigkeit beim calvinistischen Genfer Magistrat verfassten *Lettres écrites de la montagne* mit dem kleinsten gemeinsamen Nenner der Reformation mehr schlecht als recht zu identifizieren.[35] Im Buch vom Gesellschaftsvertrag legt der Kollektivwillen des Souveräns zur Stärkung der „Gefühle des gesellschaftlichen Zusammenlebens, ohne die man weder guter Staatsbürger noch treuer Untertan sein kann", einige wenige Dogmen der *religion civile* fest: „Die Existenz einer mächtigen, vernünftigen, wohltätigen, vorausschauenden Gottheit, das künftige Leben, die Belohnung der Gerechten, die Bestrafung des Bösen, die Heiligkeit des Gesellschaftsvertrags und der Gesetze". Ungläubige sollen verbannt – und ihrem öffentlichen Bekenntnis Zuwiderhandelnde sollen (wegen Meineid) mit dem Tode bestraft werden. Intoleranz gebührt allen Kulten, die diesen positiven Dogmen widersprechen. Ja, der *citoyen de Genève* fügt eigens hinzu, es sei ein Irrtum, zwischen staatsbürgerlicher und theologischer Intoleranz zu unterscheiden. „Beide sind untrennbar. Es ist unmöglich, mit Leuten, die man für verdammt hält, im Frieden zu leben; sie zu lieben hieße Gott hassen, der sie bestraft. Man muß sie bekehren oder peinigen."[36]

Die Begründung eines ‚zivilreligiösen' Grundkonsenses hingegen, welche wir bei Hegel finden, lässt sich eher als eine Überwindung des protestantischen Landeskirchentums unter Beibehaltung seines Ethos verstehen. Hegels (theologisch) liberale Interpretation der Ergebnisse der Reformation klammerte ja bereits ihren (theologischen) Ausgangspunkt aus – insbesondere die ‚terroristischen' Aspekte der augustinischen Prädestinationslehre.[37] Aber Hegel ‚rationalisiert'[38] die schwärmerischen Anteile protestantischer Innerlichkeit, indem er das verallgemeinerte Prinzip der Subjektivität zur Grundlage des Rechtsstaates macht.

„[D]er Protestantismus fordert, daß der Mensch nur glaube, was er wisse, daß sein Gewissen als ein Heiliges unantastbar sein solle; in der göttlichen Gnade ist der Mensch nichts Passives; er ist mit seiner subjektiven Freiheit wesentlich dabei, und in seinem Wissen, Wollen, Glauben ist das Moment der subjektiven Freiheit ausdrücklich gefor-

35 J.-J. Rousseau, *Briefe vom Berge*, in: ders., *Kulturkritische und politische Schriften*, Bd. 2, hg. von M. Fontius, Berlin 1989, 159ff.

36 J.-J. Rousseau, *Gesellschaftsvertrag*, hg. von H. Brockard, Stuttgart 1977, 151f.

37 Vgl. *Logik des Schreckens, Augustinus' Gnadenlehre von 397*, hg. von K. Flasch, Mainz 1990.

38 Er tut dies übrigens in beiden Bedeutungen des Wortes ‚Rationalisierung': in psychoanalytischer wie in modernitätstheoretischer Hinsicht.

dert".[39] Die reformatorisch (selbst)bewusst gewordene „empfindende Geistigkeit des Menschen, die in den Besitz der Wahrheit kommen kann und kommen soll", muss weltgeschichtlich als freie Subjektivitität verstanden werden – und zwar „die *aller Menschen*".[40] Daraus aber folgt, dass in auf dieser Grundlage rechtlich zivilisierten „protestantischen Staaten [...] jene Einheit der Religion und des Staates vorhanden ist. Die Gesetze des Staates gelten als Vernünftige und als ein Göttliches wegen dieser vorausgesetzten ursprünglichen Harmonie, und die Religion hat nicht ihre eigenen Prinzipien, die denen widersprechen, die im Staate gelten".[41]

Natürlich war die von Hegel einfach 'vorausgesetzte ursprüngliche Harmonie' zuvor durch das Territorialprinzip des konfessionellen Zeitalters mit Zwang durchgesetzt worden. Erst auf dieser Basis einer erzwungenen konfessionellen Homogenisierung entstand dann jener weitreichende politische, kulturelle, religiöse Fundamentalkonsens, den zunächst das Landeskirchentum als staatliche Anstalt verwaltete – und den Hegel dann zu einer funktional ausdifferenzierten Sittlichkeit in der Kooperation von Staat und Kirchen rationalisieren will.

In Europa geschah die Zivilisierung des Religiösen durch den Staat, und zwar auf im Einzelnen durchaus verschiedenen Wegen (welche in den klassischen Säkularisierungstheorien nicht hinreichend unterschieden werden).[42] Im Gegensatz zum katholischen Lateineuropa – aber auch anders als im sektenprotestantisch besiedelten und beseelten Nordamerika – war es im protestantischen Norden Europas der konfessionelle Staat, der die machtpolitisch „vollendete Reformation" (Carl Schmitt) verwirklichte. Damit aber bereitete die verstaatlichte, volks- oder landeskirchliche Gestalt des Christentums seine Verweltlichung bereits vor, bis dann am Ende (in den Worten Sören Kierkegaards) „das Christentum durch seine Verbreitung abgeschafft worden ist".[43]

Hegels Philosophie des objektiven Geistes und seine religionsgeschichtliche Lektüre der politischen Folgen der Reformation formuliert *eine* Variante dieses kontinentaleuropäischen Weges – vom konfessionellen Staat hin zu einer nur mehr säkularen Staatsräson, jedoch mit einer entgegenkommenden, in kooperativer Partnerschaft mit den Kirchen gestalteten ‚zivilreligiösen' Sittlichkeit. Lesen wir Hegels Skizze heute (also im geschichtsphilosophischen „Futur II") als Prognose von vorgestern, so erscheint sie sogar erstaunlich weitsichtig. Hegel bemüht sich um begriffliche *und* kirchenpolitische

39 TWA 16, 242.

40 TWA 12, 496.

41 TWA 16, 238. – Immerhin hat Hegel die Kehrseite der lutherischen Gehorsamsethik („daß man Gott gehorcht, indem man den Gesetzen und der Obrigkeit folgt, den Mächten, welche den Staat zusammenhalten") nicht beschönigt, sondern an gleicher Stelle auch klar benannt: „ganz abstrakt genommen" bedeute die lutherische Pflicht zum Gehorsam wider die weltliche Obrigkeit: „man soll den Gesetzen gehorchen, *sie mögen sein wie sie wollen.*"

42 Die beste Kritik daran bleibt David Martin, *A General Theory of Secularization,* Oxford 1978.

43 Sören Kierkegaard, *Der Augenblick* (1855), (Die andere Bibliothek 48) Frankfurt/M. 1990, passim.

Flexibilität, er differenziert zwischen kirchlichen und staatlichen Institutionen, zwischen dem „Geist" der Reformation und dem Staatskirchentum seiner Gegenwart.

Ist aber Hegels Modell einer die sittliche Essenz der kirchlich verfassten Religion ‚rettenden' Säkularisierung auch heute noch aktuell? Setzt es nicht einen weitgehend homogenisierten Grad nationaler „Leitkultur" voraus – einen „Volksgeist",[44] der auch im säkularen Nationalstaat noch von seiner konfessionalistischen Vorgeschichte geprägt bleibt? Oder, in Deutschland, nur vom Konflikt und dann Kompromiss nur zwischen den beiden großen Konfessionen? Bleibt der Rahmen (national)staatlich gesteuerter Säkularisierung auch die Antwort auf Probleme einer gesellschaftlich multireligiösen „Sittlichkeit" in Einwanderungsgesellschaften – sprich: unter den Bedingungen ökonomischer wie kultureller Globalisierung, also einer ökonomischen wie kulturellen *Ent*mächtigung des Nationalstaats?[45]

Hier sind Zweifel erlaubt.

44 Hegel, E^3, §§ 549, 552 (TWA 10, 350 u. 353f.); vgl. TWA 12, 73f., 559.

45 Siehe dazu O. Kallscheuer, „Zwischen Empire und Diaspora. Acht Fragen zum religionspolitischen Ort Europas", in: *Westliche Moderne, Christentum und Islam*, hg. von W. Palaver, R. Siebenrock und D. Regensburger (Edition Weltordnung – Religion – Gewalt 2), Innsbruck 2008, 17-28.

Mirko Wischke, Halle

Gesetz und Zwang

Über das Verhältnis von Politik und Recht in Hegels ‚Grundlinien der Philosophie des Rechts'

„Was nach positiven Gesetzen recht ist ist Rechtens (*iuris est*). Rechtmäßig was den Rechtsgesetzen nicht wiederspricht."
Immanuel Kant

Worauf ist die ‚Herrschaft der Gesetze' begründet? Ist die Legitimität dieser Herrschaft bereits durch die Gesetze gesichert?

Unter der ‚Herrschaft der Gesetze' sind Willkür und Gewalt durch gesetzliche Regelungen abgelöst, die den öffentlichen Gewalten der Rechtspflege (Justiz) überantwortet sind. Diese öffentlichen Gewalten sind durch den Staat politisch gestaltet. Wo die ‚Herrschaft der Gesetze' ihre feste Wohnstatt hat, ist der Staat ein Rechtsstaat. An dieser Auffassung lässt Hegel keinen Zweifel aufkommen, zumal er betont, dass Gewalt rechtlos, d. h. gesetzlos ist.

Die Frage ist, worauf die ‚Herrschaft der Gesetze' ihre Autorität und die Macht ihrer Verbindlichkeit stützt. Ist unter der ‚Herrschaft der Gesetze' das Moment der Gewalt am Gesetz eliminiert? Diese Frage ist unter der Prämisse präzisierungsbedürftig, dass das – wie in Hegels *Grundlinien* zu erfahren ist –, „was an sich Recht ist", im Gesetz zu dem wird, was Recht ist und als Recht gilt; im Gesetz erhält das Recht die „Form seiner Allgemeinheit" (§ 211), wodurch es positives Recht wird. Als der Inbegriff der Gesetze hat das Recht den Zweck, an die Stelle der Gewalt das Gesetz und an die der rächenden Vergeltung die gerechte Bestrafung zu setzen. Vor dem Hintergrund dieser Prämisse formuliere ich die Frage, ob unter der ‚Herrschaft der Gesetze' das Moment der Gewalt am Gesetz eliminiert ist, um, und zwar zu der Frage: Ist das Recht ohne Gewalt, d. h. ohne nötigenden Zwang, und zwar nicht allein gegenüber rechtsverletzender Widersetzlichkeit?

Diese Frage verneinen Kant und Fichte, wenn sie der Überzeugung Ausdruck verleihen, dass Recht und Gesetz zwingend bzw. nötigend, wie Kant es zuweilen nennt, sein müssen. Auch Hegel räumt ein, dass Gewalt bzw. Zwang unverzichtbar ist, wenn es darum geht, auf Gewalt *rechtlich* zu reagieren (§ 93) – um zugleich hinzufügen, dass Gewalt und Zwang letztlich immer *unrechtlich* sind (§ 92). Diese Antwort hätten Kant und Fichte nur bedingt akzeptiert.

Recht als Vertrag: Kant und Fichte

Laut Kant und Fichte sind Recht und Gesetz, auch wenn sie Gewalt ausschließen, selbst doch keineswegs gewaltfrei – und dürfen es auch gar nicht sein: Die wechselseitigen Erwartungen an das äußere Verhalten kann das Recht allein aufgrund seines zwingenden Charakters stabilisieren. Um wechselseitig Erwartungen an das Verhalten anderer richten zu können, muss das Recht laut Kant die „Freiheit eines jeden auf die Bedingung ihrer Zusammenstimmung mit der Freiheit von jedermann“ einschränken.[1] Die problematische Konstellation des Rechts ergibt sich primär nicht aus der Relation zur Gewalt, sondern aus dem Bezug des Rechts auf Freiheit und seinen zu zügelndem Potential an Gewalt. Um überhaupt in Freiheit miteinander leben zu können, ist das Tun Regeln zu unterwerfen. Freiheit ist ein Potential an Gewalt inhärent, dass gezügelt werden muss, wenn es nicht eskalieren soll. So verweist Fichte im „System der Rechtslehre 1812“ darauf, dass „Rechtsgesetze [...] den Umfang der freien Handlungen“ beschränken,[2] und Kant bestimmt das Gesetz als die Bedingung der Möglichkeit von Freiheit: „Recht *iustum* ist diejenige freye Handlung deren Maxime mit der Freyheit von Jedermann nach einem allgemeinen Gesetze zusammen bestehen kan. – Das Recht (*scientia*) ist der Inbegrif der Gesetze nach denen was Recht oder Unrecht sey bestimmt wird. Ein Recht [...] ist ein Vermögen der Willkühr Andere rechtlich zu verbinden.“[3]

Um der eigenen Freiheit willen schließen die Bürger einen Vertrag, mit dem sie sich selbst ein Gesetz ihre Handelns geben, weil ihre widerstreitenden Freiheiten von sich aus kein Mindestmaß weder an Regeln wechselseitiger Erwartungen noch an Friedfertigkeit bereitzustellen vermögen. Der Umfang freier Handlungen muss „durch den Begriff der Freiheit des anderen“ beschränkt werden,[4] damit auch da – so Fichte –, wo „das Gesetz nicht redet“, Recht und Freiheit mehr oder minder einvernehmlich koexistieren können.

Das ‚Schweigen der Gesetze‘ impliziert zum einen, dass das Gesetz, wie Fichte betont, „*eine Macht*“ ist.[5] Ist unter Gesetz der Ausdruck für ein Seinsollendes, für etwas Gewolltes zu verstehen, stellt sich die Frage, wodurch den Gesetzen eine derart verbindliche Autorität zuwächst, dass Fichte von einem ‚Schweigen der Gesetze‘ sprechen kann.

1 Immanuel Kant, „Über den Gemeinspruch: Das mag in der Theorie richtig sein“, in: *Gesammelte Schriften*, hg. von der Königlich Preußischen Akademie der Wissenschaften, Berlin 1914, Abt. 1, Bd. 8, 290.

2 Johann Gottlieb Fichte, *System der Rechtslehre 1812*, in: *Werke*, Bd. 10, hg. von I. H. Fichte, Berlin 1971, 493-652, 524.

3 Immanuel Kant, *Zur Metaphysik der Sitten*, a.a.O. (Anm. 1), 262.

4 Johann Gottlieb Fichte, *Grundlage des Naturrechts nach Prinzipien der Wissenschaftslehre 1796*, in: *Werke*, Bd. 3, hg. von I. H. Fichte, Berlin 1971, § 10, 105.

5 „Das Gesetz selbst muss die Obergewalt, die Obergewalt muss das Gesetz“ sein. Fichte, *Grundlage des Naturrechts nach Prinzipien der Wissenschaftslehre 1796*, a.a.O. (Anm. 5), § 10, 105.

Negativ impliziert das ‚Schweigen der Gesetze' die Abschreckung vor den Folgen, die eine Nichtbefolgung der Gesetze unweigerlich nach sich zieht. Will man keine Strafe erleiden müssen, muss man Gesetze befolgen. Mit Blick auf den Schutz von Eigentum und der Einhaltung von Verträgen ist damit inbegriffen, dass die Beachtung von Gesetzen reziprok ist: Befolgt man Gesetze, um sich keiner Strafe zu Schulde kommen zu lassen, ist es recht und billig, dies auch von anderen erwarten zu können, ist doch mit großer Wahrscheinlichkeit anzunehmen, dass auch diese keine Strafen erleiden wollen.

Zum anderen impliziert das ‚Schweigen der Gesetze', dass die Gehorsamsverpflichtung, mit der die Bürger wechselseitig sich selber das Recht auf gleiche Freiheiten verdanken, einer explizit gegebenen Zustimmung entspringt: Ähnlich einem Vertragsabschluss einigen sich die Bürger darauf, den Aktionsradius ihres Freiheitsgebrauchs abzustecken – um im Tausch ein Recht auf einen adäquaten Aktionsradius ihrer Freiheit zuerkannt zu bekommen. Das Gesetz ist eine Macht, die auch dann, wie Fichte betont, wenn Gesetze schweigen, ihre Macht behält, weil das Recht ein zuerkanntes Recht ist, und dieses zuerkannte Recht beruht auf ein wechselseitiges Versprechen, mit dem jeder der Vertragspartner sich verpflichtet, dem anderen das zu geben, was er versprochen hat.

Daraus folgt, dass weder der Staat noch seine politischen Institutionen der Grundstein des Rechts sind. Grundstein des Rechts sind die vertraglichen Regelungen, die die Bürger untereinander treffen, um ihre Versprechen verbindlich zu machen. Aufgrund des Rechts, das die Bürger sich wechselseitig zuerkennen, wird dem Staat die Legitimation abgesprochen, in die Belange der Bürger nach Gutdünken zu intervenieren. Dem Staat obliegt zwar die Sicherung von „jedermanns Freyheit".[6] Die Bürger dürfen und sollten jedoch nicht erwarten, dass der Staat für ihr privates Wohl aufkommt, wenn sie nicht rückgängig machen wollen, was sie mit dem Modell des Vertrages und des Tausches für sich selbst errungen haben: nämlich die Selbstregelung ihrer Freiheitsräume, in die staatliche Eingriffe aus der Sicht der Bürger von keiner Legitimation sind, weil diese selbst aus freiem Entschluss ihrer Freiheit Grenzen gesetzt haben.

Gleichwohl bedarf das Recht der Macht. Denn im Vertrag habe ich zunächst das Versprechen einer anderen Person und nicht das Versprochene selbst schon erworben. Und die Einhaltung von Verträgen ist mit der wechselseitigen Übertragung eines Rechts auf das Versprochene nicht bereits abgesichert. Deshalb bedarf das Recht einer Macht, die nicht schon das Recht selber ist. Machtlos hört das Recht „auf, zwar nicht Recht zu sein, aber als Recht tatsächlichen Bestand und Wirksamkeit zu beweisen".[7] Weder schafft Gewalt Recht, noch sichert Macht allein dem Recht seine Wirksamkeit. Versucht man, die hinter der Theorie des Versprechens beim Tausch und Vertrag stehende Goldene Regel auf den Fall ihrer Verletzung anzuwenden, führt dies zu ungewollten Konsequenzen.[8] Niemand wünscht bestraft zu werden. Daher ist anzunehmen, wie Fichte und Kant zu

6 Kant, *Zur Metaphysik der Sitten*, a.a.O. (Anm. 1), 255.

7 Paul Natorp, *Praktische Philosophie*, Erlangen 1925, 493f.

8 Vgl. Hans Kelsen, *Was ist Gerechtigkeit?*, Stuttgart 2000, 39f.

meinen scheinen, dass jeder sich für klug genug hält, vor einer Verletzung der Regel zurückzuschrecken. Wie aber ist einer Verletzung der Goldenen Regel vorzubeugen?

Eine Lösung bietet die Vorstellung von Wohl und Vorteil, das die Kooperierenden zu fördern bestrebt sind. Bürger, die eine Art Vertrag schließen, um ihre Freiheit möglichst unkollidierend koexistieren zu lassen, sind bereit, Rechtsprinzipien anzuerkennen, die nötig sind, um Bedingungen festzulegen, die von anderen als faire Modalitäten der Korporation anerkannt werden können. Der normative Druck, den Gesetze untergründig auch dann ausüben, wenn sie schweigen, kommt durch die Bezugnahme auf die Erwartungshaltungen anderer Personen zustande, und zwar innerhalb des Horizonts der mittels des vertraglich geregelten Tausches gezogenen unsichtbaren Handlungsgrenzen. Die Erwartungen, die Personen einander entgegenbringen, sind von der Einhaltung der gegenseitig zugebilligten limitierten Handlungsfreiräume geprägt, ohne die ein nach Regeln geordnetes Zusammenleben kaum möglich ist.

Ist das Recht ein gegenseitig zuerkanntes Recht, so ist das Recht des Erzwingens, das Kant und Fichte dem Recht mittels der Gewalt des Staates und seiner Institutionen zusprechen, zunächst alles andere als überzeugend und einleuchtend. Es sei denn, man berücksichtigt, dass das Recht im engeren Sinne allein das ‚äußere' Verhalten betrifft: Gesetze „betreffen das äußere Mein und Dein", sind lediglich den „formalen Bedingungen der Freyheit gemäs".[9] Auch wenn das Recht ein gegenseitig zuerkanntes Recht ist, beruht es doch auf ein Versprechen, und bei Versprechen ist es durchaus denkbar, dass sie nicht eingehalten werden könnten: Die Theorie gegenseitiger Versprechen, auf die das Model des Vertrages basiert, vermag nicht vollends die unerwünschte Möglichkeit auszuschalten, dass wer Gesetze zu seinem Gunsten nur teilweise beachtet (oder missachtet), dies tut, weil er sich einen Gewinn an persönlicher Freiheit und Nutzen erhofft[10] – auch und gerade deshalb, weil er nicht erwartet, dass andere das gleiche tun. Aus dieser nicht auszuschließenden Möglichkeit leitet sich das Recht des Erzwingens ebenso ab wie die Notwendigkeit der Rechtsgesinnung.

Das Recht des Erzwingens ergibt sich aus der Prämisse, dass Gesetze lediglich den ‚formalen Bedingungen der Freiheit gemäß' sind, da „der Andere immer frey (ist) auch das zu leistende Object zu (ver)weigern weil ihn es nicht durch acceptation zugleich in euren Besitz bekommen habt und zwar ist diese Abhängigkeit vom Object der Willkühr sammt der daraus folgenden Verhinderung des Gebrauchs eine Folge aus dem Frey-

9 Den Rechtspflichten ist ein „Begriff der Nöthigung" eigen: den eines Zwanges durch einen Andern. Immanuel Kant, *Die Metaphysik der Sitten*, in: *Gesammelte Schriften*, hg. von der Königlich Preußischen Akademie der Wissenschaften, Berlin 1912, Abt. 1, Bd. 7, 394.

10 Montesquieu, *Vom Geist der Gesetze* XI, 3, Stuttgart 1994, 214. Dazu: Thomas Petersen, „Die Freiheit des Einzelnen und die Notwendigkeit des Staates", in: *Das Recht der Vernunft. Kant und Hegel über Denken, Erkennen und Handeln*, hg. von Ch. Fricke, P. König und Th. Petersen, Stuttgart-Bad Cannstatt 1995, 333-354, 352.

heitsgesetz".[11] Daran erinnert auch Hegel, wenn er bereits im „System der Sittlichkeit" betont, dass der Tausch, der mit dem Vertrag rechtliche Verbindlichkeit erlangen soll, ein Moment des ‚Ungewissen' anhaftet. Es ist nicht geringeres als die „Freyheit", die das Moment des Ungewissen erzeugt, kommt doch durch sie die Möglichkeit der Verweigerung der im Tausch zugesicherten Leistung hinzu.[12]

Mit diesem Aspekt bin ich erneut beim Problem der Nötigung: Ist das Recht auf Nötigung und Zwang mittels Verwaltung und polizeilichen Behörden Ausdruck des Misstrauens gegen das Brechen von Versprechen bzw. Verträgen? Haben Gesetze ihren Ursprung im Misstrauen vor Nichteinhaltung von Versprechen und potentiellem Vertragsbruch?

Darauf scheinen jene Äußerungen von Kant hinauszulaufen, in denen er betont, dass der Staat Privateigentum ebenso zu beschützen wie das „zwangsweise[...] Recht der Aufsicht über alles (hat), was das öffentliche Wohl betrifft".[13] Ähnlich äußert sich Fichte, wenn er in der „Staatslehre" von 1813 hervorhebt, dass der *Staat* „eine Anstalt der Eigenthümer" ist: „die *Eigenthümer* [...] *halten* den Staat, wie ein Herr sich einen Bedienten hält [...]. Es ist den Eigenthümern durchaus gleichgültig, wer sie schützt, wenn sie nur geschützt werden; das einzige Augenmerk dabei ist: so wohlfeil als möglich. Der Staat ist ein nothwendiges Uebel, weil er Geld kostet, man muss aber jedes Uebel so klein machen als möglich." Der Staat wird als ein Verband getrennter Individuen gedacht, die kooperieren, um erwirtschaftete Güter zu schützen und nach weiteren Vorteile zu streben.[14] Die vertragsrechtliche Konstruktion des Rechts bei Kant und Fichte beruht auf den aufgeklärten Selbstinteresse, für das der Zwang des Gesetzes unverzichtbar ist, da dieses Selbstinteresse grundsätzlich weder uneigennützig noch friedfertig ist.

Aus der Prämisse, dass Recht und Gesetz Handlungen lediglich an ‚äußere' Merkmale des ‚Mein' und Dein' sich messen, ergibt sich nicht nur die Notwendigkeit von Nötigung und Zwang, sondern auch die Notwendigkeit einer Rechtsgesinnung: Um Gesetze nicht zu verletzen, muss der Respekt gegenüber dem Recht und seinen Gesetzen vorausgesetzt werden können, der laut Kant in der Rechtsgesinnung zum Ausdruck kommt. Kant lässt offen, ob die insgeheime verbindliche Macht der Gesetze, die auch dann wirksam ist, wenn Gesetze ‚schweigen', mehr auf der Nötigung und dem Zwang beruht oder mehr der Rechtsgesinnung zuzuschreiben ist. Ersteres ist dominierend, wenn Kant die Auffassung vertritt, dass „alle Staatsverfassung nichts anderes als der Zustand eines wechselseitigen gesetzmäßigen Zwanges der Bürger" ist;[15] letzteres wenn

11 Immanuel Kant, *Zur Metaphysik der Sitten*, a.a.O. (Anm. 1), 231.

12 Steffen Schmidt, *Hegels „System der Sittlichkeit"*, Berlin 2007, 166.

13 Julius Bachem, *Staatslexikon*, Freiburg ^{3}1909, 1594.

14 Daraus ließe sich folgern, dass in dieser Perspektive der Staat wie auch die Bedingungen der sozialen Kooperation selbst kein Gut, sondern allenfalls ein Mittel zur Durchsetzung des Guts von Individuen sind. Vgl. John Rawls, *Gerechtigkeit als Fairneß*, Frankfurt/M. 2006, 302.

15 Immanuel Kant, *Zur Metaphysik der Sitten*, a.a.O. (Anm. 1), 255.

er seiner Überzeugung Ausdruck verleiht, dass auch in jenen Bereichen, in die der Arm des Gesetzes nicht reicht, das Recht verbindliche Autorität haben muss.

Die Vorstellung vom Recht als freier wechselseitiger Einschränkung ist von einem breiten Einverständnis (Akzeptanz) abhängig, das fragil bleibt, solange die Bürger nicht eine entsprechende Gesinnung bzw. Haltung zum Rechts ausgeprägt haben, wenn sie individuelle Zwecke verfolgen. Vor dem Hintergrund dieser Überlegung ist es verständlich, dass Kant – ohne an Nötigung zu denken – behaupten kann, dass, wer aus Rechtsgesinnung handelt, nicht aus Angst vor Strafen das rechtlich Gebotene auch in jenen ‚Randzonen' beachtet, die dem ‚Arm des Gesetzes' entzogen sind.[16]

Recht als Gesetz: Hegel

Nicht anders als bei Kant und Fichte ist auch bei Hegel die Ansicht anzutreffen, dass der Staat nicht der Grundstein des Rechts ist, sondern das Recht der Grund des Staates;[17] Pflicht wie Recht sowohl des Staates als auch der Bürger sind „gesetzlich bestimmt" (§ 258 A): Dass alle Bürger vor dem Gesetz gleich sind, ist für Hegel keine uneinlösbare Forderung. Das Prinzip der Gleichheit vor dem Gesetz bedeutet für Hegel nicht in erster Linie, dass die „rechtsanwendenden Organe keine Unterschiede machen sollen, die das anzuwendende Gesetz nicht selbst macht",[18] sondern eine Aussage über ein Faktum: dass „Gesetze herrschen", d. h. ein „gesetzlicher Zustand" existiert.[19] Laut Hegel ist der Staat ein Rechtsstaat, wo Macht ausschließlich rechtsorganmäßig ausgeübt wird[20] und die „Herrschaft der Gesetze" ihre feste Wohnstatt hat.[21] Auch wenn Hegel (wie Fichte) das Recht „auf die Beschützung dessen, was ich habe", bezieht (§ 229), und den Aufgabenbereich des Staates mit der formellen Ausübung der Gesetze und ihrer Aufrechthaltung erblickt, so beruht die Herrschaft der Gesetze in Hegels Rechtsphilosophie doch auf anderen Prämissen als bei Kant und Fichte.

Als unzureichend an der „Vorstellung, daß jeder seine Freiheit in Beziehung auf die Freiheit der anderen *beschränken* müsse und der *Staat* der Zustand dieses gegenseitigen Beschränkens und die Gesetze die Beschränkungen seien" (§ 539), empfindet Hegel, dass der Gründungsakt des Rechts bei Kant und Fichte mehr oder minder mit dem Zu-

16 Otfried Höffe, *Kategorische Rechtsprinzipien*, Frankfurt/M. 1995, 86.

17 Georg Wilhelm Friedrich Hegel, *Grundlinien der Philosophie des Rechts*, in: *Sämtliche Werke*, hg. von H. Glockner, Bd. 7, Stuttgart-Bad Canstatt 1964, § 265 Z. Im Folgenden werden die Paragraphen der *Grundlinien* im Text angeführt. Vgl. René Marcic, „Hegel und das Recht", in: *Hegel und die Folgen*, hg. von G.-K. Kaltenbrunner, Freiburg 1970, 181–212, hier: 206.

18 Kelsen, *Was ist Gerechtigkeit?*, a.a.O. (Anm. 9), 35.

19 Georg Wilhelm Friedrich Hegel, *Enzyklopädie der philosophischen Wissenschaften*, in: *Sämtliche Werke*, hg. von H. Glockner, Bd. 6, Stuttgart-Bad Canstatt 1968, § 539.

20 Ebd., § 543, 544.

21 Ebd., § 529.

stimmungsakt zusammenfällt, ohne die rechtlichen Regelwerke menschlichen Zusammenlebens und deren politische Strukturen und Institutionalisierungen zu berücksichtigen, die einem solchen Zustimmungsakt vorausliegen. Im Unterschied zu Kant und Fichte macht Hegel geltend, dass es berücksichtigt werden muss, dass das geschichtlich entwickelte Zusammenleben bereits einen, wenn auch möglicherweise erst fragil ausgebildeten Rechtscharakter besitzt; einen geschichtlich tradierten Bestand an Gesetzen vorfindend, fängt keine Gesetzgebung von vorne an, sondern modifiziert den vorgefundenen Bestand – mit Ausnahme der Zeiten großer Kodifikationen und gesellschaftlicher Umbrüche.[22]

Als das „innere Wollen der Gesetze“,[23] bildet die Rechtsgesinnung im Kontext bereits ausgebildeter Institutionen des Rechts in Hegels Darstellung – nicht anders als in der Kants – die Bedingung der Geltung des Rechts.[24] Unter dem Blickwinkel der Prämisse, dass die Sphäre der Sittlichkeit im ganzen als soziale Verkörperung von historisch gewachsenen Handlungsgewohnheiten begriffen werden muss, repräsentiert die Rechtsgesinnung einen Typus von Handlungen, bei denen Normen beachtet werden, ohne dass diese als Pflichten empfunden werden. Ihre Berücksichtigung erscheint im Kanon ausgeprägter und angenommener Handlungsgewohnheiten als selbstverständlich. Derart ‚kanonisierte Gewohnheiten‘ (Max Weber) versteht Hegel als Inbegriff ausgebildeter und gewohnheitsmäßig ausgeübter Handlungsweisen, die aus „innere(r) Freiheit“ ausgeprägt wurden, in der das Subjekt Grundsätze, eigene Einsicht und Überzeugung“ sowie „moralische Selbständigkeit“ gewonnen hat. (§ 539) Vorausgesetzt können solche Gewohnheiten nur unter der Bedingung werden, dass sie mit der Fähigkeit ausgestattet sind, jeweils eigenständige Lern- und Bildungsprozesse generieren zu können, die zur Ausbildung der entsprechenden Verhaltensdisposition in der Lage sind.

Dazu zählt für Hegel auch die Billigkeit, in der er jedoch kein eigentliches Rechtsphänomen zu erblicken vermag. Billigkeit entspringt moralischen Rücksichten, nicht rechtlichen Verpflichtungen, beispielsweise dem Versuch des Vergleiches beim Gerichtsprozess. (§ 223)[25]

22 Armin von Bogdany, *Hegels Theorie des Gesetzes*, Freiburg und München 1989, 156.

23 Georg Wilhelm Friedrich Hegel, *Philosophie der Geschichte*, in: *Sämtliche Werke*, hg. von H. Glockner, Bd. 11, Stuttgart-Bad Cannstatt 1971, 559.

24 Der Begriff der Gesinnung gewinnt erst ab den 1820er Jahre für Hegel an Bedeutung, d. h.: Entwickelt ist die Gesinnungskonzeption nicht in den *Grundlinien der Philosophie des Rechts*, sondern in der *Enzyklopädie* und den *Vorlesungen zur Religionsphilosophie*. Zu dieser Entwicklung vgl. die Ausführungen von Walter Jaeschke im vorliegenden Band.

25 In der rechtlichen Kollision mit dem Eigentum eines anderen macht Hegel ein „Notrecht“ geltend, und zwar nicht als „Billigkeit, sondern als Recht“. Beispielsweise dann, wenn einem Schuldner von seinem Vermögen, d. h. vom „Eigentum der Gläubiger so viel gelassen wird, als zur Möglichkeit seiner [...] Ernährung dienend, angesehen wird“. Hegel, *Grundlinien der Philosophie des Rechts*, a.a.O. (Anm. 18), § 127.

Die freie und wechselseitige Vereinbarung der Bürger erkennt Hegel als Grundform vertraglicher Regelungen (wie z. B. beim Eigentum) an, nicht jedoch als Modell für die durch das Recht den ‚verwickelten' Verhältnisse der bürgerlichen Gesellschaft zu verleihende Geordnetheit. Das vom Staat unterschiedene, auf ein „System allseitiger Abhängigkeit" gegründete und in der Verwirklichung ‚selbstsüchtiger Zwecke' sich reproduzierende Beziehungsgeflecht zwischen den Privatpersonen hindert Hegel daran, die Beziehungen der Bürger zum Staat entweder nach Art des Vertrages oder strikt ‚rechtsförmig' zu exponieren: Das Modell des Vertrages scheidet aus, weil nicht ausgeschlossen werden kann, das andere ihre Freiheit als ein Mittel für eigene Bedürfnisse bzw. Interessen missbrauchen werden; und die rein rechtsförmigen Beziehungen schließt Hegel aus, da die Rechtsförmigkeit eigentümlich für jenen marktvermittelten Austausch von ökonomisch erwerbbaren Leistungen, Gütern und Waren im ‚System der Bedürfnisse' ist, mit deren Hilfe menschliche Wünschen, Absichten und Begehrlichkeiten ohne Rücksicht auf die Bedürfnisse anderer Befriedigung finden.

Die Ansicht vom Recht als einem „Verhältnisse, für welche Zwangsmittel in Händen zu halten nützlich und erforderlich sein könnte", beruht laut Hegel auf der (von Hobbes stammenden) „falschen Vorstellung eines Vertragsverhältnisses zwischen Regierung und Volk".[26] Wie bereits Spinoza zu bedenken gibt, kann kein Vertrag durch seinen Nutzen Verbindlichkeit erlangen, weil nicht ausgeschlossen werden kann, dass dieser Vertrag unwirksam ist, wenn seine Nützlichkeit für eine der vertraglich gebundenen Personen wegfällt.[27] Diese Gefahr steht hinter den von Hegel kritisierten Vertragsmodel und dessen Ansicht, dass die Politik des Staates dem Wohl des Bürgers gemäß sein muss. (§ 337) Hegel muss eine solche Forderung als oberflächlich erscheinen, weil das Recht in seinem Verständnis bereits das Wohl des Bürgers sichert, indem es ein Recht ohne besonderes Wohl ist: Die Ansprüche auf Wohlergehen können rechtlich nur gesichert werden, wenn das Recht allgemein das Wohl berücksichtigt, ohne besondere Ansichten desselben zu bevorzugen.

Die mit der Vorstellung vom Recht als eines Vertragsverhältnisses verbundene Option auf Zwang und Nötigung, widerspricht laut Hegel dem Wesen des Rechts. (§ 90-104) Recht „als ein Recht zu definieren, zu dem man zwingen dürfte – heißt es an einer Folge auffassen, die erst auf dem Umweg des Unrechts eintritt" (§ 94): wird Recht durch Gewalt verletzt, bedarf es einer Gegengewalt, um verletztes Recht wieder in sein Recht zu setzen, d. h. Recht wiederherzustellen; der „Zweck von Bestrafungen ist nicht die Ge-

26 Hegel, *Enzyklopädie der philosophischen Wissenschaften*, a.a.O. (Anm. 20), § 544. Gesondert zu untersuchen wäre die Konstellation von Gesetz, der Kritik am Vertragsmodell und der Vorstellung von der bürgerlichen Gesellschaft in Hegels frühen Schriften, in denen die später so genannte bürgerliche Gesellschaft noch ungeschieden vom Staat als Fall des gewalthabenden Gesetzes gedacht wird. Manfred Baum und Kurt Rainer Meist, „Recht – Politik – Geschichte", in: *Hegel*, hg. von O. Pöggeler, München 1977, 106-126, hier: 113.

27 Baruch Spinoza, *Tractatus Theologico-Politicus* (1670), Leipzig 1909, Kap. XVI, 301.

rechtigkeit als solche, sondern subjektiver, moralischer Natur, Abschreckung der noch in Natur befangenen Freiheit". (§ 174) Der Zwang erweist sich als ein Konsekutivwert des Recht, insofern er zeitlich auf erlittenes Unrecht folgt. Nicht Zwang, sondern die *Möglichkeit* des Zwangs, die ‚Zwangsfähigkeit' ist dem Recht eigentümlich. Als rechtserhaltende Gewalt ist die Gewalt des Rechts eine drohende Gewalt.[28] Das setzt ein Gewaltmonopol voraus: Recht lässt sich nur wahren, wenn es Gewalt monopolisiert.[29]

Die *Möglichkeit* des Zwangs wie auch das Gewaltmonopol obliegen die das Recht verwaltenden Institutionen, die laut Hegel weder zur Unfreiheit verurteilen noch zur Eingrenzung von Freiheit nötigen, sondern die Möglichkeit des Gewinns an Freiheit eröffnen. (§ 149) Hegels Ausführungen ist zu entnehmen, dass die Institutionen das Subjekt in seiner ‚unbestimmten Subjektivität' bzw. ‚abstrakten' Freiheit, wie es für den ‚natürlichen Willen' typisch ist, einschränken –, was in den für Hegel charakteristischen Gedankengang bedeutet, auf Möglichkeiten seiner selbst festzulegen, deren Ausprägung und -bildung es als Selbstverwirklichung erfährt. Wenn Subjektivität lediglich einer *‚unendlichen Form'* gleichkommt, ist das Subjekt positiv frei, wenn es einer der ihm eigenen Möglichkeiten ergreift.[30]

Einerseits ist die subjektive Freiheit die Bedingung der Entstehung und der Existenz der institutionalisierten Formen der Freiheit, insofern die „Form der institutionalisierten Freiheit, das Gesetz, [...] erst in einer Gesellschaft wirklich werden (kann), die der individuellen Freiheit einen großen Raum lässt";[31] andererseits können Gesetze nur unter der Bedingung zu Formen ‚objektiver Freiheit' werden, wenn es Räume der Transformation des natürlichen in den freien Willen gibt.

Um die bloßen Möglichkeiten, die der negative Freiheitsbegriff darstellt, zu konkreten Möglichkeiten werden zu lassen, sind die durch das Recht eröffneten Handlungsräumen unabkömmlich: jene Räume individuellen Handelns, in denen sich – in der Begrifflichkeit Hegels – der unmittelbare, natürliche Wille zum freien ‚übersetzt'; Räume, die an die „Entwicklung *der Verhältnisse*" gebunden sind, wie sie „*wirklich* in ihrem ganzen Umfange, im Staat sind" (§ 148). Die Räume der Transformation des natürlichen in den freien Willen lassen sich weder mit dem abstrakten Recht noch mit der Moralität erschöpfend zur Darstellung bringen, weil beide ‚eingeschränkte' bzw. ‚unvollständige' Formen von Freiheit darstellen. Freiheit besagt in der Sphäre der Moralität, dass das Recht bereits als etwas nicht Beschränkendes, sondern ein allgemeines, wenn auch unkonkretes Gutes ist, ohne jedoch derart im praktischen Lebensvollzug eingegangen zu sein, dass es zur Gewohnheit, d. h. zur Sitte geworden ist. Das ist erst der Fall bei dem,

28 Walter Benjamin, *Kritik der Gewalt und andere Aufsätze*, Frankfurt/M. 1965, 42.

29 Indem Recht Gewalt monopolisiert, definiert sie, was Gewalt und was keine Gewalt ist. Monopolisierung heißt nicht nur das alleinige Recht auf Gewalt, sondern auch die *sprachliche* Festlegung (etwa in Form von Gesetzesparagraphen), was als Gewalt bzw. was nicht als Gewalt anzusehen ist.

30 Herbert Schnädelbach, *Hegels praktische Philosophie*, Frankfurt/M. 2000, 247.

31 Armin von Bogdany, *Hegels Theorie des Gesetzes*, a.a.O. (Anm. 23), 175.

was Hegel als *„sittliche[...] Substantialität“* charakterisiert (§ 152). Freiheit im Bereich der Sittlichkeit hat alle Momente des Einschränkens willkürlicher Interessen und des Beharrens auf die ungeschmälerte Möglichkeit von Freiheit hinter sich gelassen, um im Rahmen konkret sich darbietender Chancen gemäß den eigenen Talenten und Geschicklichkeiten sich selbst zu formen und bilden. Einen akzeptablen Handlungshorizont bilden die Institutionen des Rechts, insofern sie jene soziale Interaktionsbereiche herstellen, in denen Individuen die Möglichkeit gegeben ist, ihre abstrakte in eine ‚substanzielle Freiheit‘ umzubilden. Das Verhältnis wechselseitiger Bedingung, in dem kanonisierte Gewohnheiten der Rechtsgesinnung, die Freiheit zur Selbstverwirklichung und die sie garantierenden Lern- und Bildungsprozesse untereinander in der Sphäre der Sittlichkeit stehen (und dergestalt Gesetze ‚schweigen‘ lassen),[32] gibt Auskunft darüber, wie in Hegels Darstellung einerseits das Recht ordnend und regulierend auf Bereiche einwirken soll, von denen es andererseits nicht unabhängig ist.

Das Recht ist laut Hegel nicht kausal zu beschreiben, ist es doch in ein komplexes System wechselseitiger Abhängigkeitsverhältnisse eingebettet: dem auf selbstsüchtige Zwecke sich reproduzierenden Beziehungsgeflecht der bürgerlichen Gesellschaft (§ 183). Obgleich vom Staat getrennt (§ 256), ist die bürgerliche Gesellschaft auf den Staat angewiesen. Aus dem für die bürgerliche Gesellschaft charakteristischen Konflikt zwischen der eigenen Geschicklichkeit, der „Gesundheit“ und des „Kapitals“ (§ 237) sowie der Ungenügsamkeit der eigenen Bedürfnisse und Interessen erwächst die Gefahr einer Desorganisation der bürgerlichen Gesellschaft. Diese Tendenz kompensiert eine auf Verwaltungs- und Ordnungsfunktionen reduzierte staatliche Politik, und zwar mittels der ihr unterstehenden polizeilichen und richterlichen Gewalt (§ 287). Die Institutionen der Rechtspflege und der Verwaltung (Polizei), mittels denen der Staat in der bürgerlichen Gesellschaft ordnend und regulierend präsent ist, wo es zu Verwerfungen in den verschiedenen Interaktionssphären der Bürger kommt, sind aus dem Konstitutionsprinzip der bürgerlichen Gesellschaft nicht herzuleiten.[33] Am „Verhältnis der Gewalt“, als das Hegel das im ‚System der Bedürfnisse‘ waltende ökonomische Grundprinzip der bürgerlichen Gesellschaft fasst (§ 189), zeigt sich lediglich die Erforderlichkeit, nicht aber die Selbständigkeit der Institutionen der Durchsetzung der Gesetze, Gerichte und Verwaltung. In der bürgerlichen Gesellschaft bedarf das Gesetz der Sanktionierung durch die Gerichte, die ihre Funktion als staatliche und nicht als gesellschaftliche Institutionen wahrnehmen: „Positives Recht ist staatlich gesetztes Recht“.[34]

32 Axel Honneth, *Leiden an Unbestimmtheit. Eine Reaktualisierung der Hegelschen Rechtsphilosophie*, Stuttgart 2001, 90.

33 Vgl. Armin von Bogdany, *Hegels Theorie des Gesetzes*, a.a.O. (Anm. 23), 136.

34 Ebd., 137.

Schlussbetrachtung

Die ordnende und regulierende Einwirkung des Rechts ist freilich nicht unproblematisch. Im Gesetz ist zwar präzisiert und in verallgemeinerter Form zum Ausdruck gebracht, was als Recht (und Rechtens) gilt.[35] Wenn das Recht jedoch in Beziehung auf die ‚verwickelten Verhältnisse' der bürgerlichen Gesellschaft, d. h. auf die „ins Unendliche sich vereinzelnden [...] Arten des Eigentums und der Verträge" (§ 212) angewandt wird, tritt zum Glauben an die das Recht verkörpernden Gesetze die Erfahrung des Ausgeliefertseins an Gewalt hinzu. Hegel denkt dabei an die „öffentliche Macht" der Gerichte (§ 219), die das allgemeine Recht gegen partikuläre Ansichten und dem „besonderen [...] Meinen vom Rechte" geltend zu machen haben (§ 219), und zwar in der Weise, dass das Recht ein *erweisbares* Recht ist, d. h.: Das Recht, das ich habe, muss ich darstellen und erweisen können. (§ 222) Zwar hat der Gerichtsprozess den Zweck, an die Stelle der Gewalt die Rede zu setzen, in der Verhandlung über Unrecht oder Recht hat jedoch nicht jedermann die gleichen sprachlichen Talente und rhetorischen Geschicklichkeiten.[36] Das Fehlen solcher Fähigkeiten stellt im Beweisgang des Rechts ein großes Risiko dar, die das Zutrauen in die Kompetenz der Richter nicht kompensieren kann. Das „Zutrauen zu der Subjektivität der Entscheidenden" (§ 228), von deren Kompetenz die Rechtspflege und Rechtssprechung abhängig ist, ist auch für eine andere Erfahrung institutioneller Gewalt charakteristisch, und zwar die Gewalt im Verhängen eines Strafmaßes für ein Vergehen. In der „unmittelbaren Anwendung [...] lässt sich nicht vernünftig bestimmen", in welcher Angemessenheit der Strafe „das Gerechte sei". (§ 214)[37]

Hegel betont, wie eingangs zu erfahren gewesen ist, dass Gewalt und Zwang letztlich immer *unrechtlich* sind. (§ 92) Wie die Erfahrung institutioneller Gewalt sowohl bei der Vorladung vor einem Gericht als auch beim Verhängen eines Strafmaßes für ein Vergehen zeigt, bleibt am Gesetz ein *Rest von Gewalt.*[38] Das betrifft nicht allein Gerichtsverfahren und das von ihnen verhängte Strafmaß. Wenn Recht sich nur wahren

35 Hegel, *Enzyklopädie der Wissenschaften*, a.a.O. (Anm. 20), § 529. – Wie Kant und Fichte sind auch Hegel Gesetze apriorische Bedingungen rechtlicher Normgeltung – unter der Voraussetzung, dass Gesetze allgemein bekannt sind, da sie sonst nicht Verbindlichkeit erlangen könnten. Sind Gesetze allgemein bekannt gemacht, stellen sie die Bedingung der Möglichkeit für Grundsätze des Handelns dar. *Grundlinien der Philosophie des Rechts*, § 215.

36 Hierzu können insbesondere die Schnellverfahren bei Verhandlung von Delikten gerechnet werden, bei denen die Täter auf frischer Tat ertappt wurden. Dazu: Paul Ricoeur, *Gedächtnis, Geschichte, Vergessen*, München 2004, 725.

37 Die aus diesem Ungenügen entspringende Forderung nach einem Gesetzbuch, das „ein für alle Mal vollständig sein soll", muss Hegel angesichts sowohl des Problems der Applikation von Gesetze als auch der Natur der bürgerlichen Gesellschaft als haltlos erscheinen. Armin von Bogdany, *Hegels Theorie des Gesetzes*, a.a.O. (Anm. 23), 103.

38 Diese Vermutung äußert Karl Jaspers, *Die Atombombe und die Zukunft des Menschen. Politisches Bewusstsein in unserer Zeit*, mit einem Nachwort von Rolf Hochhuth, Gütersloh 1982, 36.

lässt, wenn es Gewalt monopolisiert, ist das Moment der Gewalt am Recht auch und gerade unter der ‚Herrschaft der Gesetze' nicht wegzudenken. Denkbar ist, dass die Monopolisierung der Gewalt durch das Recht ein Erbe der Trennung des Staates von der Religion ist – eine Trennung, die möglicherweise keine unhintergehbare ist.

CHRISTIAN IBER, BERLIN

Über Religion, Staat und Gesellschaft bei Marx mit Blick auf Hegels Rechtsphilosophie

Hegels Philosophie gehört zu den letzten Versuchen, das Selbstverständnis des modernen Staates und der Moderne überhaupt von der Religion aus in affirmativer Weise zu reflektieren. Während Hegels Staatskonzeption neben der Trennung von Staat und Religion zugleich auf eine versöhnende Einheit von Staat und Religion zielt, weil der moderne Staat auf dem christlichen Prinzip der Freiheit beruhe, möchte Marx zeigen, dass das moderne Verhältnis von Staat und Religion einen Mangel im modernen Verständnis der Freiheit einschließt.

Mein Beitrag besteht aus drei Teilen: Anhand seiner Schrift *Zur Judenfrage* von 1843 (veröffentlicht 1844 in den *Deutsch-Französischen Jahrbüchern*)[1] erörtere ich im ersten Teil die von Marx unterschiedenen drei Aspekte des Verhältnisses von Staat und Religion. Dabei werde ich einen Blick auf Hegels Rechtsphilosophie werfen. Im zweiten Teil beleuchte ich auf der Folie seiner Bestimmung des Verhältnisses von Staat und Gesellschaft Marx' Kritik am modernen Prinzip der Freiheit, wie es im Christentum zum Ausdruck kommt. Im dritten Teil konturiere ich diese Kritik anhand seiner Gegenüberstellung von politischer und menschlicher Emanzipation, die den Menschen auch von der Religion befreie.

I

Marx behandelt anlässlich seiner Kritik an Bruno Bauers Erörterung der Judenfrage das Verhältnis von modernem Staat zur Religion und zur bürgerlichen Gesellschaft. Das Defizitäre an Bauers Antwort auf die Frage nach der Emanzipation der Juden liege darin, dass sie bei der Frage, wie beschaffen der christliche Staat sei, der emanzipieren soll, und wie beschaffen der Jude sei, der emanzipiert werden soll, beim religiösen Gegensatz von Judentum und Christentum stehen bleibe. Die Kritik der Judenfrage habe ein Weiteres, ein Drittes zu tun. Sie müsse fragen, um welche Art der Emanzipation es sich handelt und welche Implikationen in der geforderten Emanzipation begründet liegen.

1 Karl Marx, *Zur Judenfrage*, MEW 1, 347-377. Seitenzahlen in Klammern ohne weitere Angaben beziehen sich auf diesen Text.

Mit der Kritik der Judenfrage verbindet Marx die Kritik an der politischen Emanzipation, der er die menschliche Emanzipation gegenüberstellt.

Marx unterscheidet drei Aspekte des Verhältnisses von Staat und Religion: 1. den historischen, 2. den modernen und 3. den Aspekt des gesellschaftlichen Inhalts des modernen Verhältnisses.[2] Das historische Verhältnis von Staat zur Religion erörtert Marx anhand der Entstehung des modernen Staates aus den christlichen Monarchien des Mittelalters am Beispiel Deutschlands. Im mittelalterlichen Deutschland existiere noch kein moderner politischer Staat, kein Staat als Staat, weshalb die Judenfrage hier noch eine rein theologische Frage sei. Der Staat trete hier selbst als „Theologe *ex professo*" (351) auf, rechtfertige sich durch die christliche Religion, proklamiere sich also noch nicht selbst als Staat.

Die Herausbildung des modernen Staats sei an seine Herauslösung aus dem „alten überirdischen Staat"[3] gekoppelt, dessen religiöser Widerschein einer Gesellschaft persönlicher Abhängigkeitsverhältnisse, d. h. unmittelbarer Herrschafts- und Knechtschaftsverhältnisse entspreche. Wie Rousseau und Hegel ordnet Marx das Verhältnis von Staat und Kirche im europäischen Mittelalter dem klerikalen Prinzip des Katholizismus zu. Im Gegensatz dazu rechnet Marx wie Hegel die Gestaltung des modernen Staates dem Protestantismus zu. Der Protestantismus, der die prinzipielle Gleichheit aller ihrem Gewissen verantwortlichen freien Subjekte vor Gott auch in seinem Ritual und seinen Institutionen ausdrückt, ist für den späten Marx des *Kapital* die adäquate Religionsform für eine Gesellschaft von Warenproduzenten, „deren allgemeines gesellschaftliches Produktionsverhältnis darin besteht, sich zu ihren Produkten als Waren, also als Werten, zu verhalten und in dieser sachlichen Form ihre Privatarbeiten aufeinander zu beziehen, als gleiche menschliche Arbeit".[4]

Das moderne Verhältnis von Staat zur Religion diskutiert Marx anhand der amerikanischen und französischen Konstitution. Hier gelten dem Staat alle Religionen gleich. Die christliche Religion wird zur Besonderheit wie alle anderen Religionen auch. Hier verliere die Judenfrage ihre theologische Bedeutung und werde eine allein weltliche Frage. Der konfessionell neutrale moderne Staat verweist die Religionen unter die übrigen besonderen Elemente der bürgerlichen Gesellschaft, wodurch sie zur Privatsache und zur bloßen Meinung herabgesetzt werden, die nur vermittelt über die Öffentlichkeit Einfluss auf den Staat nehmen. Für den modernen politischen Staat besteht eigentlich kein Unterschied zwischen dem Judentum und dem Christentum in seinen verschiedenen Formen. Das Christentum besteht nur als historisches Relikt, da der Staat als vorbürgerlicher christlicher Staat war. Gleichwohl ist für Marx der protestantische „Kultus des

2 Zu diesen drei Aspekten vgl. Nadja Rakowitz, „Religion, Staat, Gesellschaft", in: *theorie praxis lokal. Antisemitismus und Kritik*, Maintal 1998 (http://theoriepraxislokal.org/AS/m-bb.rak.php)

3 Karl Marx, *Das Kapital*, Bd. 3, MEW 25, 793.

4 Karl Marx, *Das Kapital*, Bd. 1, MEW 23, 93.

abstrakten Menschen"[5] die erste Form der Freisetzung der Privatsubjekte als gleiche und freie Staatsbürger, dies in der Weise, dass alle religiöse Bestimmtheit des Privatsubjekts, die nicht dessen Privatsache ist, als Mangel dieser Freisetzung erscheinen muss.

Dies ist der entscheidende Kritikpunkt an Bauer. Die politische Emanzipation der Juden im modernen Staat sei keine Frage nach dem spezifischen Charakter der jüdischen Religion, sondern sie sei mit der Trennung von Staat und Religion als Kennzeichen des modernen Staates gegeben. Welchen Charakter hat jedoch eine Emanzipation des Judentums, die durch eine staatlich gewährte Religionsfreiheit garantiert wird? Marx' Kritik an der Judenfrage geht zur Kritik der politischen Emanzipation und damit zur Kritik des politischen Staates selbst über.

Marx erörtert den gesellschaftlichen Inhalt des modernen Verhältnisses von Staat und Religion, indem er das Verhältnis des Staates als Allgemeininteresse zu den besonderen Privatinteressen der bürgerlichen Gesellschaft erläutert, zu denen die Religion herabgesetzt ist. Damit ist das Verhältnis zwischen modernem Staat und Religion überhaupt angesprochen, das das Zurückweichen religiöser Bestimmtheit zur bloß subjektiven Angelegenheit der Privatperson verlangt und dieses Verhältnis durch eine von allen anerkannte Gesetzgebung oder Verträge entsprechenden Inhalts regelt. Das Bestehenbleiben religiöser Antagonismen in modernen Gesellschaften lässt sich daher stets als Mangel in der Herausbildung des modernen Staates interpretieren.

Marx erwähnt die Anmerkung zu § 270 der Hegelschen Rechtsphilosophie positiv, in der Hegel die Trennung von Staat und Kirche betont und die unmittelbare Einmischung der Religion in die Gesetzgebung des Staates zurückweist. Allerdings hinkt Hegels Auffassung der Trennung von Staat und Religion insofern, als er selbst zwar die Trennung des Staates von einer bestimmten Religion verlangt, nicht jedoch von Religion überhaupt.[6] Daher betont er zwar die Freiheit der Religionswahl, zieht jedoch nicht die Möglichkeit der Bekenntnislosigkeit in Betracht. Zwar stellt Hegel heraus, dass sich ein starker Staat so liberal zu Religionen verhalten könne, dass er Gemeinden akzeptiere könne, die die direkten Pflichten gegenüber dem Staat nicht anerkennen, also den Wehrdienst aus religiösen Gründen verweigern (gemeint sind Quäker und Wiedertäufer). Zugleich macht Hegel klar, dass, wer diese Pflichten nicht akzeptiere, kein Recht darauf habe, Mitglied der politischen Gemeinschaft zu sein.[7] Interessanterweise relativiert Hegel diese Überlegung dadurch, dass er gegen das Argument, Juden könnten keine

5 Ebd.

6 Von einer „hinkende[n] Trennung" von Staat und Religion in Hegels *Rechtsphilosophie* spricht Wolfgang Wagner, „Religion zwischen Rechtfertigung und Aufhebung. Zum systematischen Ort von Hegels Vorlesungen über die Philosophie der Religion", in: *Hegels Logik der Philosophie. Religion und Philosophie in der Theorie des absoluten Geistes*, hg. von D. Henrich und R.-P. Horstmann, Stuttgart 1984, 129.

7 Die von Hegel ins Auge gefasste Möglichkeit des Ausschlusses der Juden von der Partizipation am politischen Gemeinwesen widerspricht freilich der *„höchste[n] Pflicht"* der Einzelnen, „Mitglieder des Staates" zu sein (Rph § 258).

vollwertige Staatsbürger sein, weil sie sich als Angehörige eines auserwählten Volkes empfänden, festhält, „daß sie zuallererst *Menschen* sind".[8]

Die halbherzige religiöse Toleranz, der Umstand, dass die strikte Trennung von einer hinkenden Trennung überlagert wird, hat bei Hegel seinen Grund darin, dass er am Gedanken der Religion als Grundlage des Staates in dem Sinne festhält, dass sie eine affirmative politische Gesinnung ermöglicht. Er bindet die subsidiäre Funktion einer Unterstützung der politischen Gesinnung an den normativen Begriff eines politischen Protestantismus.[9] Hegel ist also nicht damit einverstanden, dass Religion lediglich den Charakter der Privatheit hat. Nach dieser Seite hin dürfte Marx Hegel als vormodern eingestuft haben. Nach seinem Urteil im Kreuznacher Fragment *Kritik des Hegelschen Staatsrechts* von 1843 ist Hegel auf der Suche nach Stützen oder Garantien des Staates innerhalb der Gesellschaft, wie die Stände, das Majorat und auch Religion, denen er eine politische Bedeutung zuschreibt.[10] Damit unterlaufe er die moderne Trennung des

8 Rph § 270, Anm. In der allgemeinen Rechtsgleichheit aller Bürger liegt für Hegel die menschenrechtliche Dimension des staatlich garantierten abstrakten Rechts in der bürgerlichen Gesellschaft, wonach „Ich" „als *allgemeine* Person aufgefasst" werde: „Der *Mensch gilt* [...], *weil er Mensch* ist, nicht weil er Jude, Katholik, Deutscher, Italiener usf. ist" (Rph § 209, Anm.), nicht also wegen seiner Besonderheit. Diese menschenrechtliche Dimension des abstrakten Rechts findet ihre Grenze an den Nationalstaaten (vgl. ebd.), die die Menschen in In- und Ausländer scheiden und die Religionen unterschiedlich gewichten und berücksichtigen. Hegel, der als Parteigänger des Nationalstaates den „*Kosmopolitismus*" (ebd.) ablehnt, erkennt, dass die Menschenrechte auf internationaler Ebene nur als gedankliches Ideal Geltung haben.

9 Vgl. Walter Jaeschke, „Hegels Begriff des Protestantismus", in: *Der Protestantismus – Ideologie, Konfession oder Kultur?* hg. von R. Faber und G. Palmer, Würzburg 2003, 77-91, bes. 84ff.

10 „Er [der Staat] bedarf überall der Garantie der Sphären, die außer ihm liegen. Er ist nicht die verwirklichte Macht. Er ist die *gestützte* Ohnmacht, er ist nicht die Macht über diese Stützen, sondern die Macht der Stütze. Die Stütze ist das Mächtige" (Karl Marx, *Kritik des Hegelschen Staatsrechts*, in: MEW 1, 320). Während Marx in *Kritik des Hegelschen Staatsrechts* die Anmerkung zu § 270 nicht kommentiert („Die Anmerkung zum Paragraphen über das Verhältnis von Staat und Kirche später" MEW 1, 214), hat er im Artikel *Zur Judenfrage* zu Hegels Auffassung der Religion als Grundlage des Staates Stellung bezogen: „Es ist ein großer Unterschied, ob der *vollendete* Staat wegen des Mangels, der im allgemeinen *Wesen* des Staats liegt, die Religion unter seine *Voraussetzungen* zählt, oder ob der *unvollendete* Staat wegen des Mangels, der in seiner besondern Existenz liegt, als mangelhafter Staat, die Religion für seine *Grundlage* erklärt. Im letztern Fall wird die Religion zur *unvollkommenen Politik*. Im ersten Fall zeigt sich die Unvollkommenheit selbst der vollendeten *Politik* in der Religion. Der sogenannte christliche Staat bedarf der christlichen Religion, um sich *als Staat* zu vervollständigen. Der demokratische Staat, der wirkliche Staat, bedarf nicht der Religion zu seiner politischen Vervollständigung. Er kann vielmehr von der Religion abstrahieren, weil in ihm die menschliche Grundlage der Religion auf weltliche Weise ausgeführt ist" (358). Zum Verhältnis von Staat und Religion äußert sich Marx auch in dem Aufsatz *Der leitende Artikel in Nr. 179 der „Kölnischen Zeitung"* von 1842, in: MEW 1, 86-104. Er kritisiert die Rechtfertigung des christlich-preußischen Staates durch Karl Hermes, der die Beschränkung der politischen

Staates von der bürgerlichen Gesellschaft, womit sich seine Konzeption als Synkretismus zwischen Theorie des modernen Staates und der Akkomodation an den halbfeudalen preußischen Ständestaat erweise.

Dort wo historisch die Herausbildung des modernen Staates tatsächlich an die protestantische Religion als Ausdruck der Freiheit der konkurrierenden Privatsubjekte gebunden blieb, Freiheit und Protestantismus noch aneinander als die Identität der Staatsbürger Bestimmendes hingen und Bürger der katholischen Konfession in ihren bürgerlichen Rechten eingeschränkt wurden, bei der Entstehung des modernen Staates in England, dort erwies sich dieser Umstand bis in die Gegenwart als Grundlage fortdauernder religiöser Zwistigkeiten zwischen Protestanten und Katholiken, die sich in Irland bis zum Bürgerkrieg steigerten.[11]

Mit dem Christentum kam bereits vor der modernen Gesellschaft die Idee der Freiheit, Gleichheit und Würde des Menschen auf. Vor dem christlichen Gott sind alle Menschen gleich und frei, auch wenn sie in der mittelalterlichen Kirchenlehre in einer hierarchischen Ordnungsstruktur fixiert waren. Die hierarchische Ordnung galt indes nur für die Welt, nicht für den jüngsten Tag, an dem der Mensch vor Gott tritt. Auch das Gemeindeprinzip durchbrach die hierarchische Ordnung wenigstens im Protestantismus. In der Geschichte des Christentums gab es Bewegungen, die die Idee des freien und gleichen Menschen und das Gemeindeprinzip, den Menschen als Gemeinschaftswesen, auch weltlich verwirklicht wissen wollten. Die Geschichte des Christentums stellt sich als der Widerspruch zwischen Herrschaftslegitimation und der Utopie vom freien menschlichen Gemeinwesen dar, deren sozialrevolutionäres Potential in der Reformation besonders Thomas Münzer zur Geltung brachte.

Mit der Französischen Revolution haben sich die Ideale Freiheit, Gleichheit und Brüderlichkeit der Menschen säkularisiert. Marx bestimmt das Verhältnis von modernem Staat und Religion so, dass im Staat „die menschliche Grundlage der Religion auf weltliche Weise ausgeführt ist“ (358). Inwiefern ist im modernen Staat die menschliche Grundlage der Religion auf weltliche Weise ausgeführt?

II

Marx löst das Verhältnis von Staat und Religion in das Verhältnis des Staates zur Gesellschaft auf, indem er den Widerspruch des Staates mit der Religion in den Widerspruch des Staates mit seinen gesellschaftlichen Voraussetzungen vermenschlicht. So

Rechte der Juden als für den christlichen Staat notwendig erachtet und sie mit dem Wesen der jüdischen Religion begründet.

11 Vgl. Peter Wende, „Grossbritannien 1500–2000“, in: *Oldenbourg Grundriss der Geschichte*, Bd. 32, München 2001 und Josef Engel, „Die Entstehung des neuzeitlichen Europa“, in: *Handbuch der europäischen Geschichte*, Bd. 3, hg. von : Th. Schieder, Stuttgart 1971.

wie der moderne Staat in Widerspruch mit der Religion tritt, ohne sie aufzuheben, so tritt er auch mit seinen gesellschaftlichen Voraussetzungen in Widerspruch und anerkennt sie zugleich. So erklärt der Staat z. B., sobald er das Zensuswahlrecht aufhebt, auf politische Weise das Privateigentum für aufgehoben, ohne das Privateigentum selbst aufzuheben. Die gesellschaftlichen Unterschiede werden lediglich „für *unpolitische* Unterschiede erklärt“, wenn der Staat „ohne Rücksicht auf diese Unterschiede jedes Glied des Volkes zum *gleichmäßigen* Teilnehmer der Volkssouveränität ausruft“ (354).

Mit dem modernen politischen Staat trete das allgemeine Gattungsleben der Menschen, ihr Allgemeininteresse in einen Gegensatz zu ihrem materiellen Leben in der bürgerlichen Gesellschaft. Mit dem Gegensatz von Staat und bürgerlicher Gesellschaft führe der Mensch nicht nur im Gedanken wie in der Religion, sondern in der Wirklichkeit ein doppeltes Leben. In der bürgerlichen Gesellschaft, der Sphäre der Konkurrenz der Privatinteressen, sei der Mensch Privatmensch und gelte sich selbst und den anderen in dieser Bestimmung als wirklicher Mensch. Im Staat als der Sphäre des allgemeinen Interesses gelte sich der Mensch als wahres Gattungswesen, obgleich diese Allgemeinheit lediglich eine unwirkliche, illusorische Allgemeinheit sei. In der bürgerlichen Gesellschaft sei er *bourgeois*, im Staat *citoyen*.

Die Allgemeinheit des politischen Zusammenhangs, dem die Individuen subsumiert sind, ist nach Marx illusorisch, weil dies nicht bedeute, dass die in der bürgerlichen Gesellschaft herrschenden Gegensätze der Interessen in Form des Politischen aus der Welt geschafft wären, wie Hegel glaubt. Vielmehr seien sie aufbewahrt und hätten im Staat als realisiertes Allgemeininteresse ihre Verlaufsform gefunden, innerhalb deren sie erst wirken und ihre Fruchtbarkeit für das Ganze entfalten können. Weit entfernt davon, die gesellschaftlichen Gegensätze aufzuheben, seien diese vielmehr Voraussetzungen und der Grund der Existenz des modernen Staates.

Der Staat macht seine Allgemeinheit nur im Gegensatz zu den besonderen Elementen der bürgerlichen Gesellschaft geltend. Auf dieser Basis erscheinen die besonderen Interessen der bürgerlichen Gesellschaft aus der Perspektive des Staates als gleichrangig. Ob man christlich oder jüdisch ist, ist ebenso gleichgültig, wie ob man Kaufmann oder Tagelöhner, Kapitalist, Grundbesitzer oder Lohnarbeiter ist. Die gesellschaftlichen Bestimmungen der Menschen erscheinen als solche im Staat nicht mehr. Die politische Revolution, die den modernen Staat konstituiert, zerschlägt notwendig alle Privilegien, Stände und Korporationen. Sie hebt den politischen Charakter der Gesellschaft auf und zerschlägt sie in ihre einfachen disparaten Bestandteile. Damit löst sie nach Marx die feudale Gesellschaft in ihren anthropologischen Grund auf, und zwar wie er wirklich der Grund des modernen Staates ist, in den egoistischen Menschen der bürgerlichen Gesellschaft. Dieser sei als solcher in den so genannten Menschenrechten, die Hegel aufgrund seiner substantialistischen Staatskonzeption nur mangelhaft berücksichtigt,[12] anerkannt.

12 Vgl. Georg Lohmann, „Hegels Theorie der Menschenrechte?“ In: *Hegel-Jahrbuch 2002. Phänomenologie des Geistes. Zweiter Teil*, hg. von A. Arndt, K. Bal, H. Ottmann, Berlin 2002, 137-142.

Unter die Menschenrechte fällt auch die Religionsausübung, so dass die politisch emanzipierten Juden auch das Menschenrecht der Religions- und Gewissensfreiheit in Anspruch nehmen können. Die religiöse Toleranz, die im Katalog der bürgerlichen Menschenrechte im 18. Jahrhundert auftaucht, macht für Marx deutlich, dass die Religion mit den Menschenrechten nicht nur nicht unvereinbar ist, sondern das Recht, auf beliebige Weise religiös oder nicht religiös zu sein, explizit unter die Menschenrechte gezählt wird.[13]

Die staatlich gewährten Rechte unterscheiden sich in die Staatsbürgerrechte, die die politischen Bürgerrechte darstellen, die nur in der Gemeinschaft mit anderen ausgeübt werden und deren Inhalt die Teilnahme am politischen Gemeinwesen, dem Staat, bilden, und die eigentlichen Menschenrechte. Dementsprechend unterscheidet Marx zwei Formen der Freiheit, die politische und die bürgerliche Freiheit.

Die Menschenrechte erscheinen nach Marx als natürliche Rechte, weil der Mensch, wie er Mitglied der bürgerlichen Gesellschaft ist, als der natürliche Mensch erscheint, so wie sich die politische Revolution überhaupt zur bürgerlichen Gesellschaft „als zur *Grundlage ihres Bestehens*, als zu einer nicht weiter begründeten *Voraussetzung*, daher als zu ihrer *Naturbasis*“ (369) verhält.

Die Menschenrechte, denen zufolge der Mensch als natürlicher frei und gleich an Rechten geboren erscheint, kommen in der radikalsten Konstitution, der französischen Konstitution von 1793, und in der Erklärung der Menschen- und Bürgerrechte von 1791 am deutlichsten zum Ausdruck: Diese Rechte sind Freiheit, Eigentum, Gleichheit und Sicherheit.[14]

Die gewährleistete Freiheit stellt sich als eine durch das Gesetz bestimmte Grenze dar, „in welcher sich jeder dem andern *unschädlich* bewegen kann“ (364). Sie scheidet

13 Die Subsumtion der Religion unter den Staat, ihre Degradierung zur Privatsache, bedeutet erstens ihre Überlebensstrategie, zweitens ist darin der Widerspruch für die Religion enthalten, dass das absolut Verpflichtende, die höchste Form der Sittlichkeit, die religiöse lediglich für das private Gewissen und nicht allgemeinverbindlich gelten soll. Mit diesem Widerspruch geht die Religion so um, dass sie ihre Nützlichkeit für das Gemeinwesen anpreist. Hegel reflektiert den Widerspruch der modernen Religion auf die Weise, dass er sie einerseits als Moment des objektiven Geistes der Entscheidungskompetenz des Staates unterordnet, andererseits als Gestalt des absoluten Geistes dem Staat überordnet. Während er in der Anmerkung zu § 270 der *Rechtsphilosophie* den ersten Aspekt hervorhebt, betont er in der Anmerkung zu § 552 der *Enzyklopädie* den zweiten Aspekt der Doppeldeutigkeit der Religion. Die Vermittlung bzw. Versöhnung des Widerspruchs zwischen praktischer Unterordnung der Religion unter den Staat und ihrer ideellen Überordnung über das politische Gemeinwesen erhofft sich Hegel durch einen philosophisch interpretierten Protestantismus, dem er als Garantie der staatlichen Sittlichkeit eine politische Bedeutung zuschreibt.

14 Die sozialen Leistungsrechte gegenüber dem Staat, die heute zu den Grundrechten gezählt werden, fristen selbst in Verfassungen moderner Sozialstaaten ein marginales Dasein. In der Liste der Grundrechte werden sie zum ersten Mal in der französischen Verfassung vom 26. Juni 1793 genannt (Vgl. Vittorio Hösle, *Moral und Politik. Grundlagen einer Politischen Ethik für das 21. Jahrhundert*, München 1997, 798f.).

den einen vom anderen wie die Grenze durch einen Zaunpfahl. „Es handelt sich", sagt Marx, „um die Freiheit des Menschen als isolierter auf sich zurückgezogener Monade", die „nicht auf der Verbindung des Menschen mit dem Menschen, sondern vielmehr auf der Absonderung des Menschen von dem Menschen" (364) basiert, „die jeden Menschen im andern Menschen nicht die *Verwirklichung*, sondern vielmehr die *Schranke* seiner Freiheit finden" (365) lässt.

Die praktische Nutzanwendung dieser individuellen Freiheit, der Freiheit der Privatperson, ist das Privateigentum. Das Menschenrecht des Privateigentums ist das Recht, willkürlich „ohne Beziehung auf andre Menschen, unabhängig von der Gesellschaft, sein Vermögen zu genießen und über dasselbe zu disponieren, das Recht des Eigennutzes" (365). Das Privateigentum, die ausschließende im Geld quantifizierte Verfügungsmacht über den Reichtum der Gesellschaft, die Kommandogewalt über die Arbeit anderer, die man für Geld für dessen Vermehrung arbeiten lässt, ist die Grundlage des individuellen Nutzens und des Schadens. Die Gleichheit in ihrer nichtpolitischen Bedeutung als Rechtsgleichheit besteht darin, dass jeder Mensch als freie Privatperson und als freier Eigentümer betrachtet wird.

Aus der Perspektive des Staates erscheint die Gesellschaft als Ansammlung von Privatpersonen und Eigentümern, als Eigentümergesellschaft. Das Privateigentümersein der Menschen, ihre vermeintliche Unabhängigkeit von der Gesellschaft, ist selbst gesellschaftliche Bestimmung. Konstitutiv für die Form des Rechts ist es, dieses Resultat der Entwicklung der bürgerlichen Gesellschaft als natürliche Voraussetzung hinzunehmen. Kein Menschenrecht, weder das Recht auf individuelle Freiheit noch das Recht auf Privateigentum, geht nach Marx über den egoistischen Menschen der bürgerlichen Gesellschaft hinaus.

Den Privatpersonen und Eigentümern erscheint die Gesellschaft als äußerer Rahmen, als Beschränkung ihrer ursprünglichen Selbständigkeit. Ihre wechselseitige Abhängigkeit voneinander, die sie in ihrer Konkurrenz gegeneinander nach Kräften auszunutzen suchen, erfahren sie als Bedingung, die sie nicht aus eigener Kraft zu meistern in der Lage sind. Ihren gesellschaftlichen Zusammenhang beherrschen nicht sie, sondern eine von ihnen getrennte Macht, der Staat, der die Anerkennung von Person und Eigentum sichert und so ihre Konkurrenz ermöglicht und aufrechterhält. Der moderne Staat ist die souveräne Gewalt habende Instanz, die die erörterte bürgerliche Freiheit aufrechterhält und sichert, indem sie den Individuen die notwendigen Schranken auferlegt. Er ist die Instanz, die die Zaunpfähle zwischen die Felder setzt, um das Eigentum und die Privatsphäre der Einzelnen zu sichern.

In der Deklaration der Menschenrechte von 1791 erscheint die Erhaltung der Menschenrechte als Endzweck des modernen Staates. Der Staat tritt in ein Dienstverhältnis zum Menschen, den Marx als bestimmten, als *bourgeois* dechiffriert. Doch ist dieses vom Liberalismus festgehaltene Verhältnis nicht die ganze Wahrheit. Der Staat kann nur in den Dienst des Privatbürgers und seiner Interessen treten, indem er sich zum Selbstzweck erhebt, so dass das Menschenrecht auf Freiheit aufhört, ein Recht zu sein, zu dem auch die Religionsfreiheit gehört, wenn es in Konflikt mit den Aufgaben des Staates gerät.[15]

Weil der moderne Staat auf der wechselseitigen Anerkennung der konkurrierenden Privatindividuen der Gesellschaft beruht, stehen die Privatsubjekte als Staatsbürger zueinander in der Form der politischen Gleichheit, in der von aller weiteren Bestimmtheit abstrahiert ist, sie einzig die Gestalt des freien, und zwar des abstrakt freien Willens angenommen haben. Diese ist nach Marx die Gestalt der modernen politischen Freiheit. Sie beruht auf der Aufspaltung des Menschen in *bourgeois* und *citoyen*, die die liberalistische Auffassung von der Unteilbarkeit des Menschen, dem die Gesellschaft vermeintlich verpflichtet sei, dementiert.

Dieser Sachverhalt, als Staatsbürger ohne weitere Bestimmtheit, lediglich abstrakt freier Wille zu sein, ist konstitutiv für die Etablierung des modernen Staates, der sich in seiner souveränen Gewalt über die Gesellschaft als Verwirklichung des abstrakt freien Willens erweist. Der Staat ist daher nicht, wie Hegel behauptet, die Verwirklichung der konkreten Freiheit,[16] sondern die Verselbständigung des abstrakt freien Willens, den Marx als Abstraktion der Individualität von sich selbst fasst. Dieses Prinzip der Freiheit – und darin stimmt Marx Hegel zu – ist bereits vor dem modernen Staat im Christentum geltend gemacht worden.[17]

15 In der Zeit der Französischen Revolution, in der der moderne Staat „gewaltsam aus der bürgerlichen Gesellschaft heraus geboren wurde" (357) und in der sich die politische Selbstbefreiung zur permanenten Revolution erklärte, negierte das politische Leben seine gesellschaftlichen Voraussetzungen, so dass etwa die Pressefreiheit außer Kraft gesetzt wurde, weil sie die „politische Freiheit" (367) verletze, und die politische Emanzipation von der Religion bis zur „*Vernichtung* der Religion" (357) fort ging. Dass der moderne Staat kein Selbstzweck ist, sondern auf die Aufrechterhaltung der bürgerlichen Gesellschaft zielt, zeigt sich nach Marx darin, dass „das politische Drama" notwendig „mit der Wiederherstellung der Religion, des Privateigentums, aller Elemente der bürgerlichen Gesellschaft" (357) endet.

16 „Der Staat ist die Wirklichkeit der konkreten Freiheit" (Rph § 260).

17 Die „*Konstitution des politischen Staats*" (369) vollzieht sich nach Marx als Verdoppelung des Menschen in *bourgeois* und *citoyen*. Indem sich die Einzelnen zum Glied eines politischen Gemeinwesens bilden, „ihr Wissen, Wollen und Tun auf allgemeine Weise bestimmen" (Rph § 187), nehmen sie von ihren Sonderinteressen Abstand, wodurch sich ein neues, zusätzliches Interesse, das Allgemeininteresse von den besonderen Interessen der Individuen abtrennt und damit der Staat als Macht über die Gesellschaft von dieser scheidet. Da es ein Allgemeininteresse *in* der bürgerlichen Gesellschaft nicht gibt, muss es *neben* der Gesellschaft als politisches Herrschaftsverhältnis hergestellt werden. Der abstrakt-freie Wille der Einzelnen stellt sich als abstrakt-allgemeiner dar.

III

Marx unterscheidet von der skizzierten politischen Emanzipation die menschliche, unter der er die soziale und demokratische Emanzipation der Menschen vom modernen Staat und von der bürgerlichen Gesellschaft versteht. Sie befreie den Menschen auch von der Religion überhaupt. Die politische Emanzipation ist für ihn nicht die „durchgeführte, widerspruchslose Emanzipation von der Religion", weil sie nicht die „durchgeführte, widerspruchslose Weise der *menschlichen* Emanzipation" (353) sei. Vielmehr lasse die politische Emanzipation die Religion bestehen, „wenn auch keine privilegierte Religion" (361).

Marx erkennt, dass der moderne politische Staat der Religion, gerade indem er sie zur Sache des Privatindividuums macht, ihr im gesellschaftlich-öffentlichen Leben zur Konjunktur verhilft. Er verweist im Rekurs auf Beaumont, Tocqueville und Hamilton auf die lebendige Religiosität in den Nordamerikanischen Staaten. Gerade im säkularen demokratischen Staat erreiche die „universalreligiöse Bedeutung" (361) des Christentums, die Hegel dazu veranlasst hat, die christliche Religion von anderen Religionen als die absolute abzuheben,[18] ihren „*praktischen* Ausdruck" (ebd.), indem es verschiedenartigste religiöse Weltanschauungen in und neben sich dulde. Keine Religion toleriert einen Pluralismus der Religionen in der Weise wie die christliche. Dies kann zu einer Gleichgültigkeit des Christlichen gegen sich selbst und zu einer Diskrepanz zwischen Religion selbst und Religionsausübung führen, wie wir sie heute kennen.

Indem die Religion in die Privatheit verbannt ist, lebt sie weiter fort, kann jedoch innerhalb eines nicht steuerbaren Konnexes kultureller Überzeugungen eines Volkes ihre Leitfunktion einbüßen. Damit antizipiert Marx die Einsicht Böckenfördes, dass das Politische auf Voraussetzungen basiert, von denen es seine Legitimität bezieht, die es aber selbst nicht garantieren kann.[19] Religion nimmt in der Moderne nicht den Rang einer die gewünschte politische Gesinnung ermöglichenden Grundlage des Staates ein, wie Hegel meint. Sie zählt vielmehr wie andere ideologische Instanzen auch unter seine Voraussetzungen. Das Bedürfnis des Menschen nach Religion bleibt indessen weiter bestehen, weil der Staat die weltliche Grundlage der Religion aufrechterhält. Daher erklärt Marx, „daß der Mensch, selbst wenn er durch die Vermittlung des Staates sich als Atheisten proklamiert, d. h. wenn er den Staat zum Atheisten proklamiert, immer noch religiös befangen bleibt, eben weil er sich nur auf einem Umweg, weil er nur durch ein Medium sich selbst anerkennt" (353).

Die Existenz der Religion und ihre Kultur prägende Kraft deutet Marx als Ausdruck des Daseins eines gesellschaftlichen Mangels. Die Religion ist nach *Zur Kritik der*

18 Vgl. Georg Wilhelm Friedrich Hegel, *Vorlesungen über die Philosophie der Religion II*, TWA 17, 189.

19 Ernst-Wolfgang Böckenförde, „Die Entstehung des Staates als Vorgang der Säkularisation", in: ders., *Staat, Gesellschaft, Freiheit. Studien zur Staatstheorie und zum Verfassungsrecht*, Frankfurt a. M. 1976, 60.

Hegelschen Rechtsphilosophie. Einleitung verkehrtes Bewusstsein der Menschen von einer verkehrten, durch entfremdende Herrschaft gekennzeichneten gesellschaftspolitischen Wirklichkeit.[20] Die Kritik der Religion ist zugleich Kritik des negativen Zustands der Welt, der die Religion braucht. Die Ursache dieses mangelhaften Zustandes sucht Marx im Wesen des Staates, der die gesellschaftliche Beschränktheit der Menschen aufrechterhält. Nicht die Religion resp. das Christentum sei der Grund des modernen Staates, sondern „der *menschliche Grund* des Christentums" (360) sei der Grund des modernen Staates.

Näher besehen hat Religion nach Marx ihr weltliches Fundament in dem von staatlicher Abhängigkeit diktierten Staatsidealismus des modernen Bürgers, die ihm beständig den Zwang auferlegt, von sich zu abstrahieren. Weil er als Privatmensch angewiesen ist auf eine politische Macht, die Person und Eigentum schützt, anerkennt er als Staatsbürger die staatlichen Beschränkung, die seinem Privatinteresse auferlegt wird, und respektiert er, dass der Erfolg seines Privatinteresses gegenüber dem staatlichen Allgemeininteresse ein untergeordneter Gesichtspunkt zu sein hat. Dieser Idealismus ist nach Marx kein subjektiver Wahn. Er hat seinen objektiven Grund in der bürgerlichen Gesellschaft, existiert in dem von ihr getrennten politischen Staat und kommt im Bedürfnis der Menschen nach Religion zum Ausdruck. Die Passion Christi gilt im christlichen Abendland als ohne Berechnung geglaubtes Vorbild menschlicher Selbstverleugnung und Selbstbescheidung.[21]

Marx parallelisiert daher die Unterwerfung der Gesellschaft unter einen von ihr getrennten politischen Staat mit dem religiösen Verhalten der Menschen zu Gott. Feuerbach begreift die Macht Gottes als eine Verkehrung, in der sich die Kräfte und Eigenschaften der Menschen projektiv versammeln und sich gegen den Menschen als den eigentlichen Schöpfer des göttlichen Wesens wenden.[22] Während aber die Religion eine Schöpfung

20 Karl Marx, *Zur Kritik der Hegelschen Rechtsphilosophie. Einleitung*, in: MEW 1, 378f. Religion sei „das Selbstbewußtsein und das Selbstgefühl des Menschen, der sich selbst entweder noch nicht erworben oder schon wieder verloren hat" (ebd., 378).

21 Die christliche, von Jesus vorgelebte *„Freiheit des Menschen von sich selbst"* (Michael Theunissen, „Ho aiton lambanei. Der Gebetsglaube Jesu und die Zeitlichkeit des Christseins", in: ders., *Negative Theologie der Zeit*, Frankfurt a. M., 1991, 336) und die moderne „Freiheit des Menschen zu sich selbst, als Vermögen individueller Selbstverwirklichung" (ebd., 323) und „Selbstbehauptung" (ebd., 339) bilden in der bürgerlichen Gesellschaft keine sich ausschließende Alternative. Das paradox anmutende Zusammenspiel zwischen dem Streben nach individuellem Eigennutz und dem Bedürfnis nach Transzendenz, zwischen Ökonomie und Religion als den „beiden wichtigsten Subsystemen der Gesellschaft" (Vittorio Hösle, *Moral und Politik,* a.a.O. (Anm. 14), 864), verdankt sich ihrer Angewiesenheit auf einen von der Gesellschaft getrennten politischen Staat.

22 Ludwig Feuerbach, *Das Wesen des Christentums*, in: ders., Gesammelte Werke Bd. 5, hg. von W. Schuffenhauer und W. Harich (Hg.), Berlin 1973, 46f., 63.

des menschlichen Kopfes ist, ist die Ausdifferenzierung in politischen Staat und Gesellschaft ein Produkt der modernen gesellschaftlichen Praxis.[23]

Die Unterwerfung der Menschen unter die Herrschaft Gottes ist für Marx lediglich der religiöse Widerschein der realen Unterwerfung der Gesellschaft unter die Herrschaft des politischen Staates, der als deren Organisator und Garant fungiert. Marx überführt daher Feuerbachs Religionskritik in die Kritik des Staates und der Gesellschaft. In *Zur Kritik der Hegelschen Rechtsphilosophie. Einleitung* formuliert er die Norm, „daß der *Mensch das höchste Wesen für den Menschen* sei", und den daraus folgenden „*kategorischen Imperativ, alle Verhältnisse umzuwerfen*, in denen der Mensch ein erniedrigtes, ein geknechtetes, ein verlassenes, ein verächtliches Wesen ist",[24] als Endpunkt der Feuerbachschen Religionskritik.

Alle Emanzipation führe die gesellschaftspolitischen Verhältnisse „auf den *Menschen selbst*" (370) zurück. Die politische Emanzipation beinhalte eine doppelte Reduktion des Menschen, einerseits die Reduktion auf das egoistische Mitglied der Gesellschaft, andererseits auf den abstrakten Staatsbürger, den Rousseau treffend schildere. Die menschliche Emanzipation dagegen sei erst vollbracht, wenn der „wirkliche individuelle Mensch den abstrakten Staatsbürger in sich zurücknimmt" (370) und somit in seiner materiellen individuellen Existenz gesellschaftlich allgemein werden würde, d. h. die Verhältnisse der Produktion für seine materiellen und geistigen Interessen selbstbewusst kollektiv-gesellschaftlich organisierte.

Wirkliche Gattungsallgemeinheit gewinnt der einzelne Mensch mit seinen besonderen Interessen nach *Kritik des Hegelschen Staatsrechts* erst in einer sich politisch selbst organisierenden Gesellschaft, in einer sozialen Demokratie, die keine Staatsform im klassischen Sinne mehr ist. In ihr werde der Staat zu einer besonderen Daseinsweise der Gesellschaft herabgesetzt und auf dieser Grundlage als das wirklich Allgemeine in der Gesellschaft etabliert, indem politisch die gesellschaftlichen Interessensgegensätze zum Ausgleich gebracht würden. Die Sphäre der allgemeinen Angelegenheiten müsste dann nicht als eine Sphäre neben der Gesellschaft durch ein politisches Gewaltverhältnis hergestellt werden.[25]

Mit dem Begriff der menschlichen Emanzipation zielt Marx auf den Begriff einer kommunitären Freiheit, in der jeder Mensch im anderen Menschen nicht die Schranke, sondern die Verwirklichung seiner Freiheit findet, weil Freiheit und materielles Interesse keinen Gegensatz darstellen. Wer Freiheit wirklich will, so könnte man mit Marx sagen, der sollte sich überlegen, wie eine Gesellschaft zu organisieren sei, in der die einzelnen Subjekte ihre Zwecke frei verfolgen können, ohne dass ihre Interessen in

23 In seiner vierten Feuerbachthese resümiert Marx, dass die ideelle „Verdoppelung der Welt in eine religiöse und eine weltliche" „aus der Selbstzerissenheit und Sichselbstwidersprechen" der „weltlichen Grundlage" (MEW 3, 6) zu erklären sei.

24 Karl Marx, *Zur Kritik der Hegelschen Rechtsphilosophie. Einleitung*, in: MEW 1, 385.

25 Vgl. Karl Marx, *Kritik des Hegelschen Staatsrechts*, in: MEW 1, 230-234, 323-325.

Gegensatz zueinander geraten und sie veranlasst werden, sich einer von ihnen getrennten politischen Macht zu unterwerfen, deren religiöse Erscheinungsform der „Kultus des abstrakten Menschen" ist.[26]

So problematisch Marx' Sozialtheorie im einzelnen sein mag, so unabweisbar scheint mir sein mit Hegel geteilter Gedanke zu sein, dass Religion solange Konjunktur haben wird, solange Institutionen des Staates von Individuen als Selbstweck erfahren und akzeptiert werden, die ihren individuellen Eigennutzen transzendieren. Marx' Sozialtheorie umreißt ein Verständnis von einem Ganzen der Lebenswirklichkeit, in dem die Einzelnen von religiöser Transzendenz, die als Entlastung von Kontingenz besprochen wird[27], selbst entlastet werden, indem sie die geschichtliche Perspektive einer praktischen Befreiung des Menschen von einer ihre Interessen beschränkenden gesellschaftspolitischen Herrschaft eröffnet.

26 Marx' Zielvorstellung ist keineswegs, wie Theunissen meint, auf einen Zustand gerichtet, in dem der Mensch vollständig sich eigen ist, derart, dass jede Vermittlung durch Anderes oder Andere als „entfremdende Fremdbeziehung" aufzufassen ist (vgl. Michael Theunissen, *Schein und Sein. Die kritische Funktion der Hegelschen Logik*, Frankfurt a. M. 1978, 485). Nicht Vermittlung überhaupt, sondern eine spezifische historische Form der Vermittlung kritisiert Marx (vgl. Dieter Wolf, *Der dialektische Widerspruch im Kapital*, Hamburg 2002, 436-472). Ebenso wenig ersetzt Marx in Überbietung Rousseaus den egoistischen Menschen durch einen gemeinschaftsbezogenen altruistischen Menschen, dem die Gemeinschaft oberster Zweck ist, wie Lohmann annimmt (vgl. Georg Lohmann, „Karl Marx' fatale Kritik der Menschenrechte", in: *Politisches Denken. Jahrbuch 1999*, hg. von K. Graf Ballestrem, V. Gerhardt, H. Ottmann, M. P. Thompson Stuttgart, Weimar 1999, 91-104). Während nach Rousseau der Mensch im abstrakten Staatsbürger aufgehen soll, fordert Marx die Zurücknahme des abstrakten Staatsbürgers in den wirklichen individuellen Menschen. Es scheint mir daher Arndts Behauptung fraglich, dass Marx' Kritik an den Menschenrechtsproklamationen im Namen einer Citoyenromantik erfolgt (vgl. Andreas Arndt, „Zum Problem der Menschenrechte bei Hegel und Marx", in: *Menschenrechte: Rechte und Pflichten in Ost und West*, hg. von K. Wegmann u. a., Münster 2001, 228, 233).

27 Die Funktion der Religion, die die Welt von einem Transzendenten her deutet, als Kontingenzbewältigung erörtert Hermann Lübbe in *Die Religion nach der Aufklärung*, Graz, Wien, Köln 1986, 160ff.

ANDREAS ARNDT (BERLIN)

Staat, bürgerliche Gesellschaft und Religion

Anmerkungen zu Hegel und Walter Benjamin

1.

Wie bereits der Titel anzeigt, bewegen sich meine Ausführungen außerhalb des von Hegel selbst vorgegebenen Rahmens. Im Verhältnis des Staates als Spitze des objektiven zur Religion als Gestalt des absoluten Geistes ist von der bürgerlichen Gesellschaft bei ihm nicht, jedenfalls nicht unmittelbar, die Rede. Wenn ich diese Sphäre dennoch hier mit hereinziehe, dann deshalb, weil ich die Konsequenzen einer These überprüfen möchte, die Walter Benjamin 1921 in seinem Fragment *Kapitalismus als Religion* formuliert hat: der Kapitalismus – Hegelsch gesprochen: das Verstandessystem der Ökonomie als „System der Bedürfnisse" – werde nicht nur religiös verbrämt, sondern sei selbst Religion, und zwar eine quasi-pagane Kultreligion ohne Transzendenz und Erlösung.

Es ist offenkundig, dass Benjamins These quer zu Hegels Konzeption steht. Mit ihr wird Religion im objektiven, nicht im absoluten Geist verortet, und es ist schwer vorstellbar, dass der Kapitalismus als Religion aus Hegels Sicht überhaupt als Religion angesprochen werden und eine Stufe im Sich-Bewusstwerden des Geistes als Freiheit bezeichnen könnte. Gleichwohl gibt es im Verhältnis des Staates zur Sphäre der Ökonomie einerseits und zur Religion andererseits bei Hegel selbst Entsprechungen, die beunruhigen können und Benjamins These nicht so leicht abweisen lassen. Worum geht es? In der Nachschrift Wannemann zu Hegels Heidelberger Vorlesungen über *Naturrecht und Staatswissenschaft* von 1817/18 heißt es: „Durch das Christentum wurden zuerst die Menschen frei, aber durch die Feudalverfassung wurde das Eigentum unfrei, und dies war mit die Veranlassung zur Französischen Revolution".[1] Die Befreiung der auf Privateigentum basierenden bürgerlichen Gesellschaft aus den feudalen Fesseln setzt, so muss man diese Passage verstehen, diejenige Befreiung fort, die das Christentum mit der Anerkennung der Menschen als Personen zuerst ins Werk setzte. Christliche und bürgerliche Freiheit verhalten sich komplementär zueinander. Indessen ist die bürgerliche Freiheit für Hegel ambivalent, denn sie bedeutet – ebensowenig wie der religiöse Freiheitsgedanke des Christentums – nicht schon politische Freiheit. Diese wäre, im Hegelschen Sinne, die in sich konkrete Allgemeinheit eines sittlichen Ganzen, in der

1 V 1, 29 (§ 26).

die gesellschaftlichen Individuen formal (d. h. rechtlich) und materiell als Personen anerkannt sind und ihre Freiheit betätigen können. Im Egoismus des ausschließenden Privateigentums liegt aber, Hegel zufolge, eine Bedrohung des sittlichen Gemeinwesens: der *bourgeois* müsse erst zum *citoyen* und damit politikfähig gemacht werden. So notwendig die Sphäre der bürgerlichen Gesellschaft auch sei, so müsse sie doch, wie es bereits in dem *Naturrechtsaufsatz* (1802) heißt, als ein Negatives vom Staat auch negativ behandelt, d. h. eingeschränkt werden. Deshalb dürfe auch, wie Hegel im *System der Sittlichkeit* schreibt, der „Besitz" als Element der bürgerlichen Gesellschaft nicht mit der Regierung vermischt werden.[2] Die *Grundlinien der Philosophie des Rechts* präzisieren dann, dass der Staat auf keinen Fall „mit der bürgerlichen Gesellschaft verwechselt" werden dürfe.[3]

Ambivalent in Bezug auf das sittliche Gemeinwesen ist aber nicht nur die bürgerliche, sondern auch die christliche Freiheit, wenn sie denn so verstanden wird, dass der Einzelne sich aus religiösen Erwägungen über oder gegen den Staat stellen könne; wohlgemerkt: über oder gegen einen vernünftigen Staat im Hegelschen Sinne. Im § 270 der *Grundlinien der Philosophie des Rechts* (1821) spricht Hegel sich umfassend über das Verhältnis von Staat und Religion aus. Der durch die Konfessionsspaltung zerrissene moderne Staat finde, indem er Religion und Politik trennt, sein Gravitationszentrum in sich selbst. Erst durch die Trennung von einer bestimmten Religion könne der Staat auch weltlichen und religiösen Geist versöhnen, sofern die Religion sich dem sittlichen politischen Gemeinwesen einordne. Diese Sittlichkeit werde gleichermaßen vom politischen wie vom religiösen Fanatismus bedroht. Die angestrebte Versöhnung, die auch darin ihren Ausdruck finden sollte, dass der Staat von seinen Bürgern verlangen konnte, sich zu einer beliebigen Religionsgemeinschaft zu halten, sieht Hegel infolge der europäischen Restaurationsbewegung zunehmend gefährdet. Sowohl in den entsprechenden Paragraphen der *Enzyklopädie der philosophischen Wissenschaften im Grundrisse*[4] als auch in seinen Vorlesungen zur *Philosophie der Religion* und *Philosophie der Weltgeschichte* revidiert er seine Ansicht dahingehend, dass Staat nur mit einer Religion zu machen sei, die sich der Sittlichkeit des Staates unterordne. Nach Hegels Auffassung war dies mit der katholischen Religion explizit nicht der Fall.

Staat ist nach Hegel aber auch nur mit einem ökonomischen System zu machen, das sich dem sittlichen Gemeinwesen unterordnet. Wenn dieses System sich selbst als Religion organisiert, wie Walter Benjamin behauptet, dann droht dem Gemeinwesen doppelte Gefahr: die bestehenden ökonomischen Verhältnisse greifen nicht, nur als (vermeintliche) Sachzwänge auf das Feld des Politischen über, das sie vorstrukturieren und damit mögliche Handlungsalternativen abblocken. Vielmehr bilden diese Verhältnisse *als* Religion wie *jede* Religion auch einen Totalitätsanspruch aus, der mit den Totalitäts-

2 Vgl. GW 5, 361.

3 Rph, § 258.

4 *Enzyklopädie* 1827: § 563; 1830: § 552.

ansprüchen anderer Religionen konkurriert. – Ich möchte dieses Szenario in zwei Schritten ein wenig ausleuchten. Zunächst (2) geht es um die Frage, was die These vom ‚Kapitalismus als Religion' eigentlich bedeutet. Sodann (3) soll gefragt werden, was sie für den Religionsbegriff und das Verhältnis des Staates zur Religion nach Hegel bedeutet.

2.

Benjamins provozierende These vom *Kapitalismus als Religion* hat eine längere Tradition hinter sich. Marx' Schwiegersohn Paul Lafrague hatte den religiösen Charakter des Kapitalismus schon 1887 in seiner Schrift *Die Religion des Kapitals* beschrieben; auch Alexander Rüstow, Vertreter des „Ordoliberalismus", sprach in den vierziger Jahren des 20. Jahrhunderts von einer Religion der Marktwirtschaft in dem Sinne, dass religiöse Annahmen (wie das Wirken einer *invisible hand*) in die theoretischen Fundamente des Wirtschaftsliberalismus eingelassen seien.[5] Im Unterschied zu Benjamin geht es hierbei jedoch um den Nachweis ideologischer Gehalte in Theorie und Selbstdarstellung der kapitalistischen Ökonomie, d. h. um eine Differenz von Sein und Schein. Benjamins These besagt jedoch, dass diese Differenz nicht besteht: der Kapitalismus selbst *ist* Religion und verbrämt sich nicht nur religiös. Auch mit Max Webers Annahme einer religiösen Bedingtheit des Kapitalismus durch den Geist der protestantischen Ethik, die 1920 – ein Jahr vor der Formulierung der Benjaminschen Thesen – publiziert wurde, will Benjamins ausdrücklich nichts zu tun haben.[6] Er zielt vielmehr auf den Nachweis des Kapitalismus „als einer essentiell religiösen Erscheinung".[7] Mehr noch: das Christentum habe sich „in den Kapitalismus umgewandelt", indem es von seinem Parasiten, dem Kapitalismus, gleichsam aufgezehrt worden sei.[8]

Die Radikalität der Benjaminschen These kennt, wie Werner Hamacher plausibel gemacht hat,[9] nur einen Vorläufertext, der auch unmittelbar auf ihn gewirkt hat: Ernst Blochs 1921 erschienene Schrift *Thomas Münzer als Theologe der Revolution*. Hier finden wir – allerdings nur in der Erstauflage – eine vergleichbare Formulierung am Ende des Calvin-Kapitels, wo es heißt, dass der Protestantismus „schließlich nicht bloßen Mißbrauch, sondern vollkommenen Abfall vom Christentum, ja Elemente einer neuen ‚Religion': des Kapitalismus als Religion und wahre Satanskirche inaugurierte." Offenbar

5 Vgl. Paul Lafargue, *Die Religion des Kapitals*, London 1890 (zuerst französisch 1887); Alexander Rüstow, *Die Religion der Marktwirtschaft*, Münster 2001.

6 Vgl. Max Weber, *Die protestantische Ethik*, hg. von J. Winckelmann, München und Hamburg 1965 (zuerst 1920).

7 Walter Benjamin: *Gesammelte Schriften*, Bd. 6: *Fragmente vermischten Inhalts – Autobiographische Schriften*, hg. von R. Tiedemann und H. Schweppenhäuser, Frankfurt/M 1985, 100.

8 Ebd., 102.

9 Werner Hamacher, „Schuldgeschichte", in: *Kapitalismus als Religion*, hg. v. D. Baecker, Berlin 2003, 90ff.

hat Benjamin in seinem Fragment Blochs These aufgegriffen und weiterentwickelt, obwohl er ansonsten Bloch nicht immer sehr hoch schätzte und ihn regelmäßig des Plagiats an seinen Arbeiten verdächtigte.

Benjamin benennt vier Grundzüge des Kapitalismus als Religion, von denen ich zunächst auf die ersten drei eingehe: (1) Er sei eine reine Kultreligion, in dem alles nur in Beziehung auf den Kultus Bedeutung habe und der ohne spezielle Dogmatik und Theologie auskomme. (2) Der Kapitalismus zelebriere den Kultus in Permanenz; jeder Tag sei Festtag, der die äußerste Anspannung der Verehrenden fordere. (3) Der Kultus sei, wohl zum erstenmal in der Geschichte der Religionen, nicht entsühnend, sondern verschuldend, er mache Schuld universal.[10]

Es kann hier nicht darum gehen, das insgesamt sehr hermetische Benjaminsche Fragment im einzelnen aufzuschlüsseln;[11] ich werde mich darauf beschränken, seine Grundthesen soweit zu verdeutlichen, dass ihr Bezugsrahmen wenigstens in Umrissen sichtbar wird. Als Kern des Kultus ist offensichtlich die Verwertung des Wertes als Selbstzweck des Kapitals angesprochen, dem Alle und Alles untergeordnet werden. Folgt man Marx, auf den Benjamin sich hierbei wohl, wenn auch durch Bloch vermittelt, bezieht, so eignet dem Kapital in der Tat auch die Tendenz, die Zeit – die ja bekanntlich Geld ist – seiner maßlosen Bewegung zu unterwerfen, d. h. die Arbeitszeiten der Individuen und die Maschinenlaufzeiten sowohl absolut auszudehnen als auch zu intensivieren. Schwieriger als die beiden ersten von Benjamin genannten Grundzüge des Kapitalismus als Religion ist der dritte Grundzug zu identifizieren, die Universalisierung der Schuld ohne Sühne. Tatsächlich dürfte es sich auch hierbei um die Maßlosigkeit der Bewegung des Kapitals im Marxschen Sinne handeln, also um seinen unstillbaren „Heißhunger nach Mehrarbeit“, wie es im ersten Band des *Kapital* heißt.[12] Funktionen der *Schuld*, so heißt es an anderer Stelle des Benjaminschen Fragments, sind „Zins und Zinseszins“.[13] Das Kapital fungiert hierbei als Schuld im doppelten Sinne – Benjamin selbst verweist auf die „dämonische Zweideutigkeit“ des Begriffs Schuld[14] –: als *aitia* (Grund, Urheberschaft) und als das, was geschuldet wird. Diese Schuld ist nicht zurückzuzahlen: das Kapital ist ewig zu verzinsen, und deshalb gibt es auch keine Entsühnung von der Schuld im Sinne der *aitia*: auch diese Schuld ist ewig zu bezahlen. Entsühnung ist weder vom Kultus noch von einer Reformation noch von einer Absage an diese Religion zu erwarten; die Religion selbst ist unentrinnbares

10 Ebd., 100f.

11 Vgl. Rudolf Thiessen, „Kapitalismus als Religion.“ In: PROKLA 24 (1994), 400-418; Uwe Steiner, „Kapitalismus als Religion. Anmerkungen zu einem Fragment Walter Benjamins“, in: *Deutsche Vierteljahrsschrift für Literaturwissenschaft und Geistesgeschichte* 72 (1998), 147-171; Christoph Deutschmann, *Die Verheißung des absoluten Reichtums. Zur religiösen Natur des Kapitalismus*, Frankfurt/M [2]2001; *Kapitalismus als Religion*, hg. von D. Baecker, Berlin 2003.

12 MEW 23, 249.

13 Benjamin, *Schriften* 6, a.a.O. (Anm. 7), 102.

14 Ebd.

Verhängnis: „Darin“, so Benjamin, „liegt das historisch Unerhörte des Kapitalismus, daß Religion nicht mehr Reform des Seins sondern dessen Zertrümmerung ist.“[15]

Hiermit ist nun nach Benjamin ein vierter „Grundzug“ des Kapitalismus als Religion verbunden, der den Interpreten Rätsel aufgibt und daher auch oft übergangen wird.[16] Er besagt, dass der Gott dieser Religion „verheimlicht werden muß“ und erst „im Zenith seiner Verschuldung angesprochen werden darf.“ Die Verschuldung Gottes konvergiert mit dem religiösen „Weltzustand der Verzweiflung“, aus dem aber „die Heilung zu erwarten sei“. So werde der Kultus vor einer reifenden, noch „ungereiften Gottheit“ zelebriert, die weder vorgestellt noch gedacht werden dürfe, um das Geheimnis ihrer Reife zu bewahren. Wer oder was ist dieser werdende Gott, der nicht nur ein Bilderverbot, sondern auch ein Denkverbot verlangt? Gottes Transzendenz, so Benjamin, ist gefallen, aber Gott ist nicht tot, „er ist ins Menschenschicksal einbezogen“. Pathetisch spricht er vom „Durchgang des Planeten Mensch durch das Haus der Verzweiflung in der absoluten Einsamkeit seiner Bahn“ und identifiziert diesen Menschen mit Nietzsches Übermenschen. Die Selbststeigerung des Menschen zum Übermenschen vollzieht den apokalyptischen Sprung als „Sprengung des Himmels durch gesteigerte Menschhaftigkeit“, die dennoch – auch für Nietzsche – „religiös [...] Verschuldung“ sei und bleibe. Hierzu setzt Benjamin auch Marx in Parallele: „der nicht umkehrende Kapitalismus wird mit Zins und Zinseszins [...] Sozialismus.“[17]

Ob dies kritisch oder affirmativ gemeint ist, lässt sich schwer entscheiden.[18] In seinem 1920/21 entstandenen *Theologisch-politischen Fragment*[19] heißt es, dass erst der Messias die Beziehung des Historischen auf das Messianische erlösen könne: „Darum kann nichts Historisches von sich aus sich auf Messianisches beziehen wollen.“ Der Übermensch als der „durch den Himmel durchgewachsne, historische Mensch“[20] könnte dies um seiner Historizität willen nicht leisten. Andererseits kann der Sprung, den Übermensch und Sozialismus bedeuten, auch als der messianische Sprung aus der Geschichte verstanden werden, als welchen Benjamin die Revolution versteht.

15 Ebd., 101 (auch die folgenden Zitate).

16 Grigorio Agamben, *Profanierungen*, Frankfurt/M 2005, 77f., übergeht den vierten Grundzug ganz, obwohl er direkt seine These der Absonderung als Charakteristikum der Religion betrifft. Ebenso Jochen Hörisch, „Kapitalismus als Religion. Das letzte Abendmahl“, in: *Die Zeit*, 26.12.1997, 43.

17 Benjamin, *Schriften* 6, a.a.O. (Anm. 7), 101f.

18 Der Innsbrucker Theologe Wolfgang Palaver sieht hierin eine auch von Benjamin abgelehnte Selbstvergöttlichung („Kapitalismus als Religion“. URL: http://theol.uibk.ac.at/itl/283.html#h6).

19 Walter Benjamin, *Gesammelte Schriften*, Bd. 2, 1, Frankfurt/M 1991, 203f.; der Titel stammt von Adorno.

20 Benjamin, *Schriften* 6, a.a.O. (Anm. 7), 101.

3.

Benjamins Fragment macht in dem ersten vorhin genannten Punkt – der Kapitalismus sei eine reine Kultreligion ohne Transzendenz und Erlösung – eine religionstheoretische bzw. religionsphilosophische Voraussetzung, die gewiss nicht unumstritten ist. Nach Benjamin muss das ursprüngliche Heidentum ebenso als eine bloß praktische Kultreligion verstanden werden: „Es trägt zur Erkenntnis des Kapitalismus als einer Religion bei, sich zu vergegenwärtigen, daß das ursprüngliche Heidentum sicherlich zu allernächst die Religion nicht als ein ‚höheres' ‚moralisches' Interesse, sondern als das unmittelbarste praktische gefaßt hat, daß es sich mit andern Worten ebensowenig wie der heutige Kapitalismus über seine ‚ideale' oder ‚transzendente' Natur im klaren gewesen ist".[21] Religion, so ließe sich daraus schließen, hängt nicht an einem Bewusstsein der Transzendenz und auch nicht an subjektiven Einstellungen, sondern kann ebenso durch einen Zusammenhang objektiver Praxen konstituiert werden. Tatsächlich bedeutet ‚Religion' – entgegen einer weitverbreiteten Etymologie – ursprünglich wohl nicht das Band mit dem Göttlichen bzw. der Glaubenden untereinander, sondern leitet sich von ‚religere' ab, das zur römischen Ritualsprache gehört und das sorgfältige Beachten der kultischen Regeln bezeichnet.[22]

Giorgio Agamben interpretiert dies als Beachtung der Absonderung zwischen dem Heiligen und dem Profanen: „*Religio* ist nicht das, was Menschen und Götter verbindet, sondern das, was darüber wacht, daß sie voneinander unterschieden bleiben."[23] Entscheidend dabei ist, dass eine solche Absonderung des Sakralen vom Profanen ritualisiert, durch objektive Praktiken, erfolgen kann und keineswegs aus den Tiefen des Gemüts aufsteigen muss. Im Extremfall kann eine solche rituelle Praxis des Absonderns sich nach Agamben derart verallgemeinern und total machen, dass sie nichts mehr abzusondern hat, d. h., dass eine „absolute und restlose Profanierung" mit einer „ebenso leeren und vollständigen Weihung" zusammenfällt.[24]

Eine solche Kultreligion, die mit der Konvergenz des Profanen und des Heiligen auch jede Transzendenz getilgt hat, ist für Agamben – und hier beruft er sich auf Walter Benjamin – der Kapitalismus. Diese These stützt sich auf das, was Marx im *Kapital* den Fetischcharakter der Ware genannt hat. Da der Kapitalismus den Reichtum nicht in der Naturseite der Güter, ihrem Gebrauchswert, erblickt, der Wert, um dessen Verwertung es ihm zu tun ist, aber ein rein gesellschaftliches Verhältnis darstellt und nicht dinglicher Natur ist, lässt sich der Reichtum als Wert nur als Fetisch anschauen; in Marx' Worten: „Die Natur produziert kein Geld, so wenig wie Bankiers oder einen Wechselkurs. Da die bürgerliche Produktion aber den Reichtum als Fetisch in der Form eines

21 Ebd., 103.
22 Klaus Heinrich, *vom bündnis denken. Religionsphilosophie*, Frankfurt/M und Basel 2000, 20.
23 Giorgio Agamben, *Profanierungen*, a.a.O. (Anm. 16), 72.
24 Ebd., 79.

einzelnen Dings kristallisieren muß, sind Gold und Silber seine entsprechende Inkarnation."[25] Da das Geld, von dem hier die Rede ist, in Bezug auf alle Waren als allgemeines Äquivalent fungiert, bleibt es nicht bei dieser Absonderung der edlen Metalle, sondern diese Fetischisierung erfasst die ganze Warenwelt, und in dem Maße, in dem Alles Warencharakter annimmt, wird Alles und Jedes religiös besetzt, denn die Ware überhaupt ist nach Marx „ein sehr vertracktes Ding [...], voll metaphysischer Spitzfindigkeit und theologischer Mucken."[26]

Der Einwand, es handle sich hierbei bloß um eine metaphorische Verwendung des Religionsbegriffs, mag naheliegend erscheinen, setzt aber einen Religionsbegriff voraus, der sich – hegelsch gesprochen – an den Gestalten der vollendeten Religion orientiert und diese dem Aberglauben, Fetischdienst und dergleichen entgegensetzt. Gerade Hegel ist von einer solchen Betrachtensweise weit entfernt, bemüht er sich doch, die sogenannten primitiven Gestalten der Religion, die er der bestimmten Religion zuordnet, als geschichtliche Gestalten in ihrer Eigenart zu erfassen und als – wenn auch defizitäre – Weisen des Zu-sich-Kommens des menschlichen Geistes zu dechiffrieren. Innerhalb der historischen Topographie Hegels wäre der Kapitalismus als Religion wohl am ehesten der unmittelbaren Religion und hier der Naturreligion zuzuordnen. Nur handelt es sich dabei eben nicht um eine vergangene geschichtliche Stufe in der Entwicklung der Religion, sondern um die Gegenwärtigkeit dieser Gestalt in der modernen Welt, also, wenn man will, um die Gleichzeitigkeit des Ungleichzeitigen.

Dieses Phänomen – gesetzt, es sei richtig erfasst und beschrieben – sprengt indessen nicht den Rahmen der Hegelschen Theorie. Zu beachten ist nämlich, dass der Kapitalismus als ‚Naturreligion' sich nicht auf die ‚erste', sondern auf die ‚zweite', die gesellschaftliche Natur bezieht, die hierin zu einer absoluten Seinsmacht verdinglicht wird, die ihren Tribut fordert. Diese Wiederkehr der archaischen Religion auf dem Boden der Moderne entspringt einer Sphäre, die Hegel tatsächlich als eine naturhafte Sphäre charakterisiert. Im Zusatz zum § 189 der *Grundlinien der Philosophie des Rechts* wird das System der Bedürfnisse, also die Sphäre der Ökonomie, in eine „Ähnlichkeit mit dem Planetensystem" gesetzt, bei dem die Planetenbahnen trotz der Perturbationen, die sie dem Betrachter bieten, dennoch gesetzmäßig und berechenbar sind. Die Naturhaftigkeit dieses Systems kommt aber für Hegel auch darin zum Ausdruck, dass es – obschon erkenn- und berechenbar – eine maßlose Bewegung aus sich heraustreibt, in der Vermehrung des Reichtums auf der einen und Elend auf der anderen Seite korrespondieren. Dabei gilt für diese ganze Sphäre, was Hegel in Bezug auf die Ungleichheit der Individuen im § 200 der *Grundlinien* sagt, dass sie nämlich „die von der Natur [...] gesetzte Ungleichheit [...] nicht nur nicht aufhebt, sondern aus dem Geiste produziert." (§ 200) Das heißt: das System der Bedürfnisse ist nicht nur zweite Natur, es ist – *als zweite Natur* – geradezu *Befestigung der ersten Natur.* Dann aber wäre dieses System in der

25 Karl Marx, *Zur Kritik der politischen Ökonomie. Erstes Heft*, MEW 13, 130f.
26 Karl Marx, *Das Kapital*, MEW 23, 85.

Tat keine Sphäre der Freiheit, obwohl es aus einem Akt geistiger Freiheit hervorgeht, der die feudalen Fesseln des Eigentums sprengt. Der Kapitalismus als Religion wäre adäquater Ausdruck der absoluten Abhängigkeit der gesellschaftlichen Individuen von einer spezifischen Gestalt ihrer zweiten Natur. Allerdings: eine Gestalt des absoluten Geistes ist er damit nicht, denn er bezieht sich nicht auf den menschlichen Geist als solchen, sondern nur auf eine seiner Objektivierungen; wohl aber ist richtig, dass diese an sich historisch-spezifische Objektivierung sich selbst verabsolutiert und damit notwendig in der *Form* absoluten Geistes, eben als Religion, erscheint.

Diese Verabsolutierung und der damit verbundene Totalitätsanspruch sind nicht dadurch zu bekämpfen, dass der Kapitalismus als Afterreligion, als eine Gestalt nur des objektiven Geistes demaskiert wird, denn er ist eine reale Seinsmacht, deren Entwicklung und gegenwärtige Verfasstheit Hegels Befürchtung zu bestätigen scheint, dass die bürgerliche Gesellschaft das politische Gemeinwesen, den Staat, verschlingt. Der Kapitalismus als Religion ist ein Fundamentalismus, der totalitär ausgreift. Die Struktur eines solchen totalitären Fundamentalismus hat Hegel – glaubt man dem Zeugnis seiner Hörer – wie folgt beschrieben. Im Staate „haben die Unterschiede eine Breite des Auseinander“ (d. h., er hat in den Besonderheiten der Individuen einen unhintergehbaren Pluralismus zum Gehalt), „in der Religion dagegen ist immer alles auf die Totalität bezogen. Wollte nun diese Totalität alle Beziehungen des Staates ergreifen, so wäre sie Fanatismus; sie wollte in jedem Besonderen das Ganze haben, und könnte es nicht anders als durch Zerstörung des Besonderen, denn der Fanatismus ist nur das, die besonderen Unterschiede nicht gewähren zu lassen.“[27] Würde „die Frömmigkeit als Wirklichkeit des Staates gelten“, so wären „alle Gesetze über den Haufen geworfen“ und einer Entscheidung aus bloßer Willkür die Tür geöffnet: „Die Religion als solche darf also nicht das Regierende sein.“[28]

Dies gilt nun auch für den Kapitalismus als Religion. Der moderne, säkulare Rechtsstaat ist demnach von zwei Seiten in seiner Selbständigkeit bedroht: von Seiten der bürgerlichen Gesellschaft und von Seiten der Religion, sofern beide ihren Totalitätsanspruch auch gegenüber dem Staat geltend machen. Dem kann das politische Gemeinwesen nur begegnen, indem es sich von diesen Sphären absondert und in dieser Absonderung behauptet. Folgt man Agamben, wird er damit gleichsam geheiligt, und tatsächlich hat Hegel in seinen Vorlesungen wohl auch von der Göttlichkeit des Staates gesprochen und ihn als „wirklichen Gott“ bezeichnet.[29] Dies bedeutet indessen keine Vergottung des Staates in dem Sinne, wie es Hegel immer wieder unterstellt wurde. Es bedeutet vielmehr, dass der Staat sich nicht religiös legitimiert, sondern allein aus dem Begriff der Freiheit als Grundlage des Rechts, das er setzt und wahrt. Die „Heiligung“

27 Rph, § 270, Zusatz.

28 Ebd.

29 Rph, § 258, Zusatz; zum Verhältnis von bürgerlicher Gesellschaft und Staat vgl. die Erläuterung zu diesem Paragraphen.

bezieht sich auf das Recht als diejenige Macht, durch welche allein die Vernünftigkeit des menschlichen Gemeinwesens Bestand haben kann. Ihr Sinnbild ist Athene,[30] die Göttin der Weisheit, welche das Recht an die Stelle der rächenden Ursprungsmächte setzte. Im prekären Verhältnis von Staat und Religion gibt es zur Vergottung des politischen Gemeinwesens keine vernünftige Alternative.

30 Vgl. ebd., § 257, Erläuterung.

Ausgewählte Literatur zum Thema „Staat und Religion“ in Hegels Rechtsphilosophie

Alvarez-Gomez, Mariano: Zu Hegels Theorie des Verhältnisses von Staat und Religion. In: Hans-Christian Lucas u. a. (Hg.): Hegels enzyklopädisches System der Philosophie. Von der ‚Wissenschaft der Logik' zur Philosophie des absoluten Geistes, Stuttgart-Bad Cannstatt 2004, S. 411-420.

Atheismus. Ideologie, Philosophie oder Mentalität? Hg. von Richard Faber und Susanne Lanwerd, Würzburg 2007.

Bärsch, Claus: Staat und „Corpus Christi Mysticum“. Religions-politologische Aspekte der Hegelschen Philosophie des Staates, in: Hegel-Jahrbuch 1993/1994, Berlin 1995, S. 256-259.

Böckenförde, Ernst-Wolfgang: Die Entstehung des Staates als Vorgang der Säkularisation, in: ders., Staat, Gesellschaft, Freiheit. Studien zur Staatstheorie und zum Verfassungsrecht, Frankfurt a. M. 1976, S. 42-64.

Brunkhorst, Hauke: Hegel und die Französische Revolution. Die Verzichtbarkeit der Restauration und die Unverzichtbarkeit der Revolution, in: Die Idee von 1789 in der deutschen Rezeption, hg. Vom Forum für Philosophie Bad Homburg, Frankfurt a. M. 1989, S. 156-173.

Dahlstrom, Daniel: Die Zweideutigkeit des Gewissens, in: Hegel-Jahrbuch 1993/1994, Berlin 1995, S. 439-444.

Dierken, Jörg: Hegels ‚protestantisches Prinzip'. Religionsphilosophische Implikationen einer geschichtsphilosophischen Denkfigur, in: Hegels Vorlesungen über die Philosophie der Weltgeschichte, hg. von Elisabeth Wisser-Lohmann, Dietmar Köhler, Hegel-Studien, Beiheft 38, Bonn 1989, S. 123-146.

Dierken, Jörg: Staat bei Schleiermacher und Hegel, in: Akten des Internationalen Schleiermacher-Kongresses Berlin 2006.

Honneth, Axel: Leiden an Unbestimmtheit. Eine Reaktualisierung der Hegelschen Rechtsphilosophie, Stuttgart 2001.

Jaeschke, Walter: Kunst und Religion, in: Graf, Friedrich Wilhelm/Wagner, Falk (Hg.): Die Flucht in den Begriff. Materialien zu Hegel Religionsphilosophie, Stuttgart 1982, S. 163-195.

Jaeschke, Walter: Staat aus christlichem Prinzip und christlicher Staat. Zur Ambivalenz der Berufung auf das Christentum in der Rechtsphilosophie Hegel und der Restauration, in: Der Staat 18 Heft 3, Berlin 1979, S. 349-374.

Jaeschke, Walter: Kirche und Staat bei Hegel. In: Reports on Philosophy. 9. Warsaw/Cracow 1985, S. 5-19.

Jaeschke, Walter: Die Religionsphilosophie Hegels, Darmstadt 1983.

Jaeschke, Walter, Flucht vor dem Begriff. Ein Jahrzehnt Literatur zur Religionsphilosophie (1971–1981), in: Hegel-Studien 18, Bonn 1983, S. 295-354.

Jaeschke, Walter: Hegels Religionsphilosophie – Aufhaben ihrer Erforschung, in: Information Philosophie, 1985, Heft 2.

Jaeschke, Walter: Hegels Religionsphilosophie als Explikation der Idee des Christentums. In: Philosophisches Jahrbuch 95 (1988), S. 278-293.

Jaeschke, Walter: Vernunft in der Religion, Stuttgart-Bad Cannstatt 1986.

Jaeschke, Walter: Kommentar zu Hegel: Enzyklopädie der philosophischen Wissenschaften im Grundrisse. §§ 553-555, 564-571: Die geoffenbarte Religion. In: Hegels „Enzyklopädie der philosophischen Wissenschaften“ (1830), Hermann Drüe u.a. (Hg.), Frankfurt am Main 2000, S. 375-466.

Jaschke, Walter: Hegels Begriff des Protestantismus. In: Richard Faber/Gesine Palmer (Hg.), Der Protestantismus – Ideologie, Konfession oder Kultur? Würzburg 2003, S. 77-91.

Jenseits der Säkularisierung. Religionsphilosophische Studien. Schriften der Österreichischen Gesellschaft für Religionsphilosophie. Band 9, hg. von Herta Nagl-Docekal und Friedrich Wolfram, Berlin 2008.

Kosian, Jozef: Staaträson und das Recht des Herzens, in: Hegel-Jahrbuch 1993/1994, Berlin 1995, S. 457-562.

Lohmann, Georg: Karl Marx' fatale Kritik der Menschenrechte, in: Karl Graf Ballestrem, Volker Gerhardt, Henning Ottmann, Martyn P. Thompson, Politisches Denken. Jahrbuch 1999, Stuttgart/ Weimar 1999, S. 91-104.

Lohmann, Georg: Hegels Theorie der Menschenrechte? In: Andreas Arndt, Karol Bal, Henning Ottmann (Hg.), Hegel-Jahrbuch 2002. Phänomenologie des Geistes. Zweiter Teil, Berlin 2002, S. 137-142.

Löwith, Karl: Hegels Aufhebung der christlichen Religion, in: Hegel-Studien, Beiheft 1, Bonn 1964, S. 193-236.

Lübbe, Hermann: Staat und Zivilreligion. Ein Aspekt politischer Legitimität, in: Kleger, M./Müller, A. (Hg.), Religion des Bürgers. Zivilreligion in Amerika und Europa, München 1986, S. 195-220.

Mayinger, Josef: Hegels Rechtsphilosophie und ihre Bedeutung in der Geschichte der marxistischen Staats- und Gesellschaftslehre, Bonn 1983.

Scheit, Herbert: Geist und Gemeinde. Zum Verhältnis von Religion und Politik bei Hegel, München, Salzburg 1973.

Schmidt, Gerhard: Die Religion in Hegels Staat, in: Philosophisches Jahrbuch 14 (1966/67), S. 294-309.

Rohrmoser, Günter: Die theologischen Voraussetzungen der Hegelschen Lehre vom Staat, in: Hegel-Studien, Beiheft 1, Bonn 1964, S. 239-245.

Schmidt, Thomas M.: Vernünftiger Pluralismus – gerechtfertigte Überzeugungen. Religiöser Glaube in einer pluralistischen Gesellschaft, in: Religion und Kulturkritik, Darmstadt 2006, S. 35-52.

Schmidt, Thomas M.: Anerkennung und absolute Religion. Gesellschaftstheorie und Religionsphilosophie in Hegels Frühschriften, in: Religionsphilosophie – Historische Positionen und systematische Reflexionen, hg. von M. Jung, Michael Moxter und Thomas M. Schmidt, Würzburg 2000, S. 101-112.

Schmidt, Thomas M.: Religion und Sittlichkeit in Hegels Frühschriften, in: Hegels Denkentwicklung in der Berner und Frankfurter Zeit, hg. von Martin Bondeli, München 1999., S. 225-249.

Schmidt, Thomas M.: Religionsfreiheit in pluralistischen Gesellschaften. Ausschluß des Religiösen aus der politischen Öffentlichkeit? In: Religion – Staat – Gesellschaft. Journal for the Study of Beliefs and Worldviews, Berlin 2000, S. 323-337.

Siep, Ludwig: „Gesinnung“ und „Verfassung“. Bemerkungen zu einem nicht nur Hegleschen Problem, in: ders., Praktische Philosophie im Deutschen Idealismus, Frankfurt a. M. 1991, S. 270-284.

Theunissen, Michael: Hegels Lehre vom absoluten Geist als theologisch-politischer Traktat, Berlin 1970.

Viele Religionen, eine Vernunft? Ein Disput zu Hegel, hg. von Herta Nagl-Docekal und Friedrich Wolfram, Wiener Reihe, Band 14, Berlin: 2008.

Wagner, Falk: Religion zwischen Rechtfertigung und Aufhebung. Zum systematischen Ort von Hegels Vorlesungen über die Philosophie der Religion, in: Hegels Logik der Philosophie. Religion und Philosophie in der Theorie des absoluten Geistes, hg. von Dieter Henrich und Rolf-Peter Horstmann, Stuttgart 1984, S. 127-150.

Wagner, Falk: Zum begrifflichen Aufbau und argumentativen Duktus von Hegels Vorlesungen über die Philosophie der Religion, in: Wiener Jahrbuch für Philosophie Bd. 22, Wien 1990, S. 115-133.

Weiss, Leonard: Religion und Staat in der Philosophie G. W. F. Hegels, Wien 2004. (internet: http://sammelpunkt.philo.at:8080/archiv/00000852/01/diplomarbei...)

Wendte, Martin: Gottmenschliche Einheit bei Hegel. Eine logische und theologische Untersuchung, Berlin und New York 2007.

Znoj, Milan: Der Patriotismus als politische Gesinnung bei Hegel, in: Hegel-Jahrbuch 1993/1994, Berlin 1995, S. 231-237.

Personenverzeichnis

www.ingramcontent.com/pod-product-compliance
Lightning Source LLC
LaVergne TN
LVHW060001031026
849161LV00025B/1218